Reymer Klüver & Christian Wernicke

AMERIKAS LETZTE CHANCE

Warum sich die Weltmacht
neu erfinden muss

BERLIN VERLAG

MIX
Papier aus verantwortungsvollen Quellen
FSC® C083411
FSC
www.fsc.org

Umschlaggestaltung: Nina Rothfos & Patrick Gabler, Hamburg
Typografie: Birgit Thiel, Berlin
Gesetzt aus der Book Antiqua von Greiner & Reichel, Köln
Druck und Bindung: CPI – Clausen & Bosse, Leck
Printed in Germany
ISBN 978-3-8270-1059-9

www.bloomsbury-verlag.de

BLOOMSBURY
LONDON • BERLIN • NEW YORK • SYDNEY

INHALT

EINLEITUNG
Warum sich die Weltmacht neu erfinden muss

»Amerikas letzte Chance«? Das klingt anmaßend. Und es ist, in den Augen mancher unserer amerikanischen Freunde, mal wieder typisch für Europäer, die gern auf dieses Land jenseits des Ozeans herabschauen - gerade in diesen Jahren, da die Weltmacht erkennbar angeschlagen ist. »Letzte Chance« - als stünden die Vereinigten Staaten vor dem Untergang? Das wäre natürlich Unsinn. Noch immer ist New York eine der vibrierendsten Städte auf dem Erdball, im kalifornischen Silicon Valley sind nach wie vor die cleversten Computerfreaks der Welt zu Hause und in Harvard die schärfsten Denker. In Washingtons Think-Tanks sind brillante Kenner der internationalen Politik zu finden, und Hollywood produziert noch immer Filme, die die Welt bewegen. Amerika ist auf so vielen, so verschiedenen Gebieten nach wie vor führend - politisch, wirtschaftlich, militärisch, kulturell, technologisch -, dass der Titel dieses Buches reichlich kühn anmuten mag.

Und doch, auch in den Vereinigten Staaten sind immer mehr Stimmen zu vernehmen, die Amerika auf einer abschüssigen Bahn sehen, vor einer gewaltigen Wegscheide, an der sich herausstellt, ob die erste Demokratie der modernen Welt auch in diesem, nun nicht mehr ganz jungen Jahrhundert unbestrittene Führungsmacht bleibt. Oder ob Amerika, wie viele fürchten und manche hoffen, nach dem Ende des *American Century* in die Zweitrangigkeit absteigt oder gar, im schlimmsten Fall, sich selbst verliert. Das Land scheint nicht zu wissen, in welche Richtung es gehen will.

Thomas Friedman, der scharfzüngige linke Kolumnist der *New York Times*, und sein Koautor, der kluge Politikwissenschaftler Michael Mandelbaum, konstatieren kurz und knapp in ihrem jüngsten Buch *That Used to Be Us* (»Das waren einmal wir«): Wenn die Amerikaner die Herausforderungen, vor denen das Land steht, nicht meistern, dann riskieren sie »ein mieses 21. Jahrhundert«. Und Peggy Noonan, eine nachdenkliche konservative Kommentatorin, schreibt im *Wall Street Journal*: »Die Menschen fürchten zunehmend die Verwerfungen im Inneren, sie fürchten sogar, dass unser Land auseinanderbrechen könnte. Reich/arm, schwarz/weiß, jung/alt, rot/blau (also: republikanisch/demokratisch): Die Dinge, die uns trennen, sind nicht neu; und doch gibt es jetzt ein Gefühl, dass der Klebstoff, der uns für mehr als zwei Jahrhunderte zusammengehalten hat, sich abgenutzt hat und mit den Jahren rissig geworden ist.« Das Land hat seine alte, uramerikanische Zuversicht verloren, es bröckelt die Hoffnung auf einen Aufbruch aus eigener Kraft. New Yorks Bürgermeister Michael Bloomberg warnte vor der Gefahr sozialer Unruhen in den Straßen amerikanischer Städte, noch ehe die Occupy-Wall-Street-Bewegung in Erscheinung trat.

Wie anders war es fast vier Jahre zuvor. Eine neue Ära schien anzubrechen nach acht langen Jahren erbitterten politischen Streits unter Präsident George W. Bush. »Change has come to America!«, verkündete Barack Obama vor Hunderttausenden in Chicagos Grant Park in einer Novembernacht, die Geschichte machte: Gerade hatten ihn die Amerikaner an diesem 4. November 2008 zum 44. Präsidenten der Vereinigten Staaten gewählt: der erste Schwarze im Weißen Haus. Die Nation glaubte tatsächlich, sich neu erfinden zu können. Das Land bebte vor Zuversicht.

Die Demokraten sahen in ihm einen großen Präsidenten, noch ehe Obama sein Amt überhaupt angetreten hatte. Sie verglichen ihn mit ihren politischen Ikonen des 20. Jahrhunderts, dem noch immer verehrten John F. Kennedy oder dem großen Reformer und Weltkriegspräsidenten Franklin D. Roosevelt. Die Wechselwähler, die sich in ihrer Mehrzahl für ihn entschieden hatten, erblickten in dem schlanken, hochgewachsenen Senator einen Mann, der das Land mit sich selbst versöhnen und endlich wieder Zivilität in den politischen Diskurs bringen würde. Sogar Republikaner entdeckten in ihm eine Persönlichkeit von historischem Rang. Auch sie hatte Obama (zumindest vorübergehend) mit Stolz auf ihr Land erfüllt: Allein durch die Wahl eines Afroamerikaners hatte die Nation bewiesen, dass sie zu innerer Reform in der Lage war. So schien es jedenfalls. Und Obama versprach allen Großes: die Modernisierung des Landes und die Versöhnung der zersplitterten Gesellschaft. Da keimte der Traum eines neuen amerikanischen Zeitalters in Frieden und Wohlstand.

Wahre Herkulesaufgaben erwarteten den jungen Präsidenten. Die gewaltigste Wirtschaftsmisere seit der Großen Depression: Bankenkrise, Autokrise, Immobilienkrise, Jobkrise. Zwei blutige Endloskriege. Angesichts dieser Erblast ist Obama Wichtiges gelungen: Er verhinderte den Wirtschaftskollaps, setzte eine seit Jahrzehnten verschleppte Gesundheitsreform durch und verschrieb der mächtigen Wall Street eine neue Finanzmarktordnung. Er holte die Truppen heim aus dem Irak und begann den Abzug aus Afghanistan, dezimierte al-Qaida und stellte Amerikas ramponiertes Ansehen in der Welt wieder her.

Und doch reicht das alles irgendwie nicht. Wirklich zufriedengestellt hat Barack Obama niemanden. Die Linken im Lande nicht, für die er nicht genug Reformeifer bewies. Die Rechten nicht, denen die ganze Richtung nicht passte. Und die in der Mitte (ver-)zweifeln, weil die politische Selbstblockade in Washington seit Obamas Wahl nicht wie versprochen ab-, sondern nur noch zugenommen hat. Obama ist nicht der Halbgott, zu dem ihn seine Anhänger unter seiner tatkräftigen Mitwirkung stilisiert hatten. Der Nation ist der Wunderglaube an ihren Präsidenten abhandengekommen. Im vierten Jahr der Präsidentschaft Obamas sind die Vereinigten Staaten innerlich zerrissener denn je.

Wir spüren diesen Verwerfungen nach und haben bei unseren Reisen und Recherchen als Korrespondenten der *Süddeutschen Zeitung* ein gestresstes Land kennengelernt. Ein Land, das von Altlasten der Vergangenheit niedergezogen wird und dessen Zukunft in der Gegenwart zu zerfallen droht. Im Hafen von Philadelphia haben wir einen ausgeschlachteten, alten Ozeanriesen entdeckt, der einst Stolz der Nation war, nicht zuletzt weil er ihren Namen trug: *United States*. Eine Gruppe engagierter Bürger versucht das rostige Staatsschiff zu retten, doch die Aufgabe droht sie zu überwältigen. Es ist eine Parabel auf den Zustand dieses Landes – und den fast verzweifelten Wunsch, einen Ausweg aus der Misere zu finden.

In Nahaufnahmen schildern wir Amerika so zwiespältig, wie es heute ist, und berichten von Menschen, denen wir auf Reportagereisen quer durchs ganze Land begegnet sind. Wir durchwachen die Nacht vor einer Schulturnhalle in den Appalachen mit Menschen, die für einen Besuch in einer mobilen Gesundheitsklinik anstehen, weil sie so arm sind, dass sie sich einen Doktor nicht leisten können. Wir besuchen eine Familie, die ihr Haus in einem der vielen konturlosen Vororte der Hauptstadt Washington verliert, weil sie die Hypothekenraten nicht mehr zahlen kann – so wie es Millionen Amerikanern inzwischen ergangen ist. Wir reisen den Ol' Man River hinab, den Mississippi, und erleben, wie drückend das Erbe des Rassismus auch in der Ära Obama noch ist. Sind unterwegs im Rostgürtel von Ohio, wo die Männer von einem anderen Land träumen, in dem es noch Jobs und eine Zukunft für sie gab – ehe die Globalisierung über die USA kam. Hoch oben im Norden, am Flughafen von Bangor in Maine, treffen wir eine Rentnertruppe, die als »Troop Greeters« und gute Patrioten Amerikas Soldaten bei der letzten Zwischenlandung vor dem Krieg alles Glück dieser Welt wünschen, obwohl sie selbst längst nicht mehr an den Sinn der Waffengänge glauben. Und wir erzählen von einem jungen Kriegsheimkehrer aus dem Irak, der, zurückgezogen in einem Kleinstädtchen an der kanadischen Grenze, nun aus Uniformen Papier macht und doch die Last der Kriege nicht loswird – so wie das ganze Land.

Wir beobachten, wie wenig sich Amerika für die Zukunft fit macht, wie es heute auf Kosten von morgen spart. Wie die Straßen und Brücken bröckeln, die Schulen verkommen und das Land die Energiewende verpasst, die es noch vor vier Jahren anzugehen schien. Wie wenig die Menschen, befördert durch polarisierende Medien, noch bereit sind, Andersdenkenden zuzuhören. Wir haben Tea-

Party-Freunde im Vorortidyll von Nashville aufgesucht und linke Aktivisten in San Francisco interviewt und festgestellt, dass sich das Land immer mehr nach der Gesinnung organisiert: Konservative und Linke bleiben jeweils unter sich. Überall entdecken wir dasselbe Phänomen - eine tiefe Spaltung des Landes. Amerika driftet auseinander: wirtschaftlich, gesellschaftlich, sozial, politisch. Und nichts scheint diese Polarisierung aufhalten zu können - auch nicht jener Präsident, von dem sich so viele eine innere Versöhnung erhofft hatten.

Dies ist kein Insiderbuch aus Washington, recherchiert auf den Korridoren des Kongresses oder in den Hinterzimmern von Ministerien. Es ist ein Buch über Obamas Land - nicht über Obama und seine Gegenspieler. Wir wollen Anschauung liefern aus einem zerfasernden Land. Es sind Beobachtungen aus mehr als einem halben Jahrzehnt, in dem wir als Korrespondenten in den USA unterwegs waren. Wir erheben keinen Anspruch auf Vollständigkeit - wie auch, in diesem so riesigen, so vielfältigen Land? Wohl aber glauben wir, dass wir ein neues amerikanisches Lebensgefühl eingefangen haben: das Gefühl kollektiver Verunsicherung und Bedrückung.

Amerika hat sich gewaltig verändert, seitdem wir es jeweils das erste Mal besuchten. Wir waren Studenten, fasziniert, begeistert, bereit zu bewundern. Und wir hatten Grund dazu. 1984 hatte Reymer Klüver die gewaltigen Dimensionen des Kontinents erlebt. Wie in einem Roadmovie zog Amerika an ihm vorbei, als er mit dem Auto ein Vierteljahr unterwegs war von den Wolkenkratzern in New York bis zu den palmenbestandenen Hügeln von Hollywood. Und es brannte sich bei ihm die Einsicht ein, dass sich die ungeheure Weite des Landes in den Köpfen der Menschen widerspiegelte, in einem Sinn für Großzügigkeit und einem schier grenzenlosen Optimismus: Irgendwie, so schien jeder sagen zu wollen, geht es immer voran. Das entsprach damals, um es gelinde auszudrücken, nicht dem Lebensgefühl der Deutschen. Zwei Jahre später besuchte Christian Wernicke sieben Monate lang als Austauschstudent Penn State, die Universität »in der Mitte von Nirgendwo«, und die Hauptstadt Washington. Es war die Hoch-Zeit Ronald Reagans, des Heros der Konservativen, der in Deutschland so verteufelt wurde. In Pennsylvania lernte er einen selbstverständlichen Patriotismus kennen, der völlig unabhängig davon war, wer im Weißen Haus regierte. Es war ein Gefühl für Zusammenhalt jenseits der Parteien. Auch diesen Patriotismus gab es in der Bundesrepublik nicht: Demokraten wie Republikaner teilten den Stolz auf eine Nation, deren Bürger keine gemeinsame Herkunft einte, sondern das kollektive Versprechen, die Freiheit des anderen zu wahren.

Dieses Amerika, das wir damals kennenlernten, existiert so nicht mehr. Zusammenhalt und Zuversicht sind nicht die herausragenden Merkmale, mit denen sich die US-Gesellschaft im Wahljahr 2012 beschreiben lässt.

Die Ursachen für Amerikas Krise sind vielfältig. Natürlich ist die Rezession ein entscheidender Faktor, obwohl die US-Wirtschaft – gerade im Vergleich zum ebenfalls kriselnden Europa – noch immer ein deutliches Wachstum verzeichnet. Tief wurzelnde Spannungen wie der Rassenkonflikt zwischen Schwarz und Weiß belasten weiterhin die Gesellschaft; und Auseinandersetzungen um neue Minderheiten – die Hispanics, die Asiaten, die Muslime – machen das Zusammenleben nicht einfacher. Aber es hat enorme Fortschritte gegeben, das zeigt sich im gewöhnlichen Alltag ebenso wie in dem so außergewöhnlichen Aufstieg Obamas ins Weiße Haus. Auch sind die Folgen der Anschläge vom 11. September 2001 und des darauffolgenden Jahrzehnts des Kriegs gegen den Terror längst nicht ausgestanden. All diese Faktoren tragen ganz offenkundig zu der kollektiven Depression in Amerika bei.

Die eigentlichen Triebkräfte, die das Land zerreißen, liegen jedoch tiefer. Eine wirtschaftliche Polarisierung treibt die Schere zwischen Arm und Reich seit drei Jahrzehnten so weit auseinander, dass ein gesellschaftlicher Ausgleich kaum mehr möglich zu sein scheint. Die Reichen in Amerika sind so reich wie noch nie, die Armen so viele wie lange nicht mehr. Und die Subkulturen der Gesellschaft entfernen sich – gedanklich wie sogar räumlich – immer weiter voneinander. Das linke wie das rechte Lager mutieren zu politischen Stämmen, die unter sich bleiben und einander weder mehr kennen noch kennen wollen. Diese zentrifugalen Kräfte überfordern ein politisches System, das wie kaum ein zweites auf Konsens angelegt ist. Washington versagt.

Die Weltbank misst bei gleich einer Reihe ihrer Indikatoren einen steten Verfall amerikanischer Regierungsqualität; im internationalen Vergleich stufen Manager die politische Stabilität der Vereinigten Staaten mittlerweile auf ähnlich miserablem Niveau ein wie die Italiens. Die Parteien lösen keine Probleme mehr, sie verschärfen sie. Politiker, deren Beruf die Suche nach Kompromissen ist, geben sich dem Kulturkampf hin. Die Kluft zwischen dem Ernst der Lage der Nation und der schieren Einfältigkeit der politischen Rituale und Reflexe in der Hauptstadt wird – da Wahlen nahen – mit jedem Tag größer. »American Idiocracy« titelte der *Economist* – Herrschaft der Irren.

Das war im August 2011, kurz nachdem die Selbstblockade der Washingtoner Politik im epischen Ringen um die Erhöhung der US-Verschuldungsgrenze das Land an den Rand der Staatspleite getrieben hatte. Die Ratingagentur Standard & Poor's hatte deswegen die Kreditwürdigkeit der Vereinigten Staaten herabgestuft. S & P formulierte damals nur, was allgemeine Erkenntnis war: »Effektivität, Stabilität und Berechenbarkeit der amerikanischen Politik und ihrer Institutionen haben nachgelassen.« Wobei das noch milde ausgedrückt ist: Die politischen Parteien Amerikas haben in ihrem Glaubenskrieg darüber, welche Rolle der Staat in der amerikanischen Gesellschaft spielen soll und darf, die Fähigkeit zum pragmatischen Kompromiss verloren. Der Streit selbst ist so alt wie die Republik. Doch nie zuvor wurde er so verbissen ausgetragen. Ideologie triumphiert über Common Sense. Die Amerikaner selbst sind angewidert von dem Schauspiel, welches ihnen ihre Politiker in Washington bieten. Das Ansehen des Kongresses ist auf einem historischen Tiefpunkt angelangt. Und doch spiegelt die Kompromisslosigkeit in Washington nur die Spaltung des Landes wider: Aus den Vereinigten Staaten sind mittlerweile die Verfeindeten Staaten von Amerika geworden, gespalten nicht entlang geografischer, sondern entlang ideologischer Grenzen. Und ein Ende der Selbstlähmung ist nicht in Sicht.

Mehr als ein Jahrzehnt währt sie jetzt bereits. Sie ist mittlerweile Gegenstand zahlloser Diskussionsforen und vieler gescheiter Bücher in den USA geworden, die schonungs-, ja erbarmungslos die Misere analysieren. Dennoch sind die meisten der klugen Köpfe Amerikas, die sich Gedanken über den Zustand der Nation machen, davon überzeugt, dass ihr Land die Misere überwinden wird. Thomas Friedman und Michael Mandelbaum zum Beispiel, der Kolumnist und der Professor, führen zwar ausführlich die Defizite auf, schreiben dann aber trotz alledem: »Wir sind Optimisten, weil die Amerikaner ziemlich viel Erfahrung darin haben, große, schwere Herausforderungen gemeinsam zu bewältigen. Und wir sind Optimisten, weil die Erfolgsbilanz unserer nationalen Leistungen uns mit gutem Grund annehmen lässt, dass wir unsere gegenwärtigen Schwierigkeiten überwinden können.« Charles Kupchan, ein Washingtoner Professor und ausgewiesener Kenner der internationalen Politik, der gnadenlos den langsamen Abschied Amerikas von seiner Rolle als Weltmacht Nr. 1 analysiert, ist sich gleichwohl sicher, dass sein Land die gegenwärtige Krise meistern wird. »Die USA sind ein anpassungs- und widerstandsfähiges Land, ausgestattet mit der Gabe zur Selbstkorrektur. Uns wird es gut gehen« – auch wenn Amerika nicht mehr die globale Führungsmacht bleiben werde. Vielleicht muss man Amerikaner sein, um diese Zuversicht zu teilen. Wir sind es nicht – aber falls diese unverbesserlichen Optimisten recht behalten, umso besser.

»Amerikas letzte Chance« ist ein Buchtitel, wie ihn kaum ein Amerikaner wählen würde. Zu tief wurzelt der Glaube an die eigene Besserungsfähigkeit, die Zuversicht, wie wir sie als Studenten in diesem Land bewundernd kennenlernten. Der Gedanke, dass sich Amerika von der Krise, die das Land unstreitig durchlebt, nicht wieder voll und ganz erholen könnte, liegt den meisten Amerikanern selbst im Zustand kollektiver Depression fern. Aber nicht allen. Auch in den USA gibt es ernstzunehmende Mahnungen, das uramerikanische Vertrauen auf die Selbstheilungskräfte des Landes könnte am Ende nicht genug sein und nur den Blick auf die unschöne Realität verstellen. »Die Genialität unseres Systems besteht nicht darin, Fehler zu vermeiden, sondern darin, dass wir aus ihnen lernen und wieder erstarken«, sagt der Washingtoner Politikwissenschaftler Kenneth Lieberthal. Die eigentliche Frage sei nun aber, so fügt er nachdenklich hinzu: »Verlieren wir unsere Fähigkeit zum Comeback?« Peter Thiel, der Erfinder von PayPal und ein konservativer Freidenker, warnt vor einem geradezu »verzweifelten Optimismus«, der allein Amerika nicht retten werde. Und Peter Beinart, ein demokratischer Intellektueller, beschwört seine Partei, endgültig alle kühnen Träume vom Anbruch einer neuen progressiven Epoche, in denen sie zu Beginn von Obamas Präsidentschaft geschwelgt hatte, fahren zu lassen. »Präsident Obama wird daran gemessen werden, wie er die Politik des Niedergangs managt.« Abstieg. Niedergang. Depression. Das sind die Kennwörter der Ära Obama.

Tatsächlich hat sich ausgerechnet während der Präsidentschaft dieses einstigen Hoffnungsmannes der Eindruck verstärkt, dass es nur einen Weg gibt: bergab. Die pragmatischen Kompromisse, die das Land bisher immer wieder in die Lage versetzten, auf Herausforderungen von innen und außen zu reagieren, scheinen heute unmöglich zu sein. Die Bedrohung durch den Sowjetkommunismus Ende der fünfziger Jahre etwa sorgte für einen beispiellosen Innovationsschub und katapultierte die Vereinigten Staaten in die Zukunft. Und zur selben Zeit zwang die Bürgerrechtsbewegung die Nation, sich ihrer demokratischen wie moralischen Defizite bewusst zu werden und endlich das amerikanische Versprechen vom Anrecht auf Freiheit und Streben nach persönlichem Glück für jeden US-Bürger gelten zu lassen. Die gegenwärtige Krise hat bisher keinen solchen Aufbruch ausgelöst, sondern nur Lähmungserscheinungen hervorgebracht.

Schon jetzt ist das Ansehen der Vereinigten Staaten als globales Leitbild arg angeschlagen. Die anhaltende Unfähigkeit der Politik, auf die wirtschaftliche und soziale Krise angemessen zu reagieren, stellt die Leistungsfähigkeit des demokratischen Modells überhaupt in Frage. In den USA wie in Europa, wo über Jahrzehnte versäumte Reformen des Sozialstaats nun – per Verschuldungskrise – den Euro und die kontinentale Integration an sich zu sprengen drohen, regiert Politikversagen. »Der Westen« ruiniert seinen Leumund, zur hämischen Freude der Autokraten in Teheran oder Caracas, in Peking oder Moskau. Der Politikwissenschaftler Francis Fukuyama warnt, die Welt bewundere China längst nicht mehr nur ob seiner ökonomischen Erfolge, sondern auch »weil es große, komplexe Entscheidungen schnell fällen kann – verglichen mit der quälenden politischen Lähmung, die die Vereinigten Staaten wie Europa in den vergangenen Jahren befallen hat.«

Die Zeit drängt also. In Amerika fällt 2012 die Entscheidung, ob das Land den vorsichtigen Reformkurs, den Obama eingeschlagen hat, fortsetzt und der Modernisierung eine Chance gibt. Oder aber ob die Wähler das Steuer noch einmal herumreißen und nach dem vierjährigen Zwischenspiel eines demokratischen Präsidenten erneut den Rückzug des Staates verlangen, wie ihn die Republikaner seit Ronald Reagans Zeiten propagieren. Das würde der weiteren Zerfaserung der Gesellschaft freien Lauf lassen.

Amerika hat 2012 eine Chance, wieder zu sich zu finden. Es könnte für lange Zeit die letzte sein.

ÜBERBLICK

RETTET DIE UNITED STATES!

Ein Luxusliner zeugte einst von Amerikas Größe, nun droht die Verschrottung – eine Parabel

Susan Gibbs hat die *United States* gerettet. Einfach so, an einem trüben Wintermorgen 2011, und ausgerechnet in Philadelphia: dort also, wo die Vereinigten Staaten 235 Jahre zuvor ihre Unabhängigkeit vom verhassten Kolonialregime der damaligen Weltmacht Großbritannien verkündet hatten.

Es ist kein sonderlich feierlicher Moment, da die zierliche Frau mit den feinen, braunen Haaren die Bestätigung für ihre Heldentat erhält. Ein eisig kalter Wind weht, und unter ihren Schuhen knirschen die Glassplitter eines zerborstenen Fensters, als Susan Gibbs das Handy aus der Tasche ihres Wintermantels fingert und die ersehnte E-Mail ihres Rechtsanwalts entdeckt. Da steht es, schwarz auf weiß: gekauft für drei Millionen Dollar, in voller Länge, in ganzer Breite. Die *United States* – vor dem Untergang bewahrt.

Susan Gibbs kommt es noch »irgendwie unwirklich« vor: »Mir ist, als stünde ich neben mir selbst.« Alles um sie herum soll nun plötzlich ihr gehören: das staubige Promenadendeck, die rostigen Stahlwände, von denen die Farbe in Flatschen herabhängt, das Kino ohne Klappstühle, der leere Tanzsaal und all die endlosen Kabinengänge, in denen schon vor Jahren jedes Licht erlosch. Sogar das Skelett jener Taube, die sich vor langer Zeit als letzter Passagier drüben in den Katakomben des Hauptdecks verirrte, ist im Preis inbegriffen.

Instinktiv zieht Gibbs den Kopf zwischen die Schultern, wenn sie von der jähen Verantwortung spricht. So als wolle sie sich wegducken. Dann wiederum lacht sie. Es laste ja – »dem Himmel und Barack Obama sei Dank!« – nicht das Schicksal des ganzen Landes auf ihr. Nur dieses Schiff ist es. Nun gut, kein ganz kleines: ein 300 Meter langer Leib aus doppelwandigem Stahl, an dessen Bug seit sechzig Jahren der Name der Nation prangt – die *United States*.

Die *SS US* ist bis heute der schnellste Ozeandampfer aller Zeiten – größer als die legendäre, längst versunkene *Titanic* und so flink, dass sie selbst noch im Rückwärtsgang sämtlichen Luxuslinern enteilt wäre, die heute zur Kreuzfahrt laden. Mit 32 Knoten, also knapp 60 Stundenkilometern, peitschte sie übers Meer. Nach wie vor hält dieses Flaggschiff das Blaue Band für die rasanteste Atlantiküberquerung von Southampton nach New York.

An Bord tanzten Marilyn Monroe und Salvador Dalí, saßen die US-Präsidenten Harry Truman, Dwight »Ike« Eisenhower und John F. Kennedy in den gleichen Liegestühlen wie der deutsche Kanzler Konrad Adenauer oder der Herzog von Windsor. Tausende deutsche Nachkriegsauswanderer gelangten auf der *SS US* nach Amerika, per Touristenklasse ins gelobte Land. Der Kinostar Marlon Brando liebte dieses Schiff, auf dem er sich den lästigen Papparazzi durch Flucht in die Mannschaftskajüten entzog und des Nachts mit Matrosen Gitarre spielte. Und Fürst Rainier von Monaco reiste auf der *SS US*, um seine Braut Grace Kelly aus Hollywood nach Monte Carlo zu entführen.

Diese goldenen fünfziger Jahre des letzten Jahrhunderts verklären heute rechte wie linke US-Bürger gleichermaßen in ihren Erinnerungen, in ihren Familiengeschichten. Konservative Gemüter idealisieren die Nachkriegsära inklusive der frühen sechziger Jahre als gesittete Zeit ohne »Homo-Ehe« oder Abtreibung, derweil sich progressive Geister an eine Periode stetig wachsenden Wohlstands erinnern, in der Amerikas Arbeiter zur Mittelschicht aufstiegen. Es ging vorwärts. Für alle.

Wie die Passagiere an Bord der *SS US*, so kannte auch die amerikanische Gesellschaft in den fünfziger Jahren ihre klar sortierten Klassen. Zumal das schwarze Sechstel der US-Bevölkerung damals – hundert Jahre nach dem Ende von Bürgerkrieg und Sklaverei – noch immer auf eine Einlösung des Versprechens der Unabhängigkeitserklärung wartete, wonach jedem Amerikaner das Recht auf »Leben, Freiheit und das Streben nach Glück« zustehe. Andererseits waren die ökonomischen Unterschiede zwischen Unter-, Mittel- und Oberschicht vor einem halben Jahrhundert weit weniger krass als heute, da die Reichen jedes Jahr reicher werden und die breite Mittelschicht schon lange nicht mehr mithalten kann.

Vor fünfzig Jahren verdiente der typische US-Boss ungefähr dreißig Mal so viel wie einer seiner Arbeiter oder Angestellten. Inzwischen streicht er das Dreihundertfache ein. Soziologen warnen bereits vor »sozialer Segregation«. Die neue sozioökonomische Kluft hat in der Tat das Potenzial, das Land zu zerreißen. Nirgendwo in Europa herrschen solch gravierende Einkommensunterschiede: Der Geheimdienst CIA sortiert die eigene Nation, was die Verteilungsgerechtigkeit angeht, neben Bananenrepubliken wie Kamerun und Elfenbeinküste, Uganda und Jamaika ein.

Der US-Ökonom Jared Bernstein, ein enger Vertrauter von Vizepräsident Joe Biden, hat die Triebkräfte dieses epochalen Trends analysiert. Demnach wuchs von 1947 bis 1979 das mittlere Einkommen einer typischen US-Familie stetig (plus 112 Prozent) und nahezu parallel zum Produktivitätsfortschritt (plus 119 Prozent). Das war der *fair deal,* Wohlstand für alle. Ende der siebziger Jahre erfolgte dann der Bruch. Zwar stieg die Arbeitsproduktivität von 1979 bis 2009 um weitere 80 Prozent, aber von diesem Zuwachs kam bei der Mittelschicht nur noch ein Bruchteil an: Um magere 11 Prozent erhöhte sich Amerikas mittleres Familieneinkommen in dieser Phase. Es begann die Umverteilung – von unten nach oben.

Gewonnen, ja abgesahnt hat seither nur die First Class: Der Anteil des reichsten Hundertstels der US-Gesellschaft am Sozialprodukt hat sich binnen einer Generation mehr als verdoppelt, von 9 auf über 22 Prozent. Und das Toptausendstel – jene ungefähr 140 000 Privilegierten mit Jahreseinnahmen von mindestens 1,7 Millionen Dollar – fuhr noch besser. Die oberste Promille, dieser Club aus CEOs, Finanzmanagern, Wirtschaftsadvokaten und Maklern strich ein ganzes Zehntel allen Einkommens ein – viermal mehr als noch 1970.

Solche Zustände hätten viele in den fünfziger Jahren als unanständig oder gar schamlos empfunden. Damals wähnte man sich in einem Boot – nach all den Stürmen, die man überstanden hatte. Es war die Blütezeit von Amerikas *greatest generation,* den zwischen 1915 und 1925 geborenen Jahrgängen. Diese Amerikaner hatten erst das Massenelend der Großen Depression erlebt, dann mussten sie den Horror des Zweiten Weltkriegs durchstehen. Sie hatten gekämpft – für ihre Familien, für ihre Nation, für ihren Traum von einem besseren Leben. Nun wurden sie entlohnt, jetzt holten sie nach: Amerika gab sich dem Konsum hin, wollte Ruhe, suchte inneren Konsens, ja Konformität. Am Ende dieses extrem unaufgeregten Jahrzehnts veröffentlichte der Harvard-Soziologe Daniel Bell seine Schrift vom »Ende der Ideologie«, die ein Ende aller Klassenkämpfe prophezeite und dem modernen Wohlfahrtsstaat die friedensstiftende Kraft zusprach, sämtliche sozialen Konflikte moderner Industriegesellschaften pragmatisch zu entschärfen.

Präsident in dieser Zeit war Dwight D. Eisenhower, jener General und Kriegsheld, den ursprünglich beide US-Großparteien als Spitzenkandidaten umworben hatten. »Ike« regierte als Republikaner, aber mit solider Unterstützung vieler Demokraten im Kongress. Der Feind in Moskau schweißte zusammen. Auf dem Höhepunkt des Kalten Krieges erlebte Washington ein Ausmaß überparteilicher Zusammenarbeit, wie es dies zuvor nie gab und es hernach nie wieder geben würde. Amerika baute um. Die weiße Mittelschicht zog es raus aus den Städten in die ewig gleichförmigen Suburbs. Eisenhower trieb den Bau des Interstate-Highway-Systems voran, jenes nationalen Autobahnnetzes, das Amerika endgültig in ein Volk von Autofahrern verwandeln sollte. Eine Mega-Investition von mehr als 450 Milliarden Dollar, finanziert aus Steuergeldern, geplant von Ingenieuren im Staatsdienst. Damals glaubten Amerikaner noch an ihren »Uncle Sam«, das Volk traute der Regierung in Washington.

Auch die *United States* wäre ohne Staatszuschüsse niemals vom Stapel gelaufen. Zwei Drittel der Kosten steuerte Washington bei, und die Nation vernahm es mit Stolz. Zehntausende jubelten dem Dampfer im New Yorker

Hafen zu, als er 1952 von seiner Jungfernreise in Rekordzeit aus Europa eintraf. Ein schmalziger Schlager besang in den fünfziger Jahren diese »First Lady of the Sea«. Sie verkörperte Pracht wie Kraft der Supermacht in ihrem Zenit: Auf dem Sonnendeck und im Ballsaal der ersten Klasse floss der Champagner, unten im Maschinenraum tobten modernste Turbinen mit geballten 248 000 PS. Der Glamour des *American way of life*, gepaart mit genialer Ingenieurskunst »Made in USA« - beides verschmolz, so jubelte die US-Wochenschau damals, »zu einem Symbol amerikanischer Überlegenheit«.

Heute ist der Oceanliner kaum mehr als ein schwimmender Haufen Schrott. Einsam dümpelt die *United States* am Pier 82 in Philadelphias Hafen. Zwei Möwen kreischen, sie kreisen über der verlassenen Kommandobrücke. Seit fünfzehn Jahren liegt der Dampfer im Brackwasser des Delaware River, fest vertäut, regungslos. Besucher betreten ein Geisterschiff: düstere Gänge, nackte Wände. Das feine Tafelsilber und die gravierten Kristallgläser, die Nierentischchen wie die Kabinenbetten, selbst die Rettungsringe – alles ist längst weg, versteigert schon im Jahr 1984. In der Bar für die Cabin Class, die zweitbeste der drei Passagierklassen, stehen noch drei zerfetzte Schaumstoffhocker, auf dem dreckigen Tresen verrosten fünf Kronenkorken. Ansonsten herrscht Leere. Und Grabesstille.

Der Untergang droht der *United States* seit Jahren. Als sie 1994 – gezogen von einem einzigen Schleppkahn – ihre vorerst letzte große Reise absolvierte, geißelten sie die Umweltschützer von Greenpeace als »Ship of Death«. In der Türkei und der Ukraine riss man ihr die Eingeweide aus dem Schiffsleib: Sämtliche Wände und Decken, selbst Sessel und Gardinen waren asbestverseucht. Ihre Erbauer hatte eine panische Angst vor Feuer geplagt; nur zwei Dinge an Bord durften aus Holz sein: der Schlachtertisch in der Küche und das Klavier im Salon. Ursprünglich hatten Steinway & Sons einen Aluminiumflügel liefern sollen, doch Theodore Steinway überzeugte die Schiffsingenieure per Experiment: Er setzte eines seiner edlen Instrumente mit Benzin in Brand und bewies, dass die Flammen nirgendwo übergriffen.

Asbestfrei und entkernt wartete die *SS US* darauf, dass irgendein Reeder sie auftakeln und wiederbeleben würde. Stattdessen rückte der Exitus näher: Ihre finale Fahrt sollte sie vor Indiens Küsten führen, wo Kähne aus aller Welt zersägt und verschrottet werden. Schon hatte ein Alteisenhändler 5,9 Millionen Dollar für die Gebeine dieser »First Lady« geboten. Auf solch elende Weise war 2009 die greise *France* verendet, das französische Pendant der *United States*.

Davor hat Susan Gibbs die alte *SS US* nun bewahrt. Die Anthropologin und dreifache Mutter, die im Hauptberuf für einen Solidaritätsfonds Frauenprojekte in Asien und Afrika managt, ist weder reich noch mächtig. Aber diese 49 Jahre alte Frau mit strahlend blauen Augen und einer sanften Stimme träumt groß. Und zur *United States* fand sie nicht von ungefähr: Die Story dieses Wracks ist auch ihre Geschichte – ihre Familiengeschichte. Schon ihr Großvater, der längst vergessene Schiffsarchitekt, stand lebenslang im Bann dieses Riesen. Doch davon will sie später reden. Erst einmal hebt sie den Zeigefinger und erklärt fast feierlich: »Die Rettung dieses Schiffes ist für mich auch ein Signal gegen die Mentalität unserer Wegwerfgesellschaft.«

Gibbs ist zäh. Und sie hat Freunde. Dan McSweeney zum Beispiel. Der schneidige Major des Marinekorps, der sogar während des Irakkriegs von seinem Stützpunkt in Bagdad aus per Internet für die *SS US* kämpfte, ist der Macher und Manager der Conservancy, des Bürgervereins zur Rettung der *United States*, dessen frühe Wurzeln bis Anfang der neunziger Jahre zurückreichen. Wo er geht und steht, tippt er auf seinem Blackberry herum, gibt Presseinterviews, organisiert Sponsorentermine, vernetzt Schiffsfans. Oder da ist Joe Rota. Der nette Rentner mit dem mächtigen Schädel und der Hakennase verdingte sich einst als Telegrammjunge und Liftboy auf dem Oceanliner. Er arbeitete sich zum Stewart hoch, ehe er Mitte der sechziger Jahre für immer an Land ging und als Polizist und Bürgermeister einer Kleinstadt sein Glück machte.

Joe Rota schwelgt in Erinnerungen (»Dies war immer ein frohes Schiff«), erzählt Anekdoten. Wie ihm der steife Fahrtwind einst sämtliche Exemplare der täglichen Bordzeitung aus den Händen riss (»Bis auf eine, die kriegte der Kapitän«). Oder die Sache mit dem Fahrstuhl: Als Liftboy war er zur Mittagspause in die Kantine gegangen, als der Kommodore in prächtig-weißer Offiziersuniform vorbeikam und etliche Passagiere den ersten Mann an Bord für den Fahrstuhlführer hielten. »Der Kommodore war sauer. Aber er hat sich nichts anmerken lassen. Immer wieder stiegen neue Gäste zu. Eine Viertelstunde ist er so rauf- und runtergefahren«, erzählt Rota und lacht. »Der Passagier war König bei uns, also packte jeder mit an. An jedem Platz.« Was Wunder, dass auch Rota ein paar Dollar beisteuerte zu dem üppigen Geburtstagsgeschenk, mit dem die Besatzung ihren geliebten Kommodore ehrte: »Dem haben wir ein nagelneues Auto geschenkt, einen Ford.«

Gibbs, McSweeney und Rota bilden den harten Kern der SS United States Conservancy, die sich zum Ziel gesetzt hat, die *United States* zu retten. Sie wollen, wie sie sagen, eine »Legende wiederbeleben«. Ihre Hilfsappelle zeigten Wirkung, mehr als 5000 Menschen antworteten mit Spenden: Schulkinder schickten fünf Dollar Taschengeld, zumeist ältere Menschen zwackten 25 oder 50 Dollar ab. Ein Gönner griff für »The Big U« ganz tief in die Tasche: Gerry Lenfest, Milliardär und Philanthrop aus Philadelphia, gab der Conservancy satte 5,8 Millionen Dollar. Drei Millionen für den Kauf, der Rest sichert vorerst den Unterhalt des Schiffs. Monatlich sind 60 000 Dollar Liegegebühr fällig. Jede Reparatur, jeder Pinselstrich kostet extra.

Es sind recht vaterländische Töne, mit denen der Retterverein wirbt. Ein Faltblatt der Conservancy schwelgt, die beiden mächtigen Schornsteine der *SS US* hätten, glänzend lackiert in nationalem Blau-Weiß-Rot, einst »für jeden, der sie erblickte, Demokratie und Hoffnung symbolisiert«. Das klingt fast so, als stünde mehr auf dem Spiel als das Schicksal eines rostgeplagten Ozeandampfers. Als treibe Gibbs & Co. insgeheim doch die Furcht an, dass es ihrer stolzen Nation am Ende selbst so ergehen könnte wie dem einstigen Staatsschiff. Und als hofften sie, die Rettung der *United States* könnte ein Omen für ein Land sein, das zuletzt selbst in unsicheres Fahrwasser geraten ist.

Tatsächlich drängen sich die Parallelen geradezu auf. Plan und Bau, Glorie wie Verfall dieses Schiffes umspannen das »American Century«, also das von den Vereinigten Staaten dominierte 20. Jahrhundert. Allererste Blaupausen für den Rekord-Riesen entstanden, als die USA gerade in den Ersten Weltkrieg zogen und zur Supermacht heranwuchsen. Nach dem Zweiten Weltkrieg war Washington das neue Rom, und das Land wollte seine Potenz mit diesem Luxusdampfer beweisen. Alles, wirklich alles an ihm war »Made in USA«. Turbinen und Konstruktionsplan versah das Verteidigungsministerium mit dem Siegel »Top Secret«. Tausend Bedienstete verwöhnten 2000 Passagiere an Bord – aber binnen 48 Stunden hätte sich die *SS US* zum Truppentransporter für 14 000 Soldaten umrüsten lassen. Eine Geheimwaffe im Kalten Krieg, verkleidet als Traumschiff für Europas Aristokratie und Amerikas Geldadel.

Als dann Flugzeuge die Hoheit über dem Atlantik eroberten, begann der Niedergang der *SS US*. Ausgemustert wurde sie 1969 – derweil ging es auch mit der Supermacht zum ersten Mal bergab. Der Dollar büßte seinen Glanz als alleinige Weltwährung ein, die USA verrannten sich in einem Dschungelkrieg in Vietnam. Die Ölkrise machte den Schiffsbetrieb ruinös teuer, mehrmals wurde der »Stolz der Nation« in den achtziger Jahren verscherbelt. Die Terroranschläge vom 11. September 2001 und dann der Crash an der Wall Street 2008 zerstörten endgültig den Traum, die *SS US* für Kreuzfahrten wiederzubeleben. Die Reise- und Abenteuerlust der Amerikaner war dahin, und die Finanzkrise raubte potenziellen Investoren den Zugang zu den nötigen Millionenkrediten. Zugleich markierte Bin Ladens Heimtücke das Ende des amerikanischen Jahrhunderts: Die Großmacht schlug zurück – aus Notwehr am Hindukusch, aus blinder Wut in der Wüste zwischen Euphrat und Tigris. Die beiden Kriege haben das Land ausgezehrt, seelisch wie finanziell.

»The Big U« verrostete zuletzt in den Händen einer anonymen Holding aus Hongkong, deren Milliarden aus asiatischen Spielcasinos stammten. Selbst das lässt sich als Parabel für die Lage der Nation deuten: Niemanden fürchtet Amerika heute mehr als China. China, seinen größten Gläubiger, dessen Billigexporte das Land überschwemmen und jedes Jahr Abertausende US-Jobs vernichten. China, das sich anschickt, die USA als dominierende Weltmacht abzulösen.

Auch Susan Gibbs, die Präsidentin der Conservancy, erkennt im Schiffsschicksal so manches Spiegelbild der nationalen Geschichte. Gibbs steigt die ausgetretene, einst glamourös ausgeleuchtete Haupttreppe zum Main Deck der *SS US* hinab, als eine Frage sie fast ins Stolpern bringt: Ob ihre Mission zur Rettung des Ozeanriesen ein patriotisches Unterfangen sei? Gibbs strauchelt kurz, dann verfällt sie in tiefes Grübeln. Schließlich ringt sie sich ein zartes »Yes« ab: »Ja, es ist patriotisch – weil die Kraft dieses Schiffes Menschen zusammenbringt, die sonst nichts eint.« Gibbs ist eine linke Internationalistin und Obama-Anhängerin – und Joe Rota, ihr Mitstreiter, ein ergebener Verehrer von Amerikas Rechtspopulistin Sarah Palin. Politisch haben sie sich nichts zu sagen. Aber beide, Gibbs wie Rota, beklagen dasselbe. Sie treibt um, dass Amerikas Gesellschaft immer mehr in Lager und Subkulturen zerfällt. In der Conservancy ist das anders: »Da ziehen wir an einem Strang, seit zehn Jahren.«

Früher, in der Ära der *SS US*, war alles anders. Irgendwie harmonischer. Und besser. So hat es jedenfalls im verklärenden Blick zurück den Anschein. Optimismus galt als amerikanische Tugend, als nationales Urgefühl. Niemand zweifelte daran, dass es der nächsten Generation noch besser ergehen werde. Heute hingegen regiert Malaise. Es geht bergab. Seit Jahren bekundet eine Mehrheit von Amerikanern in Umfragen, ihr Land befinde sich »auf dem falschen Kurs«. Und nur 17 Prozent aller US-Eltern glauben noch, die eigenen Kinder würden es besser treffen als sie selbst.

Bei Susan Gibbs geht es gleichwohl um mehr als bloß um Nostalgie. »Dies ist auch ein persönliches Projekt«, sagt sie anderntags in ihrem Büro daheim in Washington. Sie atmet tief durch, ehe sie zu einem Stapel Zeitungsartikel greift. Obenauf liegt eine schwarz-weiße Kopie vom *Time Magazine*, es ist die Ausgabe vom 28. September 1942. Das Titelblatt zeigt einen hageren Männerkopf mit schwarzem Knitterhut und Nickelbrille. Ein unsympathischer Finsterling, dessen Identität die Unterzeile preisgibt: »Schiffsbauer Gibbs«. Susan ergänzt: »Das ist mein Großvater.«

Dieser William Francis Gibbs hat die *United States* geschaffen – erdacht und entworfen, gebaut und geliebt. Als »lang und dürr, einem Leichenbestatter ähnlicher als einem wirklichen Menschen«, beschreibt ihn *Time*. Gibbs war ein so garstiger wie genialer Geist. Ein Besessener. Seit seinem zehnten Lebensjahr skizzierte er Schiffspläne, nur widerwillig studierte er Jura in Harvard, ehe er in New York ein Ingenieursbüro gründete, das im Zweiten Weltkrieg den Bau von 5500 Schiffen koordinierte – nicht weniger als 70 Prozent der gesamten US-Kriegsflotte.

Dann, kurz nach dem Krieg, war die Zeit endlich reif für Gibbs Lebenstraum. Washington hatte Millionen von Dollar Schiffsmieten an London bezahlen müssen, um Hundertausende GIs auf der *Queen Mary* und der *Queen Elizabeth* von der Front in Europa heimzuholen. Nun verlangte das Pentagon nach einem eigenen, schnelleren Truppentransporter. Der Plan dafür lag seit Jahren in Gibbs Schublade. Der brillante Kauz wollte den Briten (»diesen herablassenden, hochnäsigen Mistkerlen«, wie er einmal formulierte) das Blaue Band für die schnellste Atlantiküberquerung abjagen. Und der Kalte Krieg bescherte ihm das nötige Geld: 50 der 78 Millionen Dollar – fast zwei Drittel der Baukosten – trug das Verteidigungsministerium. »Trotz all der Staatsknete hat mein Großvater sein Schiff stets als Triumph des Kapitalismus gepriesen«, sagt Susan Gibbs, die linke Enkelin, und grinst. »Es herrschte eben Kalter Krieg.« Der Sieg im Wettlauf der Weltsysteme war wichtiger als die Wahrheit, dass der freie Markt ohne diese finanzielle Nachhilfe von Vater Staat niemals eine solche technologische Höchstleistung wie die *SS US* zustande gebracht hätte.

Ähnliches sollte der Nation auch heute gelingen. Jedenfalls, wenn es nach dem Willen des Präsidenten ginge. Der Zufall wollte es, dass Barack Obama nur sieben Tage vor Susan Gibbs' Tat zur Rettung der *SS US* vor dem Kongress in Washington seinen Plan ausbreitete, der wiederum die gesamten Vereinigten Staaten vor drohendem Schiffbruch bewahren sollte. In seiner »Rede zur Lage der Nation« entwarf Obama seine Vision, die kriselnde Volkswirtschaft sowie das von Selbstzweifeln geplagte Volk aus seiner Malaise zu führen. Obama ahnte an jenem Abend im holzgetäfelten Saal des Repräsentantenhauses nichts vom Schicksal der »Big U«. Aber das Motto seines einstündigen Mutmacher-Vortrags klang exakt so, als wäre es auf das ehemalige Staatsschiff gemünzt: »We do big things!«

Große Dinge könne und müsse die Nation leisten. Um sich zu behaupten, um sich zu beweisen im globalen Wohlstandswettlauf. Der Glaube an die eigene Schaffenskraft, so stellte der Präsident fest, habe das amerikanische Volk seit jeher vorangetrieben. Das Wort von den »großen Dingen«, von denen Obama erzählte, hatte er indes nicht selbst ersonnen. Seine Redenschreiber hatten es von einem Mitarbeiter jenes kleinen Spezialbohrunternehmens in den Wäldern von Pennsylvania übernommen, das im Herbst 2010 mit seiner ausgetüftelten Technik im fernen Chile vor den Augen der Welt 33 verschüttete Bergleute aus einer 600 Meter tiefen Mine befreit hatte. »Seit den frühesten Tagen unserer Gründung ist Amerika die Geschichte einfacher Menschen gewesen, die zu träumen wagten«, schwärmte Obama. »So gewinnen wir die Zukunft.«

So weit werden ihm die meisten Amerikaner wohl zustimmen, egal welcher politischen Couleur. Doch hier hört die Gemeinsamkeit im Glauben an den amerikanischen Pioniergeist auch schon auf. Damit die ganz großen Dingen gelängen, fügte Obama nämlich hinzu, müsse Uncle Sam eben nachhelfen. Als Exempel wählte der Präsident die Geschichte der bemannten Raumfahrt – und den heilsamen Schock, mit dem alles begonnen hatte: Am 4. Oktober 1957 war die westliche Führungsmacht in Schreckstarre gefallen, als sie mitansehen (und -anhören) musste, wie die Sowjetunion ihren piependen Satelliten *Sputnik 1* auf eine Erdumlaufbahn geschossen hatte und den Kampf um den Kosmos zu gewinnen schien. Den Rest lernt seither jedes Schulkind in den USA: Amerika nahm den Kampf auf, der Kongress klaubte sehr viel Geld zusammen und schuf eiligst die legendäre Raumfahrtbehörde NASA. Und 1961 trat dann ein junger, strahlender Präsident namens John F. Kennedy vor sein Volk und gab das patriotische Ziel aus, »noch vor Ende dieses Jahrzehnts einen Mann auf dem Mond zu landen und ihn sicher wieder zurück zur Erde zu bringen«. Nach dem großväterlichen »Ike« war »JFK« das zweite, weitaus charismatischere Staatsoberhaupt in der Ära der *United States*. Er vermochte gewaltige Energien freizusetzen. Nur acht Jahre sollten vergehen, ehe am 20. Juli 1969 die Mission erfüllt war: Neil Armstrong wagte sich auf den Mond – »ein kleiner Schritt für einen Menschen, ein großer für die Menschheit«.

Von diesem (staatlich subventionierten) Erfindergeist, von diesem (aus dem Weißen Haus verordneten) Explorationsdrang schwärmt Obama heute überschwänglich. »Wir hatten keine Ahnung, wie wir sie [die Sowjets] schlagen sollten auf dem Weg zum Mond. Die Wissenschaft gab's einfach nicht. Noch nicht einmal die NASA existierte«, erinnerte der Präsident in seiner Ansprache auf dem Kapitol. »Als wir dann aber in bessere Forschung und Erziehung investierten, haben wir die Sowjets nicht nur überholt, wir haben eine Welle der Innovation losgetreten, die neue Industrien und Millionen neuer Jobs schuf.«

Solch einen Aufbruch zu neuen Sternen, von der Regierung animiert, möchte Obama seiner Nation nun wieder verordnen. »Dies ist der Sputnik-Moment unserer Generation!«, beschwört er das Volk vor dem Bildschirm. Nur diesmal geht es eben nicht auf den Mond, sondern einer neuen, strahlenden Zukunft auf Erden entgegen. »Wir können uns neu erfinden, das haben Amerikaner seit zweihundert Jahren getan.« Trotz des horrenden Schuldenbergs, den die Nation seit der Jahrtausendwende aufgetürmt hat, will Obama mit öffentlichen Investitionen dem Land einen seit fünfzig Jahren nicht mehr da gewesenen Modernisierungsschub versetzen: Milliarden sollen fließen für mehr Forschung und Entwicklung in Biomedizin, Informationstechnologie und vor allem in saubere, erneuerbare Energien. Das sollen »die Apollo-Projekte unserer Zeit« sein. Das, so der Präsident, mache das Land sicherer (weil weniger abhängig von Ölimporten) und schütze obendrein den Planeten – »und es wird zahllose neue Jobs für unsere Menschen schaffen«.

JFKs kühner Traum von Uncle Sams Mondfahrt war seinerzeit eine Kampfansage an Moskau. Und auch Barack Obamas Aufruf zur nationalen Neuerfindung hat – ohne ihn beim Namen zu nennen – einen Gegenspieler im Blick: Peking. Gegenüber China verspüren viele Amerikaner jene Mischung aus Bewunderung und Wut, die mit jedem Minderwertigkeitskomplex einhergeht. Das Reich der Mitte flößt Ängste ein – und sei es die Furcht vorm eigenen Niedergang: Nur jeder fünfte US-Bürger glaubt, dass die USA die stärkste Volkswirtschaft stellen, beinahe jeder zweite (47 Prozent) sieht China ganz oben. Das ist, objektiv betrachtet, zwar ein Fehlurteil – aber es spiegelt Amerikas subjektive Ängste wider. Weshalb Obama, einst selbsterklärter Weltbürger, nun den Einpeitscher des Vaterlands spielt. »Den amerikanischen Traum zu bewahren bedeutete nie, einfach zu verharren. Das verlangt von jeder Generation, Opfer zu bringen, zu kämpfen und sich den Anforderungen einer neuen Zeit zu stellen«, belehrt er. »Wir müssen den Rest der Welt schlagen – bei Innovationen, in der Bildung, im Bau!«

Staunend hat Susan Gibbs, die Enkelin eines Schiffbau-Innovators und bekennenden Nationalisten, die Rede ihres Präsidenten im heimischen Wohnzimmer vernommen. Obamas Fahnenappell zum Neuanfang empfand sie als hohl: »Auf diese Weise wird es ihm nicht gelingen, die Truppen hinter sich zu scharen.« Damals, in den fünfziger Jahren, hätten Horrorfantasien von aus dem Himmel herabstürzenden Sowjetraketen einem im Kalten Krieg vereinten Volk Beine gemacht und politische Energien (und enorme finanzielle Ressourcen) freigesetzt. Heute aber werde die Bedrohung durch Asiens wirtschaftlichen und wissenschaftlichen Fortschritt kaum als gleichermaßen beängstigend empfunden – schon gar nicht von einem US-Volk, das politisch tief gespalten sei und zur Hälfte Obama misstraue. Obama, so Gibbs, widerspreche sich letztlich selbst: »Wie kann der Präsident seinen ›Sputnik-Moment‹ zelebrieren wollen, wenn er gleichzeitig verspricht, die Regierungsausgaben zusammenzustreichen?« Mit stillem Stolz vernahm die liberale Demokratin, wie sogar ihre jüngste Tochter, gerade dreizehn Jahre alt, darüber mäkelte, »dass Obama plötzlich so nationalistisch klingt«.

Tatsächlich scheint Obamas Sputnik-Rede nahezu ungehört verhallt zu sein. Vier von zehn Amerikanern sagten, sie sähen ihre Volkswirtschaft auf dem Weg in den »dauerhaften Niedergang«. Von nationalem Neuanfang keine Rede. Die Demokraten greifen die Sputnik-Idee ihres Präsidenten kaum auf, und die Republikaner argwöhnen, der Vorstoß sei ohnehin nur ein Trick, um noch mehr dem Staat zu überantworten, um noch mehr Schulden zu machen. Die konservative Opposition, seit ihrem Sieg bei den Kongresswahlen im November 2010 die dominante Macht im Repräsentantenhaus und also de facto mit an der Regierung, will nicht bloß sparen. Ihr ist jede Ausweitung staatlicher Macht zuwider. Vor allem in konservativen Kreisen ist die NASA, das potenzielle Vorbild für Obamas Neuauflage eines mit der *Apollo*-Serie vergleichbaren Hightech-Programms, als Großbürokratie in Verruf geraten, die im einstigen Wettlauf zwischen Kapitalismus und Kommunismus letztlich selbst parasowjetische Zustände hervorgebracht habe. Bei einer TV-Diskussion Anfang 2011 behauptete einer der aussichtsreicheren Anwärter auf die nächste republikanische Präsidentschaftskandidatur, der einstige Sprecher des Repräsentantenhauses Newt Gingrich, die NASA habe Amerikas Vorstöße ins All seit vierzig Jahren mehr behindert als befördert. Ein privater Investor, so Gingrich, hätte mit demselben Geld »wahrscheinlich eine dauerhafte Station auf dem Mond und drei oder vier permanente Stationen im Weltraum« geschaffen. Was auch immer der Nutzen gewesen wäre.

Kaum jemand in Amerika traut dem Staat noch viel zu – und jeder misstraut der eigenen Regierung. Dieser Trend gilt über alle Parteigrenzen hinweg. In den frühen fünfziger Jahren, als das Staatsschiff *United States* vom Stapel lief, äußerten sich noch 80 Prozent aller Amerikaner grundsätzlich voller Respekt und Wohlwollen gegenüber der Bundesregierung. Dieses Band des Vertrauens zerriss nach den goldenen fünfziger Jahren – während des Vietnamkriegs in den sechziger Jahren, während der brutalen Rassenkonflikte zur selben Zeit, angesichts der Ölpreis- und Wirtschaftskrisen der siebziger Jahre. Seither mag nicht einmal mehr ein Drittel der Amerikaner bekunden, sie vertrauten ihrer Regierung in Washington. Unter Obama sank dieser Wert noch tiefer: Laut einer Studie des Pew Research Center billigt nur jeder dritte Demokrat der Bundesregierung Sympathie zu; nicht einmal mehr jeder fünfte Parteilose (18 Prozent) und nur etwa jeder achte Republikaner (12 Prozent) mag auf Uncle Sam setzen.

Joe Rota, der frühere Telegramm- und Liftboy der *United States*, ist auch einer, der so kritisch denkt. Sobald der Name Obama fällt oder das Gespräch auf die Politik in Washington kommt, winkt er ab: »Von dort erwarte ich gar nichts.« Früher sei das anders gewesen, »da waren die Präsidenten bescheidener, demütiger«. Eisenhower zum Beispiel, damals in den fünfziger Jahren. Obama hingegen verlange Amerika zu viel ab, wolle zu viel regulieren. Joe Rota könnte sich jetzt in Rage reden. Aber in diesem Moment fragt ihn irgendwer noch einmal nach der alten Geschichte mit dem Lift und dem Kommodore als Fahrstuhlführer, und Joe lächelt wieder selig. Susan Gibbs, die Rotas Philippika gegen Obama schweigend ertragen hat, seufzt erleichtert. Zum ungeschriebenen Kodex der Conservancy zählt, Gespräche über Politik oder Religion tunlichst zu vermeiden.

Susan Gibbs hat lange gebraucht, um ihren Großvater und dessen Schiff wiederzuentdecken. 1995 war es, nach dem Tod ihres Vaters. Der hatte den Ahnen totgeschwiegen, weil er nichts mehr mit einem Erzeuger zu tun haben wollte, der abends mit einem Modell der *SS US* ins Bett ging, der nie Zeit für seine Kinder fand und einmal einem Reporter gestand, er liebe »mit tausendprozentiger Sicherheit« seine stählerne First Lady mehr als die eigene Ehefrau.

Vor siebzehn Jahren also stieß Susan Gibbs in der väterlichen Garage auf ein Dutzend Pappkartons voll mit Skizzen, Plänen und Briefen, die sich alle nur um das eine drehten – um »das perfekte Schiff«. Die Enkelin begann zu stöbern, studierte die Dokumente, forschte weiter, fasziniert von der sturen Beharrlichkeit, mit der ihr Großvater sein Lebensziel verfolgt hatte. »Er hat sich seinen ›American Dream‹ erfüllt«, sagt sie bewundernd. Sechs Jahre dauerte es, ehe Susan Gibbs sich aufraffte und mit dem Auto nach Philadelphia fuhr. An den Pier 82. »Ich stand da und staunte nur«, erinnert sie sich. Seither steht wieder jemand vom Stamme Gibbs ganz und gar im Bann dieses Schiffes.

Doch noch ist Susan Gibbs nicht am Ziel. Die Verschrottung ist zwar abgewendet, aber einen sicheren Hafen hat die *SS US* längst nicht erreicht: 200 Millionen

Dollar, so schätzen Experten, werden nötig sein, um das alte Flaggschiff in ein modernes Hotel- und Kongresszentrum umzurüsten. Ein Museum an Bord soll an die einstige Glorie erinnern, vielleicht sogar inklusive des kleinen Beitrags, den das Schiff im Kampf gegen den Terror leistete. »Kein Training in Maschinenräumen«, hat jemand vor Jahren an eine Stahltür gepinselt: Eine Erinnerung an jene Wochen, da diese stählernen Katakomben den »Navy Seals« – jenen Elitetruppen, die im Mai 2011 den Erzfeind Osama bin Laden erledigten – als Übungsterrain dienten.

Auf große Fahrt wird die *United States* gewiss nie mehr gehen. »Ihre Tage da draußen sind gezählt«, sagt Susan Gibbs. Stattdessen preist sie ihr Schiff nun als »Immobilie mit 5200 Quadratmetern in bester Lage mit Blick aufs Wasser« an. In Miami zum Beispiel könnte die Lady dauerhaft vor Anker gehen, aber wahrscheinlicher scheint eine Rückkehr in ihren alten Heimathafen: New Yorks Bürgermeister Michael Bloomberg hat Interesse an einem Hotelschiff signalisiert. Die Investoren rechnen noch.

So lange mag Susan Gibbs, die neue Herrin der *United States*, nur verhalten feiern. Stunden nach der E-Mail mit dem Kaufvertrag finden sich gegenüber von Pier 82 vier Dutzend Schiffsliebhaber ein. Man trifft sich in der Kantine eines schwedischen Möbelhauses, denn aus dem ersten Obergeschoss hat man den besten Blick auf den majestätischen Schiffsleib. Draußen nieselt es, drinnen wird – statt Champagner und Kaviar – nun Birnen-Limo gereicht, dazu Kräcker und Käsewürfel. Ein Festredner erhebt das Glas, vergleicht die *SS US* mit »Lady Liberty«, der Freiheitsstatue in New York. Und mit der »Liberty Bell«, also jener Freiheitsglocke, die hier in Philadelphia erklang, als anno 1776 erstmals öffentlich Amerikas Unabhängigkeitserklärung verlesen und die neue Republik geboren wurde. Und er erinnert daran, dass Statue wie Glocke nur importiert waren – die eine ein Geschenk der Franzosen, die andere ein Produkt aus englischer Schmelze. »Aber diese große Lady ist in Amerika entworfen und gebaut worden – von Amerikanern. Cheers!«

Susan Gibbs steht am Fenster und lächelt. Versonnen schaut sie hinüber zum Pier. Zu ihrem Schiff. Still träumt sie ihren eigenen American Dream. Den Traum vom zweiten Leben der *United States*. Vom zweiten Leben für ihr Land.

DIE ALTLASTEN

VOLKSKRANKHEIT ARMUT

Amerikas Überfluss nimmt zu. Aber immer weniger haben Anteil daran

Not macht nicht erfinderisch. Not macht beklommen. Sie drückt Menschen nieder. Lässt sie fahl werden im Gesicht. So blass eben, wie man aussieht, wenn man sich die Nacht im Auto auf einem Schulparkplatz, bei Temperaturen knapp über null Grad, um die Ohren geschlagen hat. Und wenn man nun, noch vor dem Morgengrauen, schweigend in der Kälte ausharrt, schlotternd von einem Fuß auf den anderen tretend, eingehüllt in Parkas und Decken, in alles, was irgendwie ein bisschen Wärme gibt. Und zusammen mit 400 anderen frierenden Menschen unter einer Straßenlaterne wartet, die den Eingangshof vor der Highschool in ein bleiches Licht taucht, das kaum Farben kennt. Als wäre es ein Ausschnitt aus einem Schwarz-Weiß-Film der Depressionszeit Anfang der dreißiger Jahre. Wie damals, als sich durch Amerikas Städte schweigend die Schlangen von Bedürftigen zogen.

Doch dies ist nicht Vergangenheit. Eine morgendliche Szene wie die gerade geschilderte in der Kleinstadt Maynardville in den dunklen Hügeln von Tennessee ist ein allzu gegenwärtiges Bild des Jammers im Amerika von heute – eines von vielen Zeichen der um sich greifenden Armutsepidemie in einem Land, das seit Jahrzehnten durchweg in der Spitzengruppe der wohlhabendsten Länder des Planeten zu finden war und wo doch inzwischen immer mehr – Millionen, ja Abermillionen – vom Wohlstand abgekoppelt werden. Hier in Maynardville stehen Leute an, die sich keinen Arzt leisten können. Zu Hunderten stehen sie an.

»Willkommen im Land der Freien!«, tönt eine meckernde Stimme über die schweigende Menge hinweg. Manche drehen den Kopf. Keiner sagt etwas zu der Anspielung auf Amerikas glorreiche Nationalhymne. Die Stimme gehört zu einer gebückten Gestalt, die auf einen Krückstock gestützt vor der Schule ausharrt. Mark Sharp ist, wie sich herausstellt, ein Zyniker. Einer, den die Umstände zum bitterbösen Spötter haben werden lassen. Früher war der 48 Jahre alte Mann Vorarbeiter auf dem Bau. Heute ist er, wie er selber sagt, ein Krüppel.

Wie alle anderen hofft auch er an diesem nasskalten Samstagmorgen auf Hilfe. Auf kostenlose Hilfe. Rural Area Medical, RAM, eine kleine Freiwilligenorganisation aus dem benachbarten Knoxville in Tennessee, hat für das Wochenende in der Schule eine mobile Krankenstation aufgebaut. *Health clinic* wird so etwas hier genannt: Klassenräume werden zu Behandlungszimmern, in der Schulcafeteria kontrollieren Krankenschwestern den Blutdruck, und die Turnhalle hat man zu einer überdimensionierten Zahnarztpraxis umfunktioniert. Dort behandeln Ärzte und Pfleger unentgeltlich geduldig auf den Zuschauerbänken wartende Patienten. Aus dem ganzen Land kommen die Mediziner, 365 Freiwillige sind es an diesem Wochenende. Stundenlang sind sie mit dem Auto in die abgelegene Kleinstadt gefahren oder auf eigene Kosten eingeflogen, zahlen selbst das Motel. Die medizinische Ausrüstung hat das Hilfswerk in zwei weißen Lastwagen herangeschafft: faltbare Zahnarztstühle und

Instrumente für Augenärzte, Blutdruckmessgeräte und Tausende gespendeter Brillengestelle. In einem der Sattelschlepper haben sie ein computergestütztes Optikerlabor eingerichtet; vier Brillen können dort innerhalb weniger Minuten gleichzeitig angefertigt werden.

Hunderttausenden haben die Freiwilligen von RAM im Lauf der Jahre schon geholfen. Meist in den Appalachen, dem Gebirgszug an der Ostküste Amerikas, der sich von Georgia bis hinauf nach Kanada erstreckt, in weiten Teilen noch heute eines der Armenhäuser der Nation. Aber auch in Chicago, im Indianerland von South Dakota und sogar im eigentlich so wohlhabenden Kalifornien hat die Organisation ihre provisorische Krankenstation bereits errichtet. 2009 und 2010 war sie in Los Angeles, 2011 in Oakland und Sacramento. Tausende ließen sich jeweils behandeln.

Die Armut hat in den USA sichtbar zugenommen. An vielen Straßenkreuzungen in den wohlhabenderen Ecken des Landes stehen inzwischen Bettler, die mit einem Becher in der Hand und einem vollgekritzelten Pappkarton am nächsten Laternenmast um ein paar Cents und Dollar bitten. In der Hauptstadt Washington kann es einem wenige Blocks vom Weißen Haus entfernt passieren, dass man abends um halb elf von einer jungen Frau mit Kinderwagen um einige Dollar angehauen wird, damit sie für sich und das Kleine noch ein Bett für die Nacht bezahlen kann. Wenn man über Land fährt, sieht man, wie viele Millionen von Menschen noch heute in einfachsten mobilen Wohnhäusern leben, kaum isoliert gegen die Hitze im Sommer und die Kälte im Winter und völlig ungeschützt, wenn Hurrikane oder Tornados mit Urgewalt wüten. In jeder amerikanischen Stadt begegnet man abgerissenen

Gestalten, die gar kein Dach mehr über dem Kopf haben, die mit Fahrrädern unterwegs sind, ein zusammengerolltes Bündel Klamotten auf dem Gepäckträger – alle auf der Suche nach einem vielleicht besseren Leben.

Vor allem aber stößt man im ganzen Land auf lange Schlangen von geduldig ausharrenden Menschen. Wie jenen vor der Highschool von Maynardville in Tennessee. Oder wie der Menschentraube im Industrie- und Gewerbegebiet von Arlington, ganz in der Nähe von Washington. Dort stehen sie für Lebensmittel an. Oder dem kleinen Haufen vor dem Büro einer Arbeitsvermittlerin in Luray im idyllischen Shenandoah Valley. Oder, schließlich, den Obdachlosen in San Diego im Süden Kaliforniens, die gleichmütig warten, bis sie eine kleine Flasche Wasser bekommen, die ein alter Mann aus dem Kofferraum seines Autos heraus verteilt.

Das alles hat natürlich viel mit der großen Krise zu tun, die Amerika derzeit schüttelt. Wer etwa in den USA seine Arbeit verliert und längere Zeit keinen Job mehr findet, gleitet fast automatisch in Armut ab. Es liegt aber auch daran, dass dieses so reiche Land sein Armutsproblem nie in dem Maße in den Griff bekommen hat, wie es in Europa selbstverständlich ist. Zwar gab es besonders unter demokratischen Präsidenten, von Franklin D. Roosevelt bis zu Lyndon B. Johnson, gewaltige – und enorm erfolgreiche – Programme zur Armutsbekämpfung. Mit deren Hilfe konnten Millionen dem Elend entkommen. Doch seit gut drei Jahrzehnten hat sich die Tendenz wieder verkehrt, zunächst schleichend und kaum erkennbar. Inzwischen aber ist sie eindeutig: Die Schere zwischen Arm und Reich öffnet sich wieder in Amerika. Und im ersten Jahrzehnt des neuen Jahrhunderts, seit Beginn der Amtszeit von Präsident George W. Bush, ist das in einem Umfang geschehen, wie es das Land schon lange nicht mehr erlebt hat.

Amerikaner lieben Statistiken. Schon die Verfassungsväter ordneten vor zwei Jahrhunderten an, dass die Nation alle zehn Jahre ihre Häupter zählen müsse. Inzwischen macht die Zensusbehörde nicht nur das, sondern sie gibt – neben einer Menge anderer Zahlenwerke – auch Jahr für Jahr einen Armutsbericht heraus. Seit 1959 misst sie das Ausmaß der materiellen Bedrängnis in den Vereinigten Staaten, also die Zahl der Menschen, die unterhalb der sogenannten *poverty line* leben, der Einkommensgrenze für Arme. Die wurde 2011 für eine vierköpfige Familie bei exakt 22314 Dollar festgelegt, umgerechnet rund 16000 Euro.

Die Armutsrate der USA ist auf dem besten Wege, wieder Höhen zu erreichen, wie sie zuletzt vor Johnsons großem Antiarmutsprogramm in den fünfziger Jahren gemessen wurden. 46,2 Millionen Amerikaner galten der offiziellen Armutsstatistik der Vereinigten Staaten zufolge 2011 als arm – 15,1 Prozent, annähernd ein Sechstel der US-Bevölkerung. So hoch lag die Armutsrate das letzte Mal Anfang der neunziger und davor Anfang der achtziger Jahre. Der Unterschied zu den heutigen Werten ist freilich, dass es sich damals um Höchstwerte handelte. Diesmal rechnen alle Experten damit, dass die Armutsquote noch weiter steigen wird.

Erst im Herbst 2011 bescheinigte eine Studie im Auftrag der deutschen Bertelsmann-Stiftung den Amerikanern ein enormes soziales Ungleichgewicht. Im Vergleich zu dreißig anderen Industriestaaten in der Organisation für wirtschaftliche Zusammenarbeit und Entwicklung (OECD) belegen die USA nur noch einen jämmerlichen

27. Platz. Nicht nur dass die skandinavischen Länder ganz vorn liegen im Ranking der sozialen Gerechtigkeit. Selbst Staaten wie Ungarn, Polen oder Tschechien, die vor gut zwei Jahrzehnten noch Teil des Ostblocks waren, haben die einstige Führungsmacht des Westens deutlich überholt. Nur in Griechenland, Chile, Mexiko und der Türkei ergeht es Armen der Studie zufolge schlechter als in den Vereinigten Staaten.

Schon jetzt haben fast 50 Millionen Amerikaner keine Krankenversicherung, mehr als jemals zuvor in der jüngeren Geschichte der USA. Nicht alle sind deshalb gleich arm. Manche haben bewusst auf eine Versicherung verzichtet und gehen das damit verbundene Risiko ein. Andere stehen vor der Wahl: Entweder sie stottern weiterhin die Kreditraten fürs Haus ab und geben ihren Versicherungsschutz auf, oder sie bezahlen weiter die Krankenversicherung und nicht den Kredit – und sind am Ende ihr Haus los, weil es über kurz oder lang von der Bank zwangsversteigert werden würde. Die meisten aber können sich schlicht weder Häuschen noch Versicherung leisten. Und für alle Nichtversicherten dürfte eine Krankheit oder ein Unfall die Rutschbahn in die Armut bedeuten. Zwar würden sie im Notfall behandelt werden, die Rechnung käme jedoch hinterher. Sie müssten sie über Jahre abstottern. Und diejenigen, die ein chronisches Leiden haben, denen auch nur der Zahn wehtut oder die nicht mehr ordentlich sehen – sie sind auf wohltätige Helfer wie RAM angewiesen, wenn sie sich einen Arzt nicht leisten können. Daran hat auch die Gesundheitsreform, für die Präsident Barack Obama ein Gutteil seines politischen Kapitals verspielte, nicht wirklich etwas geändert. Zwar verschafft sie Millionen eine Krankenversicherung. Weil aber gleichzeitig so viele ihre Arbeit verloren haben, haben sie auch ihre Krankenversicherung eingebüßt, die in den USA oft über den Arbeitgeber angeboten wird. Der Anteil der Amerikaner, die so krankenversichert sind, ist im vergangenen Jahrzehnt von 65 auf 55 Prozent zurückgegangen. Der Anteil derjenigen, die den staatlichen Versicherungsschutz bekommen, hat sich dagegen zwar erhöht. Gleichwohl kann der Zuwachs nicht mit der Zahl all derer Schritt halten, die ihre Krankenversicherung verlieren oder sich noch nie eine haben leisten können. Es sind unterm Strich also mehr Menschen ohne Krankenversicherung – so wie alle die, die vor der Schule von Maynardville Schlange stehen.

Jeder der Wartenden vor dem Portal der Highschool hält einen rosafarbenen Zettel mit einer schwarzen Nummer in der Hand. Je früher man sich in der Dunkelheit angestellt hat, desto niedriger ist die Zahl und desto eher kommt man an die Reihe. Der Schnipsel ist ein Versprechen: Nach einer langen Nacht, nach den Stunden in der Kälte, werden sie endlich wieder lesen und beim Autofahren die Straßenschilder erkennen können. Endlich werden sie von ihren Zahnschmerzen erlöst, endlich wird sich jemand um ihren hohen Blutdruck kümmern oder um den Diabetes, an dem sie vielleicht schon geraume Zeit leiden.

Um Punkt sechs Uhr früh tritt ein hagerer Mann in Khakihosen und abgewetzter schwarzer Fliegerjacke vor die Glastür. Es ist Stan Brock, der Gründer der Hilfsorganisation, ein Mann von Anfang siebzig. Aufrecht, stocksteif, die Hände auf dem Rücken verschränkt, ruft er die Nummern auf. Langsam schiebt sich die Menge der Wartenden nach vorne. Vielleicht ist es antrainierte Geduld oder einfach nur Müdigkeit – jedenfalls schubst oder drängelt hier niemand.

In Zehnergruppen lässt Brock die Menschen durch die offene Tür in die von Neonlicht erfüllte Pausenhalle der Highschool. Freiwillige notieren Namen, Geburtsdatum und Vorerkrankungen. Sie fragen auch nach dem letzten Arztbesuch. »Oh«, sagt eine stark übergewichtige Frau, »das ist lange her.« So ist es bei den allermeisten, die hier warten. Mehr Fragen stellt bei der Registrierung niemand, nicht nach dem Einkommen, nicht nach der Versicherung. Warum auch: Hierher kommen sowieso nur diejenigen, denen keine andere Wahl bleibt.

In der Schulturnhalle stehen 39 graue Zahnarztstühle, Helfer haben sie in der Nacht in zwei Doppelreihen aufgebaut, komplett mit Bohrern, Absauggeräten und 39 schmalen, schwarzen Lichtstrahlern. Das Parkett ist mit blauer Kunststofffolie ausgelegt. Ganz hinten, auf dem dritten Stuhl von rechts, liegt jetzt Grover Nicholson, ein Mann um die fünfzig, mit weit aufgerissenem Mund im Kegel eines Halogenlichts. Zweimal hat er kurz gezuckt, nun läuft Blut sein Kinn hinunter. Nicholson wurden gerade zwei Zähne gezogen. Es ist die häufigste Prozedur hier. Die Ärzte entfernen Zähne wie am Fließband.

Um Nicholson kümmert sich gerade ein Kieferchirurg aus Atlanta. Die andere Seite der Doppelreihe teilen sich drei Zahnärzte vom Universitätskrankenhaus in Buffalo im fernen Bundesstaat New York. Die Zähne ziehen sie, weil deren Verfall meist so weit fortgeschritten ist, dass sich nichts mehr machen lässt. Zu tief hat sich die Karies eingefressen. Zu viel süßes Zeug haben die Leute ihr Leben lang getrunken, »Hillbilly-Heroin«, wie einer der Zahnärzte sarkastisch sagt, Billiglimonade. Hillbillys werden die Einwohner dieses Landstrichs gern im Rest Amerikas genannt, weil sie angeblich so einfältig sind.

In Wahrheit sind die Menschen oft einfach nur arm, und das schon seit Generationen. Einen Besuch beim Zahnarzt konnten sie sich noch nie leisten. Und so füllt sich im Laufe des Tages neben dem Tisch unter dem Basketballkorb ein stinkender Papiereimer – nur mit blutigen Zähnen. Einem Patienten haben sie dreizehn faulige braune Zähne und obendrein ein paar schwarze Stummel entfernt – das ist Rekord, für heute.

Grover Nicholson hat nun rechts unten zwei Lücken mehr im Gebiss. Vorne oben fehlen ihm schon die beiden kleinen Schneidezähne. Eine Brücke? An so etwas ist gar nicht zu denken. Ein bisschen benommen ist er noch, aber glücklich, weil er die dauernden Schmerzen endlich los sein wird. »Tolle Leute«, sagt er. Sein ganzes Leben lang hat er gearbeitet, als Lastwagenfahrer, auf dem Bau. Nie war er länger als ein, zwei Wochen ohne Job. Jetzt aber hat er bereits seit einem Jahr keine Arbeit mehr. Schuld ist die Rezession. Nicht einmal McDonald's hat Stellen frei. »In diesem Jahr war vieles neu für mich«, sagt Nicholson, »und sonderlich gut hab ich mich dabei nicht gefühlt.« Er musste Lebensmittelhilfe beantragen und Unterstützung für die Stromrechnung, weil sein Arbeitslosengeld nicht reicht. Die Reparatur für sein Auto kann er sich nicht leisten. Die Krankenversicherung ist auch weg. Und dann kamen die Zahnschmerzen.

Mark Sharp, der Zyniker, der sich auf einen Stock stützt, ist mittlerweile im Flur der Zehntklässler anzutreffen. Es ist das Wartezimmer für den Augenarzt. Vierzig Stühle hat man im langen Korridor nebeneinander aufgebaut. Dutzende Patienten müssen dennoch erst einmal stehen. Die meisten dösen, den Kopf gegen die Wand gelehnt. Nicht so Mark Sharp. Auf die Frage, weswegen er hergekommen ist, schießt es aus ihm heraus: »Armut – was denn sonst, Bruder.« Er blickt auf die stummen Gestalten neben ihm und fügt hinzu: »Ich bin hier, weil meine Regierung lieber Tarnkappenbomber anschafft, als sich um die Menschen im Land zu kümmern.« Sharp hat in letzter Zeit oft Kopfschmerzen.

Vor sieben Jahren hatte er sich bei einem schweren Sturz acht Wirbel gebrochen. Seither ist er ein Sozialfall. Seinen Job hat er sofort verloren und seine Krankenversicherung auch, für die er zuletzt 800 Dollar im Monat zahlen musste. Den Schutz der staatlichen Krankenversicherung, die es in den USA seit den sechziger Jahren für Bedürftige gibt, Medicaid genannt, bekommt er indes nicht.

Dabei hat Sharp bereits mehrmals einen Antrag gestellt. 99 Prozent aller Anträge würden in Tennessee jedoch abgelehnt, lästert er. Die Zahl ist vielleicht ein wenig übertrieben, aber mit der Erfahrung selbst steht er keineswegs allein da. Routinemäßig verschleppen die Behörden Anträge, indem sie immer neue Nachweise verlangen. Manchmal verschwinden auch ganze Vorgänge, und die Gesuche müssen neu eingereicht werden. Nur Kinder werden fast ausnahmslos in die Versicherung aufgenommen – bis sie volljährig sind.

An diesem Wochenende haben die Freiwilligen von RAM allein in Maynardville 701 Menschen geholfen. Die Organisation führt genau Buch: 335 Brillen haben sie verschrieben und angepasst, 852 Zähne gezogen. Dabei handelt es sich in Maynardville nur um eine eher kleine *health clinic*. Mehr als 600 solcher Krankenstationen auf Zeit hat RAM im Laufe von fast zwei Jahrzehnten aufgebaut. In Wise zum Beispiel, ein paar Autostunden weiter nördlich in den Blauen Bergen von Virginia, behandeln die Ärzte von RAM im Sommer regelmäßig bis zu 3000 Patienten – in der örtlichen Viehmarkthalle. Und in Los Angeles hätten es einmal gut und gerne 12000 sein können; die völlig überwältigten Freiwilligen hatten aber am Ende nur die Hälfte geschaft.

RAM zählt zu einem Netzwerk von inzwischen 2000 kleinen *health clinics* in den Vereinigten Staaten, die zumeist kostenlos medizinische Hilfe anbieten. Mindestens vier Millionen Menschen versorgen sie pro Jahr. Auf dieses Netz der Wohltätigkeit sind die USA mittlerweile regelrecht angewiesen, ob mit oder ohne Gesundheitsreform. Denn zahnärztliche Versorgung für Erwachsene sieht die Reform nicht vor – überhaupt wird die von ihren rechten Gegnern so gescholtene »Obamacare« längst nicht allen Schutz verschaffen: Rund 22 Millionen Menschen, so die Prognosen, werden Ende des Jahrzehnts noch immer ohne Schutz dastehen – falls die Republikaner die Reform nicht schon vorher zur Strecke bringen oder der Oberste Gerichtshof mit der Mehrheit seiner konservativen Richter das Gesetz nicht als verfassungswidrig kassiert.

Annamaria Church ist eine Kinderärztin aus Chattanooga, eine von Dutzenden Ärzten, die hier ihre Freizeit opfern, um »zurückzugeben«, wie man in Amerika sagt – um etwas von dem Wohlstand, den ihnen ihre Ausbildung und ihr Einkommen ermöglichen, in freiwilliger Arbeit an Bedürftige weiterzureichen. Fast hat man den Eindruck, als stünde sie ein wenig unter Schock. Etwas verloren irrt die Frau mit dem grauen Kurzhaarschnitt durch die Korridore der Schule von Maynardville, ihr Stethoskop um den Nacken. Noch immer ist der Flur vor den Klassenzimmern der Augenärzte mit Wartenden überfüllt. Kopfschüttelnd beobachtet Annamaria Church die blutige Szenerie in der Turnhalle, wo die Zahnärzte weiter im Akkord arbeiten. Langsam schlendert sie wieder zurück in die Hauswirtschaftsräume. Dort ist sie eingeteilt, um bei den Allgemeinmedizinern zu helfen. Sie ist das erste Mal als Freiwillige dabei und sagt, dass sie eine solche Not nicht für möglich gehalten hätte: So viele Patienten mit unbehandeltem Diabetes und bedenklich hohen Blutdruckwerten seien an diesem Morgen gekommen! Die mitgebrachten Medikamente seien ihr und den Kollegen ausgegangen. In einer Apotheke von Maynardville hätten sie rasch nachkaufen müssen. »Wir geben den Menschen nicht die Behandlung, die sie brauchen«, sagt sie. »Das ist kriminell, was in diesem Land passiert.«

Tatsächlich dürfte die Dauerkrise in den USA bis zum Jahr 2015 weitere zehn Millionen Amerikaner zusätzlich in die Armut abrutschen lassen. Das prognostizieren jedenfalls die Sozialwissenschaftler von der Brookings Institution, einem der traditionsreichsten der politischen Beratungsinstitute in Washington. Der American Dream, der Traum vom sozialen Aufstieg, bleibt für immer mehr Menschen eine bloße Schimäre, unerreichbar.

Der Grund hierfür liegt auf der Hand: die grassierende Erwerbslosigkeit. Die Menschen verlieren Job und Einkommen, Krankenversicherung und Selbstwertgefühl. So wie Russell McConniel. Er ist ein ganzer Kerl. Oder sollte man sagen, er war es? McConniel lässt sich nicht gehen, keineswegs. Die Haare, die an den Schläfen grau werden, trägt er militärisch exakt gestutzt. Sein Jeanshemd ist abgetragen, gewiss, aber die Ärmel haben eine Bügelfalte. Die breiten Hände und die kurzgeschnittenen Fingernägel zeigen, dass er weiß, wie man zupackt. Doch er hat tiefe Ränder unter den stahlblauen Augen. Sein Gesicht ist blass, und seine Bewegungen sind mitunter fahrig, die Arme schlenkern dann wie nutzlos an seinem massigen Rumpf.

Als wir ihn treffen, ist Russell McConniel Mitte vierzig und arbeitslos, wie so viele in den USA. Bei rund 9 Prozent lag die Arbeitslosenquote 2011 im Jahresmittel, und alle Experten gehen davon aus, dass sie im Wahljahr über 8 Prozent verharren wird. Nach Recherchen des angesehenen Center for Labor Market Studies in Boston sind in den USA nur während der Großen Depression vor dem Zweiten Weltkrieg mehr Arbeitsplätze verlorengegangen als in der Großen Rezession am Ende des ersten Jahrzehnts des 21. Jahrhunderts. Amerikas Unternehmen haben viel mehr Leute gefeuert als die Unternehmen in den meisten anderen Industrienationen, zumal im Vergleich zu Deutschland. Zwischen Ende 2007 und Ende 2009, so weisen die Arbeitsmarktforscher nach, ging das US-Bruttoinlandsprodukt um 2 Prozent zurück, die Zahl der Beschäftigten sank um 6 Prozent. In Deutschland hingegen brach das Bruttoinlandsprodukt um 6 Prozent ein, die Beschäftigungsquote stieg dafür aber dank Kurzarbeit und Teilzeit sogar leicht um 0,7 Prozent an.

McConniel ist auch ein Opfer dieser Rezession. Seit anderthalb Jahren ist er schon ohne Arbeit – eine unvorstellbar lange Zeit, zumindest in Amerika, wo es bis zum Beginn der Krise Ende 2007 nicht bloße Schönfärberei war, dass eigentlich noch jeder eine Arbeit finden konnte, der eine finden wollte – zumindest jemand mit der Ausbildung und Erfahrung, wie McConniel sie mitbringt.

Und er ist natürlich nicht der Einzige ohne Job in Luray, einem Nest von nicht einmal 5000 Einwohnern im grünen Tal des Shenandoah River, keine zwei Autostunden von der Hauptstadt Washington entfernt. 11,8 Prozent waren hier Ende 2011 in der Gegend arbeitslos, ein Wert, der noch deutlich über der landesweiten Arbeitslosenquote liegt. In dem Provinzstädtchen ist nicht zu übersehen, wie tief der Absturz der US-Wirtschaft die Menschen hinabzerrt, wie rasch der dünne Wohlstand der *middle class*, wie in Amerika die Mittelschicht genannt wird, in Bedrängnis umschlagen kann. Und wie bodenlos das Leben für diejenigen wird, die ohnehin nie recht Anteil am Reichtum dieses Landes hatten.

Russell McConniel sitzt am sauberen, weißen Besprechungstisch von Flohrline Painters Arbeitsvermittlung. Jeden Tag ist er hier. Im Flur hängen Jobanzeigen aus dem *Daily News Record*, der Lokalzeitung. An der Wand im Flur liest man aufbauende Weisheiten wie »Life works when you work«, in etwa: Hast du Arbeit, geht's dir gut. Im Nebenzimmer ist der Career Resource Room, ein kleiner Raum, vollgestopft mit sechs Computern, an denen Painters Kunden im Internet auf Jobsuche gehen oder ihre Bewerbungsschreiben ausdrucken können. McConniel möchte lieber hier reden, nicht bei sich zu Hause. Das wäre ihm peinlich, sagt Flohrline Painter. Er ist wieder bei seiner Mutter eingezogen – ein Mann von Mitte vierzig. Ihm blieb keine andere Wahl.

McConniel war Deputy in Richmond, der Hauptstadt des Bundesstaats Virginia, 200 Kilometer weiter im Süden. »Hilfssheriff« müsste man auf Deutsch wohl dazu sagen, wenn das nicht sofort die Bilder dümmlicher Nichtsnutze aus alten Western-Filmen vor dem inneren Auge aufsteigen lassen würde. Deputys sind in den USA Autoritätspersonen, man sollte sich nicht mit ihnen anlegen. Dann freilich musste McConniel seinen Sheriffstern abgeben. Nicht weil er sich etwas zuschulden hätte kommen lassen. Er war einfach nur ledig und mit vier Dienstjahren relativ neu bei der Truppe; der Stadtrat von Richmond aber hatte den Etat gekürzt, und deshalb musste der Sheriff Leute entlassen. McConniel war nicht der Einzige, den es traf. Polizisten sind in den USA keine Beamten.

Ein Vierteljahr lang bekam er Arbeitslosenunterstützung, 363 Dollar die Woche, umgerechnet etwa 1000 Euro im Monat. »Ich dachte, ich müsste mir nur einen neuen Job suchen«, sagt er und lacht. Auch wenn Russell McConniel sich müht, locker zu wirken, leicht fällt ihm das nicht: »Es gibt schon Zeiten, da frage ich mich, warum ich überhaupt weitersuchen soll.«

Als das Vierteljahr um war, erhielt er noch einmal sechs Wochen lang Notfallhilfe. Das war es dann. Seither muss er sehen, wie er zurechtkommt. Er hat seine Wohnung in Richmond aufgegeben und ist zurück aufs Land nach Luray gezogen. Er hält nach Gelegenheitsjobs Ausschau – »Rasenmähen und so« – und hat seine Ersparnisse aufgebraucht. Seine Altersversorgung beim staatlichen Virginia Retirement System hat er ebenfalls gekündigt. Ganze 5000 Dollar bekam er heraus. Der nächste Schritt sind *food stamps*, die staatliche Lebensmittelhilfe. Sie hat McConniel noch nicht beantragt. »So weit bin ich noch nicht«, sagt er. Es dürfte nur eine Frage der Zeit sein.

Nami Bashir ist diesen Schritt schon gegangen. Wir begegnen ihr in einer sogenannten *food bank*, einer Lebensmitteltafel, wie es sie seit Jahren auch in Deutschland gibt. In den USA sind sie indes noch weitaus verbreiteter. Nicht weniger als 40 000 dieser gemeinnützigen Ausgabestellen für Lebensmittel gibt es mittlerweile in den USA, organisiert von gemeinnützigen Stiftungen, wohltätigen Organisationen und Kirchengemeinden. Sie werden dringend gebraucht: 49 Millionen Menschen, so eine Erhebung des US-Landwirtschaftsministeriums, haben in diesem Land des Überflusses zumindest zeitweise nicht genug zu essen. Ohne die Lebensmittelspenden der *food banks* könnten viele Menschen kaum überleben.

Eine Geschichte wie die von Nami Bashir könnten so oder ähnlich inzwischen Millionen Menschen in den USA erzählen. Wegen der Wirtschaftskrise hat auch ihr Mann seinen Job verloren. Küchenhilfe in einem Restaurant war er, weshalb sie ohnehin nicht viel hatten. Nun aber taumelt die Familie auf einmal ins Bodenlose. Es ist die perverse Umkehr des amerikanischen Traums: Nicht vom Tellerwäscher zum Millionär geht es bei ihnen, sondern in die andere Richtung: vom Tellerwäscher nur noch weiter abwärts. Innerhalb weniger Wochen ist Nami Bashir zur Bittstellerin geworden, die zum Überleben auf die Wohltätigkeit anderer angewiesen ist.

Auch Nami Bashir bekommt *food stamps*. Die Zahl der Empfänger hat seit der desolaten Abwärtsspirale der Rezession rasend zugenommen. Mehr als 43 Millionen Menschen bedürfen inzwischen dieser Hilfe, ungefähr jeder siebte Amerikaner. Das ist ein finsterer Rekord. Mehr waren es in den fast fünfzig Jahren, seitdem es die staatliche Lebensmittelhilfe gibt, noch nie. Im Jahr 2010 hatten in den USA offiziellen Regierungszahlen zufolge 11,3 Millionen Menschen zeitweise nicht einmal genug zu essen. Wenngleich »dauerhafte Unterernährung in den Vereinigten Staaten extrem selten ist«, wie Mark Nord konstatiert, der die Hungerstatistiken im US-Landwirtschaftsministerium führt: So viel Armut gab es in diesem reichen, trotz der Krise noch immer so unglaublich wohlhabenden Land schon lange nicht mehr.

Es ist ein Mythos, dass in Amerika niemand Hunger leiden muss – selbst in einem so wohlsituierten Städtchen wie Arlington im Süden der Metropole Washington, wo das mittlere Haushaltseinkommen die 100 000-Dollar-Marke locker überschreitet. »Tatsache ist, dass auch hier Hunger ein Problem ist«, sagen sie beim Arlington Food Assistance Center (AFAC), einer *food bank*. Werktags bietet sich jeden Morgen das gleiche Bild: Fünfzig, vielleicht sechzig Menschen warten am Ende der Nelson Street, einer kleinen Stichstraße im Arlingtoner Gewerbegebiet, vor einer grauen Betonrampe, die zu einer schmalen Lagerhalle mit vergitterten Fenstern und einem stählernen Rolltor führt. Die Ersten stehen schon um halb acht an, schweigend, geduldig, gottergeben. Dabei werden sie nicht vor zehn Uhr eingelassen. Die tägliche Hungerschlange ist seit Beginn der Rezession sichtbar länger geworden.

Die *food bank* versorgt wöchentlich mehr als 1600 Familien: 4000 Erwachsene und Kinder. Das sind weit mehr als doppelt so viel wie noch vor drei Jahren. Seit zwei Jahrzehnten gibt es AFAC, aber so viel Andrang herrschte in der Nelson Street noch nie. AFAC liegt im Trend. Feeding America, die größte landesweite Organisation von *food banks* in den USA, gab 2010 etwa 50 Prozent mehr an Lebensmittelspenden aus als 2007. Dafür gibt es eine einfache Erklärung: Ende 2007 setzte die Rezession ein.

Amerikas Armutsstatistiken zeigen jedoch nicht nur allenthalben wachsende Not an, sie demonstrieren ebenso unmissverständlich, wie zerrissen die Vereinigten Staaten in sozioökonomischer Hinsicht noch immer sind. Zum einen regional: Von den zehn ärmsten Bundesstaaten befinden sich alle bis auf Montana im Einzugsbereich des alten Südens (wenn man Kentucky und das ländliche West-Virginia hinzurechnet, die seinerzeit von den Konföderierten beansprucht wurden). Im US-Bundesstaat Mississippi etwa schnellte die Zahl der Empfänger von Lebensmittelhilfe im Laufe eines Jahres um gut 8 Prozent nach oben: Ein Fünftel der knapp drei Millionen Einwohner des Bundesstaats ist mittlerweile auf die staatliche Lebensmittelhilfe angewiesen – das ist Rekord. Zum anderen bilden die Armutsstatistiken die gravierende Ungleichheit zwischen den Rassen ab: Schwarze und Hispanics sind überproportional betroffen. Mehr als ein Viertel der schwarzen Amerikaner und ihrer Landsleute lateinamerikanischer Abstammung gelten als arm, dagegen nur 9,9 Prozent der Weißen und 12,1 Prozent der Amerikaner asiatischer Abstammung. 42,4 Prozent der Armen in den USA insgesamt, so führen die Statistiker der US-Zensusbehörde penibel auf, sind weiße Amerikaner. Der Bevölkerungsanteil der Weißen liegt indes – noch – bei 64,5 Prozent.

Die Zeichen der Armut sind vielfältig. Auch dafür ist Mississippi ein gutes Beispiel. Unter den fünfzig Bundesstaaten weist es eine der höchsten Arbeitslosenquoten auf: Rang 8, 42 Staaten sind besser dran. Mississippi hat mit die schlechtesten Schulen: Im renommierten Ranking des Magazins *US News & World Report* kommt es lediglich auf Platz 45. Nirgendwo in den USA leben mehr krankhaft übergewichtige Menschen als in Mississippi: 34,4 Prozent der Bevölkerung. Und die Krankenversicherungsrate zählt zu den niedrigsten in den USA; nur acht Bundesstaaten haben noch schlechtere Werte. Die steigende Zahl von Empfängern von *food stamps* ist also nur eines von vielen

Symptomen, an denen sich die zunehmende Armutskrise ablesen lässt.

Food stamps sind eine Beihilfe. Von ihnen leben, oder besser: allein mit ihnen überleben kann keiner. Im Schnitt erhält ein Empfänger von Lebensmittelhilfe im Monat 134 Dollar, eine vierköpfige Familie im Höchstfall 588 Dollar. Selbst bei sparsamster Haushaltsführung bräuchte eine Familie von vier Personen nach Berechnungen des US-Landwirtschaftsministeriums allerdings mindestens 600 Dollar. Wer sich halbwegs ordentlich ernähren wollte, müsste nach offiziellen Statistiken für eine vierköpfige Familie 975 Dollar ansetzen. Das sind Durchschnittswerte. In Gegenden mit hohen Lebenshaltungskosten, wie im Umland der Hauptstadt Washington, reicht auch das auf keinen Fall. Deshalb brauchen die Menschen weitere Lebensmittelspenden von den privaten *food banks*.

So wie Nami Bashir in der Schlange vor der Lagerhalle von AFAC. Die Leute, die hier anstehen, sprechen kaum miteinander, und wenn, dann nur im Flüsterton. Es sind Frauen und Männer aller Hautfarben, die meisten zwischen 25 und 50 Jahre alt. Nami Bashir ist 36, eine noch jugendlich wirkende Frau. Sie stammt aus Ägypten und lebt seit siebzehn Jahren in den USA. Damals hatte sie zusammen mit ihrem Mann eine Green Card gewonnen, und beide glaubten sie ans große Glück. Ganz fest. Und hatten sie nicht auch gleich Jobs gefunden? Dann kamen die Kinder, alles Jungs, inzwischen sieben, fünf und vier Jahre alt, und nun noch das Baby. Seit der Geburt des Ältesten hat Nami Bashir nicht mehr gearbeitet, nur hin und wieder als Babysitterin gejobbt. Ihr Mann hatte ein sicheres Einkommen als Hilfskraft in einer Restaurantküche. Damit kamen sie über die Runden. »Wir waren wie alle«, sagt die junge Frau. »Wir wollten nur ein besseres Leben für unsere Kinder.«

Und nun? Nun sitzt sie hier mit einem kleinen grünen, nummerierten Ticket – so eines, wie es sie früher an der Kinokasse gab – und wartet darauf, dass Helfer ihre Nummer aufrufen. Dann ist sie an der Reihe für ihre Lebensmittelzuteilung aus den Lagerbeständen von AFAC. Es fällt ihr schwer, um Hilfe zu bitten. »Wissen Sie, nicht alle sind nett«, sagt sie. »Das ist schon verletzend. Wenn man Arbeit hat und Geld, muss man nicht fragen.« So aber ist ihr Tag gefüllt mit der Aussicht auf lauter kleine Demütigungen. Auf dem Amt, wo sie Wohnbeihilfe bekommt. Bei der Behörde, die die Karten für die Lebensmittelhilfe ausgibt. Und auch hier bei AFAC, wo sich die Helfer alle so bemühen. »Klienten« nennen sie die Hilfesuchenden. Und doch weiß Nami Bashir natürlich genau, was sie macht: Sie bettelt um Almosen.

Szenen wie die in Arlington sind nicht nur Zeichen der aktuellen Krise, sondern Ausdruck eines länger anhaltenden Trends. »Noch ehe die Rezession zugeschlagen hatte, waren bereits eine Menge Leute immer weiter zurückgefallen«, konstatiert Arloc Sherman, ein Armutsexperte vom Washingtoner Center on Budget and Policy Priorities. In den Jahren zwischen 2001 und 2007 hat zum ersten Mal in der Geschichte der USA ein Aufschwung die Zahl der Armen nicht verringert; vielmehr wuchs diese kontinuierlich weiter an. Zugleich sank – ebenfalls erstmalig – das mittlere Einkommen während eines Wirtschaftsbooms. 2010 lag der Verdienst eines Arbeitnehmers bei 37 000 Dollar, wohingegen er zehn Jahre zuvor (in Dollar des Jahres 2010 gemessen) gut 39 000 Dollar betragen hatte. Man muss schon bis ins Jahr 1972 zurückgehen, um

Werte zu finden, die kontinuierlich unter dem mittleren Verdienst des Jahres 2011 lagen. Jede dritte Familie, die inzwischen von den *food banks* Lebensmittel erhält, hat einen sogenannten Ernährer, einen Vater oder eine Mutter, die arbeiten gehen, aber dennoch nicht genug verdienen, um die Familie durchzubringen: Die Arbeit ist zu schlecht bezahlt. Das war früher nicht so.

Das Ungleichgewicht zwischen Arm und Reich ist im ersten Jahrzehnt des neuen Jahrhunderts in den USA noch deutlich größer geworden. Der Abstand zwischen denen, die gut verdienen, und dem großen Rest klafft weiter und weiter auseinander. Das mittlere Haushaltseinkommen im unteren Zehntel der Einkommenstabelle ist seit 1999 um 12 Prozent gesunken. Im gesamten Rest ging es um lediglich 1,5 Prozent zurück. Die einzige Bevölkerungsgruppe in den USA, die wirklich zugelegt hat, sind die ohnehin Superreichen im obersten einen Prozent der Einkommenstabelle. »Niedrigere Einkommen, höhere Armut, weniger oder stagnierender Krankenversicherungsschutz – die Daten zum wirtschaftlichen Wohlergehen in den USA sind nicht gerade gut«, sagt Ron Haskins, einer der Sozialexperten an der Brookings Institution in Washington. »Wir laufen Gefahr, eine neue Unterschicht zu schaffen«, ergänzt Timothy Smeeding, ein landesweit anerkannter Armutsforscher von der Universität Wisconsin, »Leute, die nicht in der Lage sein werden, ihre Kinder zu unterstützen und stabile Familien zu schaffen, geschweige denn ein Haus zu kaufen und in die Mittelschicht aufzusteigen.« Der parteilose New Yorker Bürgermeister Michael Bloomberg warnt gar vor Armutsrevolten in US-Städten: »Die Menschen merken, dass in diesem Land etwas falsch läuft.«

Solche Prognosen sind indes hoch umstritten. Das einst dem wortgewaltigen demokratischen Senator Patrick Moynihan zugeschriebene Bonmot »Jeder hat ein Anrecht auf seine eigene Meinung, aber nicht auf eigene Fakten« hat in Amerika seine Gültigkeit verloren. Längst wird auch die Wirklichkeit vorzugsweise durch die ideologische Brille wahrgenommen – woran sich wiederum die tiefe politische Gespaltenheit Amerikas ablesen lässt. Die Heritage Foundation, die zu Zeiten Ronald Reagans als ultrakonservativer Think-Tank in Washington gegründet wurde, um ein Gegengewicht zu der vermeintlichen Vorherrschaft linker Intellektueller in der Hauptstadt zu schaffen, bestreitet beispielsweise schlicht die Fakten: Amerikas Arme, so die These, seien in Wirklichkeit gar nicht richtig arm – von bedauerlichen Ausnahmen einmal abgesehen. Erst im Sommer 2011 hat die Stiftung eine Studie mit dem provokanten Titel »Klimaanlage, Kabelfernsehen, Xbox – was bedeutet Armut in den USA?« herausgegeben. Die Armutssaga, so die Quintessenz, sei letztlich eine Erfindung der Demokraten und ihrer linken Verbündeten in den Medien und der Wissenschaft (zu denen auch die Statistiker der Zensusbehörde gezählt werden), die lediglich eine Rechtfertigung für weiter steigende Sozialausgaben suchten.

Als Beleg wird die Ausstattung mit Haushaltsgeräten angeführt. Selbst Arme verfügten doch praktisch alle über Kühlschrank, Kochherd und Fernsehen. Fast alle hätten zudem Mikrowelle, Klimaanlage und Waschmaschine, und immerhin die Hälfte besitze sogar eine Kaffeemaschine und ein tragbares Stereogerät. Damit wird natürlich suggeriert, dass nicht arm sein kann, wer solche Geräte im Haus hat. »Die meisten, die die Regierung als arm einstuft, sind im landläufigen Sinn nicht arm«, schließt die Studie und führt den konservativen Politikwissenschaftler James Q. Wilson an: »Die ärmsten Amerikaner haben heute ein besseres Leben als alle Amerikaner vor hundert Jahren, von den Reichsten vielleicht abgesehen.« Das hieße, wenn man polemisch sein möchte, dass Amerikaner erst wieder als wirklich arm gelten könnten, wenn die Lebenserwartung auf fünfzig Jahre zurückginge (den Wert von 1911), wenn es keine Renten- und Krankenversicherung für Alte und Arme mehr gäbe (sie wurden erst in den dreißiger beziehungsweise sechziger Jahren eingeführt) und wenn Strom, fließend Wasser und ein eigenes WC Luxus wären. Sollten die Republikaner bei den Wahlen im Herbst 2012 den Sieg davontragen, wird die Heritage Foundation mit ihren Ansichten in Washington ohne Zweifel mehr Gehör finden.

Wie tief der Absturz in die Armut wirklich sein kann, lässt sich in San Diego beobachten, der Metropole im warmen Süden Kaliforniens, die auf dem besten Wege ist, Hauptstadt der *homeless* zu werden, der Obdachlosen in den USA. »Amerikas schönste Stadt« nennt sich San Diego in Tourismusbroschüren. Das ist die Hochglanzwerbung, und sie zeigt durchaus die eine Seite der Stadt. Wenn man jedoch das andere San Diego kennenlernen will, die Stadt der Gewalt und der Verwahrlosung, muss man die Touristenführer aus der Hand legen und sich an David Ross wenden. Jeden Tag fährt Ross die Straßen von San Diego ab, in einem klapprigen schwarzen Hyundai. Rotes Klebeband hält das linke Rücklicht des Autos zusammen, Rost bricht an der Beifahrertür durch. Im Schritttempo und mit heruntergelassenem Fenster steuert Ross hupend ein paar Leute am Straßenrand in der 17th Street an. Sie nennen ihn hier Dave, er ist der *Waterman*, der Mann mit dem Wasser.

Eine Frau in einem schmuddeligen, himmelblauen T-Shirt springt von der Decke auf, die sie für die Nacht über den Beton gebreitet hat. »Hey, Waterman«, ruft sie mit einer Stimme, so heiser, wie es nur Jahre auf der Straße anrichten können, »hast du was für Paula?«

Ross, ein Mann von 75 Jahren, öffnet die Heckklappe seines Wagens, setzt sich auf die Stoßstange und zieht ein paar Wasserflaschen aus dem Kofferraum. Für jeden gibt es eine, Frauen bekommen auch zwei. Alle drängen sie sich nun um Ross, eine Traube trauriger Gestalten in Sportschuhen, Trainingshosen und T-Shirts. Dabei hat er nichts zu geben als ein bisschen Wasser und ein paar gute Worte. Und doch ist es genau dies, was die Menschen auf der Straße am wenigsten bekommen und vielleicht am dringendsten brauchen – um sie über den nächsten Tag oder auch nur die nächste Nacht hinwegzutrösten.

Bottoms nennen die Obdachlosen diese Gegend am Rand der Innenstadt von San Diego. Das Wort könnte man vornehm mit »Unterstadt« übersetzen. Doch es ist härter gemeint. Hier ist nicht zu übersehen, wie durchlässig Amerikas Gesellschaft inzwischen tatsächlich geworden ist – durchlässig nur in eine Richtung: abwärts.

Analysen von Sozialwissenschaftlern haben längst belegt, dass der sprichwörtliche Weg vom Tellerwäscher zum Millionär mehr amerikanischer Mythos als US-Realität ist: Kinder aus Familien, die zum untersten Fünftel der Einkommenspyramide zählen, haben eine statistische Chance von gerade einmal einem Prozent, den Aufstieg unter die obersten fünf Prozent der Topverdiener zu schaffen. Für die Mittelschicht – also für Kinder aus Familien im mittleren Einkommensfünftel der US-Gesellschaft – stehen die Chancen kaum besser: Nur zwei von hundert schaffen es ganz nach oben. Selbst republikanische Präsidentschaftskandidaten wie der erzkonservative Rick Santorum beklagen die harsche US-Wirklichkeit: Die soziale Mobilität in den Vereinigten Staaten ist deutlich geringer als in Westeuropa. In Skandinavien, aber auch in Deutschland und Frankreich ist die soziale und ökonomische Stellung der nachfolgenden Generation weit weniger vom Reichtum der Eltern vorbestimmt als im Land der angeblich so unbegrenzten Möglichkeiten. Dabei spielt sicher eine ganze Reihe von Faktoren eine Rolle. Am wichtigsten scheint aber eines zu sein: Reiche Eltern können ihre Kinder auf private Schulen und teure Universitäten schicken und ihnen damit eine weitaus bessere Ausbildung ermöglichen. Wer auf öffentliche Schulen angewiesen ist, fällt zurück. Und manchmal eben tief. Sehr tief.

In Bottoms landen diejenigen, die ganz unten angekommen sind, diejenigen, die, etwas vulgär ausgedrückt, am Arsch sind. Julie Porter zum Beispiel, eine schmale grauhaarige Frau mit einer Geschichte, wie sie inzwischen nicht wenige quer durch ganz Amerika teilen: Vor Jahresfrist noch war sie Besitzerin eines Hauses in La Mesa, einem Vorort von San Diego. Dann wurde es zwangsversteigert, weil sie ihren Job verloren hatte und die Raten für den Kredit nicht mehr zahlen konnte. Seither haust die 53-Jährige in einem Auto.

Oder Matthew Bow, 28 Jahre alt. Ständig läuft er in Hemd und Krawatte herum, als hätte er einen Bürojob. Dem ist aber nicht so. Er hat nichts mehr. Die Marines haben den Kriegsveteranen entlassen, weil Bow nicht damit klarkam, dass sein bester Kumpel sich im Irak eine Kugel durch den Kopf gejagt hatte. Eigentlich müsste Bow dringend in psychiatrische Behandlung.

Oder Ramon Brisena, 39 Jahre alt. Vor Monaten erlitt der kleine, korpulente Mann einen Nabelbruch. Im Krankenhaus haben sie seine Bauchdecke notdürftig mit Haut vom Oberschenkel zusammengeflickt und ihn dann wieder auf die Straße entlassen. Quer über den Bauch zieht sich eine geschwollene, nicht verheilte Narbe. Sein Bett ist ein Campingstuhl auf dem Gehsteig der Commercial Street unter der Interstate 5. Die Narbe dürfte sich bald wieder entzünden.

In San Diego gibt es seit 2008, dem ersten Jahr der großen Misere Amerikas, 20 Prozent mehr Obdachlose als zuvor. Und es werden ständig mehr, weil so viele Menschen, wie überall in den USA, ihr Zuhause verlieren in diesen Zeiten der geplatzten Träume, der verlorenen Jobs und der zwangsversteigerten Häuser.

Die Schätzungen für ganz Amerika gehen weit auseinander: Zwischen 1,5 und 3,5 Millionen Menschen dürften pro Jahr in den Vereinigten Staaten mindestens zeitweilig ohne ein festes Dach über dem Kopf leben. Obdachlosigkeit wird epidemisch in Amerika, fast wie in den Zeiten der Großen Depression. In San Diego haben sie im Winter 2010/11 gezählt: 9000 Menschen leben inzwischen auf der Straße – unter den Brücken der Autobahn, auf dem Gehweg gegenüber der Stadtbibliothek, in Hauseingängen, im Rinnstein. Das ist bald jeder Hundertste in der Stadt.

David Ross, der Waterman, kennt die Leute auf der Straße. Und sie kennen ihn. Überall, wo er mit seinem schwarzen Auto anhält und Wasser ausgibt, sind sie gleich bei ihm. Seit Jahren macht er das nun schon. Ross ist für sein Alter ein auffallend drahtiger Kerl, mit kurzgeschorenen weißen Haaren, seit Tagen nicht recht rasiertem Bart und einem Gesicht, so faltig wie Kaliforniens San-Andreas-Graben. »Ich weiß, ich seh aus wie Keith Richards«, sagt Ross, »wie Keith Richards im Crack-Rausch.« In der Tat hat das Leben auch bei ihm Spuren hinterlassen, und äußerlich unterscheidet sich Ross kaum von den Menschen, deren Bett der Bordstein ist. Er trägt eine ausgeblichene Baseballkappe (der Lions, des Footballteams seiner Heimatstadt Detroit) und eine grüngetönte Sonnenbrille, weiße Turnschuhe und weite, weiße Trainingshosen. Auf deren Seitentasche steht: »God Bless You«. Er meint das ernst. In den Zeitungen der Stadt nennen sie ihn »Gandhi des Ghettos«, eine Assoziation, befördert nicht zuletzt durch Ross' schmächtige Statur, die den dürren Mann so asketisch wirken lässt. »Ich bin selbst ein Kind des Ghettos«, sagt er, »geboren und aufgewachsen in Motown«, in Detroit, Amerikas Autostadt.

Das Leben hat ihn nach San Diego verschlagen, und ein Zufall hat ihn zum Waterman gemacht. Eines Abends fuhr er durch die Innenstadt, als er eine Frau am Straßenrand entdeckte. Um die sechzig wird sie gewesen sein, vielleicht aber auch erst vierzig. Nach zwei, drei Jahren auf der Straße, erzählt Ross, sehen alle aus wie sechzig. Wie sie hieß? Er erinnert sich nicht mehr daran. Sie hockte zusammengekrümmt auf dem Gehsteig unter einer Brücke auf der Imperial Avenue. »Eine Diabetikerin. Wissen Sie, viele auf der Straße haben Zucker. Und sie bekommen viel zu wenig Flüssigkeit und trocknen ganz langsam aus.« Er holte eine kleine, angebrochene Flasche, die er im Auto hatte. »Sie sagte, sie wolle mir mein Wasser nicht wegnehmen. Ich sagte, Honey, trink bitte. Und sie trank. Aber sie konnte kaum schlucken, so ausgetrocknet war ihre Kehle. Es dauerte Minuten, ehe die Flasche auch nur halb leer war. Das war der Moment, als ich kapierte, was diese Menschen brauchen.«

Und so ging er noch am selben Abend in den nächsten Seven-Eleven-Getränkeladen und kaufte alle Wasserflaschen, die es dort gab, dreißig, vierzig Flaschen. Dann verteilte er sie. So macht er es seither: Hunderte Flaschen gibt er inzwischen fast täglich aus, so lange, bis der Kofferraum seines schwarzen Hyundais leer ist; Wasser, Vitamingetränke, Fruchtsaft, alles, was gegen Durst hilft – und was ihm zum Verteilen gespendet wird, zum Beispiel von seinen Freunden beim Tennis oder von kirchlichen Organisationen. Ross nimmt alles.

Er besorgte aber auch gebrauchte Einkaufswagen und verteilte sie, mit einem Schild versehen, an Obdachlose: »Born-Again-Baskets«, steht darauf nicht ohne Ironie, »wiedergeborene Einkaufswagen«, ausgeliehen vom Isaiah-Projekt, seiner kleinen Hilfsorganisation. »Jetzt kann sie ihnen kein Polizist mehr wegnehmen«, sagt Ross. »Es ist, als hätten wir ihnen ein eigenes Auto gegeben.« Zuvor hatten Polizisten Einkaufswagen, in denen Obdachlose oftmals ihre wenigen Habseligkeiten aufbewahrten, einfach mit der Begründung beschlagnahmt, dass sie bestimmt aus einem Supermarkt geklaut seien. Ross erhob Einspruch gegen solche und ähnliche alltäglichen Schikanen vonseiten der Ordnungshüter. Etwa, als ein übellauniger Polizist Strafzettel über 205 Dollar für »illegales Wohnen« verteilte – so viel kostet es, wenn man in San Diego dabei erwischt wird, auf der Straße zu übernachten. Mehr als eine Nacht im Holiday Inn. Oder wenn die Polizei mal wieder die Obdachlosen unter den Brücken verscheuchte, vorzugsweise nachts und bei strömendem Regen, wohlwissend, dass es für die Betroffenen nirgendwo sonst in San Diego Platz gibt. So sehr ging dieser alte Mann den Polizisten auf die Nerven, dass einer von ihnen schließlich zulangte, als Ross wieder Wasserflaschen an die Menschen austeilte, die sie fortjagen sollten. Ross musste mit Verdacht auf Gehirnerschütterung ins Krankenhaus. Er klagte, wobei ihm Rechtsanwälte unentgeltlich halfen, nachdem Fernsehsender seine Geschichte aufgegriffen hatten. Ross bekam Recht. Die Stadt musste die Krankenhauskosten übernehmen.

Darüber hinaus hat er der Stadt vier chemische Toiletten abgetrotzt, die an der Island Avenue und der 17th Straße, mitten in Bottoms, stehen und den Obdachlosen so die Möglichkeit bieten, das allzu menschliche Geschäft halbwegs in Würde zu erledigen. Jetzt stinkt es auch nicht mehr in den Straßen der Gegend. »Jeden Tag«, so Ross, »werden die Toiletten zwischen 800 und 1000 Mal benutzt - aber es war ein Kampf.« Im Jahr 2010 hat er der Stadt schließlich noch 100 000 Dollar abgerungen, nachdem sie Obdachlose mit Methoden hatte vertreiben wollen, wie man sie vielleicht in den Slums von Mumbai für möglich halten würde, nicht aber in den Straßen von San Diego. Städtische Bedienstete hatten auf Gehwegen und in Parks deponierte Habseligkeiten eingesammelt und kurzerhand auf die Müllkippe verfrachtet - Medikamente, persönliche Fotos, Ausweise, einfach alles.

Ross und ein paar Freunde klagten. Am Ende einigte man sich außergerichtlich, und so stellte die Stadt einen Lagerraum am Rande der City und 100 000 Dollar für ein Mülltonnen-Depot zur Verfügung: das Waterman Check-In Center. 315 braune, saubere und nummerierte Plastiktonnen stehen nun in der Halle. Obdachlose können hier das, was ihnen an Besitz geblieben ist, kostenlos einlagern, ohne Angst zu haben, dass es geklaut oder einfach weggeworfen wird.

Ross sagt, er habe durchaus gewusst, dass viele der Obdachlosen krank seien und ärztlich betreut werden müssten. Dass sie unter Lungenentzündungen und Tuberkulose litten, unter hohem Blutdruck und Diabetes, dass Krebserkrankungen nicht richtig behandelt würden. Er habe gewusst, dass ein Drittel der Menschen, die auf der Straße leben, alkohol- und drogenabhängig sei. Er habe gewusst, dass viele schlicht nicht mehr ganz richtig im Kopf seien, in ein Heim gehörten und beaufsichtigt werden müssten, damit sie sich und anderen nichts antun. Kurzum: Ihm sei klar gewesen, wie unglaublich hässlich Amerikas angeblich schönste Stadt sein könne und wie groß die Not in San Diego sei. Dass aber diesen Menschen schlicht das Nötigste fehlte, nämlich einfach nur ein bisschen sauberes Wasser zum Trinken – das sei ihm vorher nicht aufgegangen.

So also sieht Armut aus in den USA, im Land der Freien.

VOM EIGENHEIM ERSCHLAGEN

Wie die Immobilienkrise Millionen amerikanischer Familien ruiniert – und das Land gleich mit

Straßen wie den Huxley Drive in Lanham gibt es tausendfach – überall in Amerika. Gepflegte Neubauten säumen den Asphalt, der sich in sanften Kurven durch die Vorstadtsiedlung zieht. Jedes Haus ist ein bisschen anders: mit oder ohne Erker, die eine Vorderfront mit weißen Holzplanken verschalt, während man gegenüber roten Zierklinker vorgezogen hat. Doch eigentlich gleicht ein Anwesen dem anderen: zwei Etagen plus Zimmer unter dem schrägen Dach, Drive-Way aus Beton, Doppelgarage. Und davor dieser Rasen: immergrün, trotz sengender Sommersonne, täglich gewässert, wöchentlich gemäht, die Graskante am Weg zum Eingang akkurat wie mit der Nagelschere geschnitten. Suburbia pur. Und nirgendwo am Huxley Drive blüht der Löwenzahn.

Auch nicht vor Haus Nummer 9603, wo die kilometerlange Sackgasse im Osten Washingtons in einem Wendehammer endet. Löwenzahn vor dem Eigenheim gilt als böses Omen in Amerikas Krise. Wo diese Pflanze wächst, vermuten die Nachbarn Unheil. Gelbe Flecken auf dem Grün signalisieren, dass sich da jemand nicht mehr kümmert um Heim und Garten. Heute wuchert der Löwenzahn, morgen verrottet Müll hinterm Haus. Irgendwann fährt dann ein Pick-up-Truck vor, ein Unbekannter wird einen Holzpfahl in den Boden rammen und oben am Galgen das Schild aufhängen: *Foreclosure* – »Zwangsvollstreckung«.

Die Siedlung am Huxley Drive hat das hässliche Blechschild mit den elf Buchstaben in den vergangenen Jahren zu oft gesehen. Schon im Sommer 2007, gleich zu Beginn des Mega-Crashs am Immobilienmarkt, platzten in Lanham reihenweise die Kredite. Seit dem Bau der Siedlung Anfang des vorigen Jahrzehnts waren hier im Speckgürtel der US-Hauptstadt die Preise für Eigenheime in fünf, sechs Jahren um 7 bis 8 Prozent gestiegen – jedes Jahr! Die Spekulation fieberte, in manchen Vierteln von Prince George County verdreifachte sich der Wert der Häuser binnen sechs Jahren. Das County, US-weit der reichste aller Landkreise mit mehrheitlich schwarzer Bevölkerung, florierte, und weil die Banken damals die hiesige neureiche Mittelschicht mit ihren *subprime mortgages* (den zweitklassigen, weil riskanteren und teureren Hypotheken) umwarben, konnten viele Afroamerikaner sich erstmals ihren Traum vom Eigenheim erfüllen. Dann jedoch, im Frühsommer 2007, kam das böse Erwachen: Die Blase platzte, dem Boom folgte die Pleite. Überall in den USA brachen die Preise ein, und nirgendwo im Bundesstaat Maryland ging es so steil bergab wie im Prince George County: 2009 stammte jedes dritte Haus, das die Makler in Lanham und Umgebung feilboten, aus einer Zwangsvollstreckung, und im Jahr 2011 war sogar jedes zweite Haus auf dem Markt ein Notverkauf. Das Amtsgericht des Countys entscheidet die Bankrottfälle im Minutentakt: vollstreckt, versteigert, verloren.

Dennoch, am Huxley Drive wahren sie tapfer den Schein. Kein Löwenzahn und kein einziges Verkaufsschild am Straßenrand. Alte Zeitungen im Hauseingang, Briefkästen voller Post – solche Zeichen verderben schnell den Ruf der Nachbarschaft. Und die Preise. Nur im Internet kann man Ende 2011 jene zwei (der insgesamt vierzig) Häuser entdecken, die seit Monaten auf einen Käufer warten. Der einzige Nachbar, der sich auf der Straße zeigt und gerade in seinen schwarzen Lincoln steigen will, schüttelt nur resigniert den Kopf: »Von denen, die hier vor zehn Jahren mit uns einzogen, ist fast jeder Zweite wieder weg.«

Auch in Nummer 9603 haben die Besitzer gewechselt. Jahrelang stand das Haus leer, ehe im Sommer 2010 die neuen Eigentümer einzogen, eine schwarze Familie mit einem halbwüchsigen Sohn und einer fast erwachsenen Tochter. 399 900 Dollar haben sie laut Zillow.com, der allwissenden Immobilienwebsite, für die 374 Quadratmeter bezahlt, inklusive zweier Garagen, vier Schlafzimmern im oberen Stockwerk, dreieinhalb Badezimmern und dem massiven Holztisch im Esszimmer. Den hatten die alten Besitzer zurückgelassen, als sie 2008 vor der Zwangsräumung flohen. Aber von den armen Teufeln und dem bösen Fluch, der damals über dem Dach mit den zwei Frontgiebeln lag, wollen die Neubewohner nichts wissen. »In diesen Zeiten muss jeder selbst sehen, wie er klarkommt«, sagt die Mutter knapp. Kreditsorgen plagen sie nicht, man habe bar bezahlt – »all cash, yeah!«. Aus dem Wohnzimmer dröhnt der Fernseher, das Footballteam der Washington Redskins läuft ins Stadion ein. »Gleich ist Anstoß, sorry«, dann fällt die Tür ins Schloss.

399 900 Dollar – diese Summe liegt nur bescheidene drei Prozent über dem Betrag, den der Bauunternehmer 2001 für den Neubau verlangt hatte. Exakt 386 770 Dollar waren es, die Sarah und Prince Hyde, die Erstbesitzer, damals bezahlten. 32 000 Dollar Anzahlung, nicht mal

ein Zehntel – mehr wollte die Bank nicht. Die Häuslebauer waren selig, und wer weiß: Wären danach nicht alle Häuserpreise in den Himmel und zu viele Träume vom schnellen Reichtum ins Kraut geschossen, die Geschichte der Familie Hyde und ihres Hauses am Huxley Drive hätte eine beschauliche samt Happy End werden können. Doch es kam anders. 2007 mäanderten die Schockwellen der US-Kreditkrise um den Globus, und dieselben Meldungen von milliardenschweren Bündeln verfaulter Hypotheken, die die Fundamente renommierter Bankhäuser in New York, Tokio und Frankfurt erschütterten, brachten am Huxley Drive die Träume von den eigenen vier Wänden zum Einsturz. Bis heute drückt die Malaise am Immobilienmarkt auf Amerikas gesamtwirtschaftliche Stimmung. Und Haus 9603 am Wendehammer von Lenhams Suburbia ist einer der Orte, an denen diese Mega-Krise ihren Anfang nahm.

Genau genommen einer von 7,7 Millionen. So viele Verfahren zur Zwangsversteigerung hat das Joint Center for Housing Studies der Harvard University seit Krisenausbruch 2007 gezählt. 3,5 Millionen Familien verloren ihr Haus zwischen 2008 und 2010, weiteren 4,2 Millionen Haushalten drohte Mitte 2011 wegen versäumter Ratenzahlungen der Offenbarungseid und die Vertreibung aus dem eigenen Heim. Sarah und Prince Hyde waren unter den ersten Opfern – und ihr Fall ist bis heute typisch.

Damals, als sie uns im August 2007 ihre Geschichte erzählten, lebten sie noch am Huxley Drive. Oben büffelte ihr Sohn für eine Prüfung, dem damals 14-jährigen Sprössling hatten Sarah und Prince nichts von dem drohenden Offenbarungseid gestanden. Deshalb flüsterten die Eheleute. Darüber, dass sie sich früher nie Geld borgen wollten, aber dass sie umgelernt hätten. »Das ganze Land ist doch auf Pump gebaut«, sagte Prince. Und Sarah erzählte von ihrem ewigen Wunsch nach einem eigenen Haus: »Das war immer meine Art des amerikanischen Traums – und jetzt erleben wir diesen Albtraum.«

Manchmal lächelte Sarah. Etwa, als die 51-jährige Krankenschwester sich erinnerte, wie ihr Mann sie im April 2001 im Krankenhaus anrief und ihr jene Siedlung in Lanham beschrieb, von der er gerade ein Musterhaus besichtigt hatte. »Er wusste genau, was ich wollte. Das hier war's«, berichtete sie und rutschte dabei auf dem braunen Plüschsofa hin und her. Sie schaute auf das goldgerahmte Foto rechts an der Wand: sie im weißen Kleid, er im schwarzen Anzug. Beide strahlen. »Lange her, gute Zeiten«, sagte Prince.

Mindestens zehn Kilogramm mehr hatten sie auf dem schmucken Hochglanzfoto gewogen. Beide. Die Aufnahme war nur drei Sommer her, damals hatten sie noch Appetit gehabt, und es waren Amerikas fette Jahre. Die Zinsen waren niedrig, das Geld blieb billig – der US-Immobilienmarkt begann seinen Boom. Auch die Hydes stiegen ein. Die beiden Einwanderer aus Sierra Leone, längst stolze US-Bürger, hatten lange gespart. Und hart gearbeitet. Er schob Überstunden als Installateur von Klimaanlagen, hatte sogar im Pentagon Rohre verlegt und nur durch glücklichen Zufall das Attentat vom 11. September 2001 überlebt (»Ja, ich kannte mehrere der Opfer«). Sie suchte sich derweil in einer Rehaklinik einen zweiten Job: »16 Stunden am Tag, das war hart. Aber ich wusste, wofür. Wir wollten dieses Haus.« Endlich leben wie sieben von zehn aller amerikanischen Familien – in den eigenen vier Wänden.

Und sie bekamen mehr Kredit, als sie wollten. Prince

Hyde hatte 42 000 Dollar für das Haus anzahlen wollen, die Bank aber verlangte nur 32 000. »Da haben wir eben unsere Kreditkarten abbezahlt«, erinnerte er sich. Mit mehr als 150 000 Dollar Jahreseinkommen und mit einem hohen *credit score* – einem Index, nach dem US-Banken die Bonität ihrer Klientel bemessen – flog ihnen das Darlehen im Herbst 2001 fast zu. Alles schien wie auf Wolke sieben. Prince musste grinsen: »Als wir im Dezember einzogen, war das Haus schon mehr als 400 000 Dollar wert.« So war das damals. Als »zu schön, um wahr zu sein«, beschreibt Nicolas Retsinas, langjähriger Experte an Harvards Joint Center for Housing Studies, diese Ära. »Inzwischen wissen wir: Es ist wahr – es war zu schön.«

Die Hydes waren sogar Vorzugskunden, ein windiger Subprime-Kredit mit flexiblem Zinssatz und trickreichem Kleingedruckten blieb ihnen erspart. Zunächst. Aber die monatliche Rate von 3000 Dollar, fast dreimal so viel wie zuvor die Miete fürs Appartement, drückte. »Da gab es überall diese Angebote vom ›leichten Geld‹ – im Fernsehen, im Radio, im Briefkasten«, sagte Sarah und nestelte an der braunen Plastiktüte herum, in der sie die Schreiben vom Anwalt sammelte. »Heute wissen wir, dass damals das Unglück begann.« Bis dahin waren sie brave Schuldner gewesen, hatten immer pünktlich Zins und Tilgung gezahlt. Nun wollten sie ein bisschen sparen bei den Kreditkosten – und gerieten auf einen abschüssigen Weg, der sie tief in die Schuldenfalle führen sollte.

Sarah und Prince schuldeten um. Einmal, zweimal. Jedes Mal wechselte die Bank, und jedes Mal bot man ihnen höhere Darlehen, weil der Schätzwert ihres Hauses wieder gestiegen war. Schließlich landeten sie 2004 bei Ameriquest, einem Kreditunternehmen, das seinerzeit als

»innovativ« gepriesen wurde. Firmengründer Roland E. Arnall, vom Straßenhändler und Blumenverkäufer aufgestiegen zum Milliardär, galt in der Branche als Held, dessen Hypotheken es dank weltweiter Refinanzierung bei Banken und Fonds vermochten, ärmeren US-Bürgern den Weg ins eigene Heim zu ebnen. 2007 residierte Arnall in Den Haag, als US-Botschafter im Königreich der Niederlande. Das Amt war Lohn dafür, dass er die Wiederwahl von George W. Bush 2004 mit Spenden von mehr als einer Million Dollar unterstützt hatte. Zudem überwies er 2006 einen Strafablass von 325 Millionen Dollar ans US-Justizministerium, um eine Klage gegen Ameriquest wegen massenhaft überhöhter Zinsen und Kreditgebühren abzuwenden.

Ameriquest war Mitte des vergangenen Jahrzehnts ein großer Spieler im Geschäft mit *subprime loans*, den Schmuddeldarlehen für Amerikas ärmere Stände. So rühmte sich das Unternehmen seinerzeit, es habe den *stated income loan* erfunden: Klienten durften ihr Einkommen schlicht angeben, nie wurden Lohnnachweise verlangt – weshalb der Risikozins dann allerdings höher lag und Insider von *liar loans* (Lügendarlehen) sprachen. Aber solange die Hauspreise stiegen, brummte das Geschäft. Kreditmakler vermittelten bevorzugt Subprime-Kredite, denn da winkten höhere Prämien und Provisionen. Die Banken liebten diese Art Geldverleih: je höher das Risiko, desto höher Zins und Profit. Die Clinton- wie die Bush-Regierung unterstützten zudem die Vergabe solcher Darlehen an Familien mit unterdurchschnittlichem Einkommen, indem sie die staatseigenen Hypothekenbanken Fannie Mae und Freddie Mac anwiesen, solche Subprime-Kredite bevorzugt aufzukaufen. Diese indirekte Förderung von Hauseigentum in

Vierteln mit mehrheitlich afroamerikanischen oder hispanischen Familien galt auch im Kongress als eine Art Sozialpolitik. Aber dieser Beihilfe bedurfte es Mitte des vorigen Jahrzehnts kaum mehr, die Kreditinstitute konnten sich auch so spielend leicht am Kapitalmarkt refinanzieren: Gebündelt als »Mortgage Backed Securities« (MBS, durch Hypotheken gesicherte Wertpapiere), obendrein geadelt mit dem Triple-A-Siegel der Ratingagenturen, lockten die Kredite mit ihrer höheren Verzinsung scharenweise Investoren an. Und deren Geld floss prompt zurück auf den Immobilienmarkt, um dort in einer nächsten Runde die Nachfrage (und die Preise) noch weiter in die Höhe zu treiben. 1,3 Billionen Dollar an zweitklassigen *subprime loans* hatten sich bis Sommer 2007 aufgetürmt, als plötzlich der Rückfluss stockte: Mehr und mehr Familien konnten nicht mehr mithalten und blieben ihre Raten schuldig. Nun begann eine neue Spirale – steil abwärts, direkt in den Bankrott. Ameriquest zum Beispiel ging 2008 unter, und Roland Arnall, laut *Forbes Magazine* noch immer vermögend mit 1,5 Milliarden Dollar, starb im selben Jahr an Krebs.

Ebenfalls schon im Juli 2007 gerieten erste Banken in Schieflage. Weil Menschen wie Sarah und Prince Hyde ihre Monatsrate schuldig blieben, taumelte zum Beispiel die IKB-Bank im fernen Düsseldorf. Aber davon bekamen die Hydes nichts mit. Sie zogen die weißen Jalousien herunter und hockten im Halbdunkel. Die Blätter am Ficusbaum welkten. Dass ihr faules Darlehen ein Sandkorn im weltweiten Erdrutsch an den Finanzmärkten war, ahnten sie nur. »Wir wissen ja nicht mal genau, wem wir zurzeit die Raten schulden«, meinte Prince damals und ließ sich müde in seinen grünen Fernsehsessel fallen. Auf dem Flachbildschirm lief CNN. Ohne Ton.

Von Roland Arnall und dessen Methoden hatten Sarah und Prince nie zuvor gehört, als sie 2004 mit Ameriquest ins Geschäft kamen. Und erst viel später haben sie verstanden, dass sie nunmehr »subprime« waren – zweitklassig. Aber kaum hatten sie bei Ameriquest unterschrieben, geriet ihre Welt aus dem Lot: Sarahs Vater starb, und wegen der Ausgaben für die Beerdigung und der Kosten für die Reise nach Afrika gerieten die Hydes in Zahlungsverzug. Wer in Amerika dreimal hintereinander seine volle Monatsrate nicht pünktlich zahlt, dem kann die Bank das Haus pfänden. Ameriquest zauderte nicht, drohte im März 2005 mit horrenden Strafgebühren und mit Zwangsvollstreckung. »Wir waren in Panik«, sagte Sarah, »und wir gerieten in eine Hölle.« Die Furcht vor Ameriquest sollte sie direkt in die Fänge von Kredithaien treiben.

So richtig haben die Hydes das alles erst viel zu spät begriffen. Das war erst 2007, also nach Ausbruch der großen Krise. Da haben Prince und Sarah auch gelernt, dass sie kein Einzelfall waren, sondern dass sie ihre »Hölle« mit vielen teilten. Zwei Dutzend Ehepaare kamen im August 2007 mit den Hydes ins Community Center von Seat Pleasant, einem schäbigen Bau gleich hinter Washingtons Stadtgrenze. Sie kauerten auf Klappstühlen. Kahle weiße Wände, hinten in der Ecke rumorte eine Eismaschine, und vorne stand Phillip Robinson, neben drei anderen Anwälten der einzige Weiße im Saal. Rechtsberatung in den allerersten Tagen einer Pleitewelle, die später als die »Große Rezession« in Amerikas Annalen eingehen sollte.

Prince Hyde hing an Robinsons Lippen, der Mann war seine letzte Hoffnung. Aber dann sprach der Direktor von Civil Justice, einem Rechtshilfeverein in Baltimore, diesen Satz aus: »Sorry, auch ich kann Ihnen nicht garantieren, dass Sie ihr Haus behalten werden.« Phillip Robinson hatte sich auf Hypothekenhaie spezialisiert, und in jenen Tagen jagte er hinter einem besonders aggressiven Exemplar her. Per Musterprozess wollte er den »Metropolitan Money Store« zur Strecke bringen. Dieser »Money Store«, zu deutsch »Geldladen«, war ein skrupelloses Kreditbüro, und alle im Saal Versammelten waren ihm zum Opfer gefallen, auch die Hydes.

Die Hydes aber hatten, immerhin, an diesem Abend Glück im Unglück: Im Einzelgespräch trafen sie auf Scott Borison. Dieser kleine Mann mit seinem mächtigen Schädel galt unter Kollegen als Guru. »Keiner kennt die Tücken des Gesetzes so wie er«, raunte einer. Borison schimpfte auf die Banken, die perfiden Maklern hohe Vermittlungsprämien zahlen würden, statt deren gefälschte Papiere zu prüfen. Er erzählte vom Fall eines 22-jährigen Barkeepers, dem man im Kreditantrag zehn Jahre (!) Berufserfahrung attestierte. Und von dem Rentner, der 422 000 Dollar Kredit bekam, weil der Makler dessen Jahreseinnahmen von 15 000 Dollar als monatliches Salär deklarierte. »Je höher das Darlehen, desto höher die Prämie«, sagte Borison.

Scott Borison war fortan der Anwalt der Hydes. Und in zäher Kleinarbeit rekonstruierte er, was Sarah und Prince widerfahren war. (»Es ist ja leider immer dasselbe Muster.«) Aus Angst vor Ameriquest und dem drohenden Offenbarungseid waren Sarah und Prince Hyde 2005 zum Metropolitan Money Store gekommen. Der Hypothekenhai versprach Hilfe. Die Hydes wurden dann jedoch hingehalten – erst vier Tage vor der Zwangsvollstreckung präsentierte der staatlich lizenzierte Money Store den Vertrag. Sarah und Prince Hyde unterschrieben. Sie hatten keine andere Wahl, und sie wussten nicht, was sie taten.

»Diese Menschen«, meinte Anwalt Borison bedauernd, »sind fast alle Analphabeten in Sachen Kredit. Und einige Typen nutzen das schamlos aus.«

Solche Typen lauern manchmal gleich nebenan. Typen wie Jennifer McCall. Sarah hatte die Nachbarin, die zehn Häuser weiter unten am Huxley Drive wohnte, immer für »eine gute Lady« gehalten. McCall verdiente ihr Geld als Kreditmaklerin für den Metropolitan Money Store, und als Sarah ihr eines Tages erzählte, dass sie wegen Ameriquest um ihr Heim bangte, versprach McCall Hilfe: »Ihr seid nicht die Ersten, die schnelles Geld brauchen.«

So begann die letzte, schlicht kriminelle Etappe auf dem Leidensweg der Hydes in den Bankrott. Denn McCall und ihr Kreditbüro verfolgten nur ein Ziel: Sie wollten all die Dollars, die das Hyde-Haus inzwischen am Markt wert war, aus dem Huxley Drive heraussaugen. »Equity« nennen Amerikaner dieses »Hausvermögen« – jenen Wert, um den der aktuelle Marktpreis die Hypothek übersteigt. Die Schulden der Hydes betrugen 350 000 Dollar – aber der Spekulationsrausch hatte den Preis ihres Hauses im Frühjahr 2005 auf wahnwitzige 605 000 Dollar getrieben. Und in genau dieser Höhe stellte der Metropolitan Money Store nun einen neuen, noch teureren Kreditvertrag aus. Die Hydes unterschrieben einen Berg ungelesener Papiere, wähnten sich gerettet, während der »Geldladen« die Hypothek umgehend an New Century Mortgage weiterverscherbelte und so 605 000 Dollar einstrich. New Century wiederum holte sich sein Geld von Investmentfonds an der Wall Street zurück. Das System funktionierte, solange niemand nach Sicherheiten fragte. Bis zur Pleite von New Century im Frühjahr 2007. Diese milliardenschwere Refinanzierung von Betrügern wie dem Metropolitan Money Store mittels des angeblich so seriösen Bankensystems war legal – und doch kam diese Zockerei der Mittäterschaft beim Kreditbetrug haarsträubend nahe.

Die Hydes haben von all dem Geld, von all den 605 000 Dollar, nie einen Cent gesehen. Stattdessen fielen sie aus allen Wolken, als sie Wochen später begriffen: Die neue Besitzurkunde für Huxley Drive 9603 nannte nicht mehr sie, sondern Clifford McCall, den Ehemann der Maklerin, im Eigentümertitel. Den Ehemann hatte die liebe Nachbarin als Strohmann eingesetzt – schließlich hätte damals keine Bank mehr für eine Urkunde mit dem Namen Hyde samt deren ramponierten *credit score* noch einen Dollar herausgerückt. Das Haus gehörte nun jemand anderem, die verdoppelten Schulden aber liefen laut trickreichem Vertrag auf ihren Namen. Irgendwann kam die erste Mahnung, die Monatsrate zu bezahlen: 5066 Dollar für Zins und Tilgung. Da verlor Sarah endgültig die Nerven und schrie der Freundin ins Gesicht: »Mein Haus kriegt ihr nicht, eher bringe ich mich um.« Das verschaffte ihr ein bisschen Erleichterung.

Erst zwei Jahre später, im Juni 2007, machte das FBI dann den Money Store dicht. Die Besitzer wollten in die Karibik fliehen, aber am Ende hockten 2009 alle vor Gericht auf der Anklagebank – auch Jennifer McCall, die Nachbarin. FBI und Bundesanwaltschaft konnten beweisen, dass McCall mit ihrem Geldladen binnen drei Jahren über hundert Klienten genauso hinters Licht geführt hatte wie die Hydes. »Ihr gesamtes Geschäftsmodell war eine Farce. Ihr ›Money Store‹ war nur darauf angelegt, abzuzocken«, erklärte der Staatsanwalt. Mit gefälschten Papieren für Hypotheken mit einem Gesamtvolumen von mindestens 37 Millionen habe McCall 16,8 Millionen Dollar oder mehr unterschlagen. Das Geld war auf Nimmerwiedersehen weg: Einen kleinen Teil hatte McCall für Autos und Luxusreisen verprasst, der große Rest ihres Coups aber war dahingeschmolzen, als am Immobilienmarkt die Preise einbrachen.

Im Dezember 2009 schickte das Gericht die »gute Lady« vom Huxley Drive schließlich für 135 Monate hinter Gitter. Auch der Ehemann, der ihr wiederholt als Strohmann gedient hatte, musste für vier Jahre ins Gefängnis. Er hatte damals, im Sommer 2007, das Hyde-Haus schnell weiterverkaufen und abkassieren wollen. Aber mit der Kreditblase platzte auch dieser Plan: Weil der Preis für Objekt 9603 abstürzte und obendrein der Kreditmarkt austrocknete, blieb der Betrüger auf seiner heißen Ware sitzen.

Sarah und Prince Hyde waren ihr Haus los. Endgültig. Ihr ganzes Vermögen war weg, und als Trost blieb ihnen nur, dass sie wenigstens all die Hypotheken vom Hals hatten: Der letzte, 605 000-Dollar schwere Betrugskredit war laut Gerichtsbeschluss ungültig. Die Hydes wässerten und mähten noch ein paar Monate lang den Rasen und jäteten den Löwenzahn. Dann waren sie plötzlich verschwunden. Niemand am Huxley Drive kann sich mehr erinnern, wann genau das war. Die Hydes sind seither verschollen.

Ähnlich um Haus und Zukunft betrogen fühlen sich mittlerweile Millionen Amerikaner. Nur können sie meist nicht kriminellen Schurken die Schuld für den Verlust der eigenen vier Wände geben. Vor allem Afroamerikaner und Latinos dürften auf die Kreditmakler schimpfen, die ihnen *subprime loans* mit niedrigen Schnupperzinsen angedreht haben: Solche Kreditschulden waren gleichsam Sprengstoff im Familienbudget: Nach zwei, drei Jahren schossen die Zinsen explosionsartig in die Höhe, und die aufs Dreibis Vierfache gestiegenen Tilgungsraten ruinierten den Traum vom trauten Heim. Angehörige von Minderheiten waren eine neue Klientel, denn viele von ihnen wagten - angelockt vom Häuserboom - zum ersten Mal den Schritt zum Hauseigentum. Einen Kreditvertrag, gar einen Schriftsatz für eine vertrackt formulierte Hypothek mit Fußnoten und viel Kleingedrucktem hatten die meisten von ihnen noch nie im Leben gesehen. »Diese Menschen glaubten wirklich, der Kreditmakler wisse besser als sie selbst, was sie sich leisten könnten«, erzählte Anwalt Borison von seinen Erfahrungen. »Meine Mandanten waren blind für die Gefahr - und sie haben blind vertraut.«

Weißen, in Kreditsachen erfahreneren Amerikanern wurden solche Lockangebote seltener unterbreitet - aber auch sie wurden von der Pleitewelle am Häusermarkt mitgerissen: Um 30 Prozent sank der Preis eines typischen, mittelteuren US-Eigenheims. In früheren Boomtowns wie Las Vegas, Phoenix oder Atlanta büßten Apartments und Reihenhäuser, Villen wie Bungalows mehr als die Hälfte ihres Werts ein. Die Bank verlangte dennoch Zins und Tilgung: pünktlich, jeden Monat, hundertprozentig. Andernfalls wurde zwangsvollstreckt wie am Fließband. Im Winter 2010/11 flog auf, dass mehrere Banken die Papiere für die Amtsgerichte kriminell oberflächlich und übereilt anfertigen ließen: Statt eines Notars signierten juristische Laien - sogenannte Beglaubigungssklaven - im Schnitt alle 90 Sekunden einen Schriftsatz, 8000 bis 12 000 Dossiers pro Monat. Statt den Einzelfall zu prüfen, wurden Häuser (und Familien) roboterhaft abgewickelt.

Fünf Jahre nach Beginn ihrer schwersten Nachkriegskrise steckt die US-Wirtschaft in einem Teufelskreis. Nach früheren Rezessionen war es stets die Bau- und Wohnungswirtschaft gewesen, die als Erstes wieder ansprang und die Ökonomie aus dem Sumpf zog. Nicht so diesmal. Im Gegenteil, diesmal wirkt der Immobiliensektor wie ein bleierner Klotz. Weil ihr Haus weit weniger wert oder sogar überschuldet ist, treten Millionen Amerikaner auf die Konsumbremse: Sie sparen und bauen Schulden ab. Also kommt die Konjunktur nicht in Fahrt, weshalb US-Firmen wenig investieren und kaum neue Jobs schaffen – weshalb wiederum Millionen Amerikaner arbeitslos bleiben und nicht einen Gedanken darauf verschwenden, als Hauskäufer oder Neubauer den brachliegenden Immobilienmarkt zu beleben. Bauindustrie sowie Haus- und Wohnungswirtschaft samt ihren Zulieferindustrien machen ein Fünftel der US-Wirtschaft aus – solange dieser Sektor gelähmt bleibt, lahmt das Land.

Und das wird dauern. Ökonomen wie Carmen Reinhart und Kenneth Rogoff kommen in ihrer vielbeachteten Studie diverser Finanzkrisen aus den vergangenen 800 Jahren (»Dieses Mal ist alles anders«) zu dem Schluss, dass durch Spekulation und Überschuldung verursachte Wirtschaftseinbrüche weit tiefer gehen und sich länger hinziehen als andere Rezessionen: Amerika müsse im konkreten Fall mit vier Jahren permanenten Jobverlusts rechnen. Seit Ende 2007 ist vor allem Amerikas Bauwirtschaft geschrumpft: 2,9 Millionen Jobs für Zimmermänner und Maurer, für Schreiner und Dachdecker gingen verloren. Auf jede freie Stelle am Bau kommen sechzehn Arbeitslose. Amerika baut kaum mehr, die Zahl der Spatenstiche für Wohnhäuser fiel 2010 auf den niedrigsten Wert seit dem Zweiten Weltkrieg. Die hohe Arbeitslosigkeit lässt die Menschen im wahrsten Wortsinne zusammenrücken: Nicht nur Menschen im Studentenalter, sondern selbst

US-Bürger, die dreißig Jahre und älter sind, sehen sich gezwungen, vorübergehend wieder bei den Eltern einzuziehen. Weil die Krise zudem den Zustrom von Arbeitsimmigranten aus Mexiko versiegen ließ, stehen vor allem im Süden und Westen des Landes viele Häuser leer.

Weniger Menschen suchen ein Haus – und viele wollen eines loswerden. Allen voran die Banken, in deren Büchern ein horrender Bestand an Altlasten lauert: 1,6 Millionen bereits zwangsvollstreckte Häuser, so schätzt Jim Saccacio, der Chef des Branchendienstes RealtyTrac, standen Ende 2011 in endlosen Listen von Kreditinstituten, nachdem deren Kunden bereits vor Jahren den Offenbarungseid leisten mussten. Und die Pleiten ebben kaum ab: Fast 3,6 Millionen weitere Objekte drifteten laut RealtyTrac im Herbst 2011 der Zwangsvollstreckung entgegen, weil ihre Eigentümer seit 90 Tagen (1,5 Millionen), 60 Tagen (570 000) oder erst 30 Tagen (1,5 Millionen) Zins und Tilgung schuldig geblieben waren. Dieses sogenannte Schatteninventar von über fünf Millionen Wohneinheiten erklärt auch, warum viele potenzielle Käufer bisher nicht zugreifen mögen: Sie spekulieren nach wie vor auf sinkende Preise. Kaufen wollen sie erst, wenn der Wertverfall gestoppt ist. Auf der Basis der bisherigen Umsatzziffern für solche Notverkäufe können vier bis fünf Jahre vergehen, ehe dieser Berg abgetragen ist.

Und so zerfällt allmählich, was bisher als fester Bestandteil des amerikanischen Traums galt: das Eigenheim der Mittelschicht. 69 Prozent aller US-Familien lebten vor der Krise im eigenen Haus, mittlerweile ist dieser Prozentsatz auf 65,9 gesunken. Und bei genauer Betrachtung sieht es noch düsterer aus, meinen die Analysten bei der Federal Reserve Bank von New York. Denn, so ihr Argument, die offizielle Hausbesitzerrate verschleiere nur die wahren Besitzverhältnisse: Viele Eigentümer schulden der Bank längst mehr, als ihr Haus noch wert ist, weshalb in solchen Fällen dem Bewohner das Dach über dem Kopf eigentlich gar nicht mehr gehört. Elf bis zwölf Millionen US-Eigentümern - gleichbedeutend mit einem Viertel aller per Kredit finanzierten Häuser - steht das Wasser bis zum Hals (und höher); sie sind *underwater*, wie Amerikaner diese Fälle nennen, da das reale, also beim Verkauf noch erzielbare Hausvermögen niedriger ist als die Hypothek, die auf dem Objekt lastet. Die Experten von der Fed in New York kommen deshalb zu dem Schluss, dass die effektive Hausbesitzerquote bei nur noch etwa 62 Prozent liegt - so niedrig wie seit einem halben Jahrhundert nicht mehr.

Enteignung per Krise: Die *ownership society*, die Eigentümergesellschaft, von der Präsident George W. Bush gern schwärmte, hat im ersten Jahrzehnt des Jahrhunderts einen schweren Schlag hinnehmen müssen. Wo die Krise besonders wild wütete, ist das vorgebliche Eigenheim im effektiven Fremdbesitz inzwischen die Regel: Nur jedes siebte Haus in Las Vegas (14,7 Prozent) gehört real und unterm Strich noch den Menschen, die offiziell Eigentümer sind. Derselbe Trend herrscht in den Einzugsgebieten vieler US-Metropolen - nahe den Stränden von Miami (nur noch 22 Prozent effektives Wohneigentum) wie von San Diego (35 Prozent), im Moloch von Motown Detroit (49 Prozent) wie in den Straßen von San Francisco (43 Prozent), von Los Angeles (36 Prozent) oder New York (47,5 Prozent). Überall sind jene Bewohner, die ihr Heim effektiv noch ihr eigen nennen dürfen, inzwischen in der Minderheit. Die Mehrheit ist Mieter - oder zahlt Raten für ein Haus, das de facto längst der Bank gehört.

Allmählich wird das ungeheure Ausmaß der Kapitalvernichtung klar, das Amerikas Immobilienmarkt binnen fünf Jahren zu einem Land der verbrannten Erde gemacht hat: Nach Schätzung der Wohnungsmarktexperten an der Universität Harvard addierte sich das gesamte Immobilienvermögen (Hauswert minus Hypothek) in den Vereinigten Staaten auf dem Höhepunkt des Booms im Frühjahr 2006 auf 14,9 Billionen Dollar. Ende 2010 waren davon noch ganze 6,3 Billionen übrig. Mit anderen Worten: 8,6 Billionen Dollar, mehr als die Hälfte des scheinbaren Reichtums, hatte die Krise abgefackelt.

Der Wirtschaftsjournalist und Immobilienmarktanalyst Charles Hugh Smith mutmaßt, dass sich in diesen Zahlen das destruktive Potenzial einer Dauerkrise verbirgt. Neben den schon erwähnten elf bis zwölf Millionen Hauseigentümern, die »unter Wasser« in Schulden ertrinken, gibt es wahrscheinlich bis zu 25 Millionen Familien, deren Haus gerade noch eine Handvoll Dollar mehr wert ist als ihre Hypothek. Diese Menschen sitzen in der Falle: Bleiben verheißt keinen Gewinn, Verkauf bedeutet Verlust. Und viele der Kredite dieser Problemkunden sind *subprime loans,* also Darlehen mit vertrackten Sonderklauseln und gefährlich steigenden Zins- und Tilgungsbelastungen. Es kann, strikt gemäß dem Kleingedruckten im Kreditvertrag, noch schlimmer kommen.

Also bleibt die Lage an Amerikas Häuserfront extrem angespannt. Jede Erschütterung am Arbeitsmarkt – ausgelöst durch eine heimische Mini-Rezession, einen Handelskrieg mit China oder eine Währungskrise in Europa – könnte einen Tsunami neuer Zwangsvollstreckungen auslösen. Experten erwarten, dass allein fünf Millionen der vielen »Unter-Wasser«-Objekte bis 2014 in

Zwangsvollstreckungen enden werden. Deshalb wächst die Zahl der Ökonomen, die wenigstens einen partiellen Schuldenerlass für Amerikas Hausbesitzer fordern. Andernfalls, so warnt auch der Internationale Währungsfonds, kann der Immobiliensektor die gesamte Wirtschaft in den Keller ziehen: »Die hohe Zahl der ›Unter-Wasser‹-Hypotheken bedeutet das Risiko einer Abwärtsspirale von fallenden Häuserpreisen und Notverkäufen, die zusätzlich den Konsum und die Arbeitsmobilität aushöhlen.« Das klingt besorgt, fast ängstlich. Aber es bleibt abstrakt.

Die konkrete Angst kann sehen, wer in die müden blauen Augen von Christopher Feulner schaut, dem Zimmermann. Oder wer das leise Tremolo in der Stimme seiner Frau Heather Dougherty vernimmt, der studierten Krankenschwester. Die beiden leben mit ihren zwei Töchtern Bronte und Camille (fünf und drei Jahre alt) in Catonsville, einer Kleinstadt westlich von Baltimore. Die uramerikanische Normalität ihrer Vorortidylle ist fernsehreif: ein Eigenheim mit weißer Holzveranda und blau-weiß-roter Fahne am Giebel, grüner Garten mit Kinderrutsche und Sandkasten, zwei Autos in der Auffahrt.

Das Drama spielt sich drinnen ab. Nachts im Bett, wenn die Schuldenlast Christopher den Schlaf raubt. Oder tagsüber im Wohnzimmer auf der beigefarbenen Couch, wo der 44-jährige Familienvater fast beiläufig sagt: »Ich bin nur einen Armbruch davon entfernt, dieses Haus zu verlieren.« Die fünf Angestellten seiner Baufirma musste er bereits entlassen, weil die Aufträge fehlen. Seine Kunden sparen, und die Banken prüfen pingeliger denn je jeden Kreditantrag. Die Feulners kommen knapp über die Runden, auch weil Heather (41) wieder per Wochenenddienst auf der Intensivstation dazuverdient. Aber fiele Christopher jetzt von der Leiter und nur ein paar Wochen aus – sein Betrieb wäre pleite. Und die Familie wäre zugleich bankrott, denn sofort würde der Kredit platzen, den die Feulners für ihr Heim aufgenommen haben.

Einmal, ein einziges Mal hatten die beiden auf ihr Glück gesetzt. Im März 2007, wenige Wochen vor Beginn des großen Einbruchs am Immobilienmarkt, waren sie ein Risiko eingegangen: Sie unterschrieben den Vertrag fürs neue Haus an der Midvale Avenue, noch ehe sie ihr bisheriges Reihenhaus in Baltimore verkauft hatten. 335 000 Dollar, das schien verkraftbar, schließlich würden sie – so wie der Nachbar ein halbes Jahr zuvor – sicher 300 000 Dollar für ihr bisheriges Reihenhaus bekommen. Dachten sie. Dann brach die Krise los, die Preise purzelten, die Zinsen explodierten. Die Doppelbelastung von zwei Häusern mit zwei Hypotheken fraß 4000 Dollar auf, jeden Monat. Die Feulners stießen das Reihenhaus per Notverkauf ab, mit über 40 000 Dollar Verlust. Freunde rieten ihnen zum Offenbarungseid, aber das war für sie »eine Frage der Ehre, das wollten wir nicht«. Stattdessen plünderten sie ihre Reserven. »All unsere Ersparnisse sind weg, wir leben von der Hand in den Mund«, sagt Heather. Das Sparkonto ist leer, fürs Alter liegt nichts auf der hohen Kante, und es fehlt jede Rücklage für die horrenden Studiengebühren, die Mitte des nächsten Jahrzehnts lauern, wenn die beiden Töchter aufs College streben.

Sie haben, wie Millionen Amerikaner, gleichsam auf Sand gebaut. Und stehen Ende 2011 unter Wasser: 265 000 Dollar schwer wiegt ihre Hypothek, doch Zillow.com schätzt den Marktwert ihrer 120 Quadratmeter Wohnfläche auf nur 248 700 Dollar. Sechs Prozent Unterdeckung, damit gelten die Feulners nicht mal als besonders ernster Fall. Sie hatten einfach Pech, denn in der Nähe standen immer wieder Häuser leer: Ums Eck verlor jemand den Arbeitsplatz, dann wieder ließen sich in der Gegend mehrere Ehepaare scheiden. Also platzten die Hypotheken, die Bank vollstreckte – und weil die leeren Häuser monatelang zum Verkauf standen, verlor das gesamte Viertel an Schätzwert. Obendrein hat ein paar Wochen zuvor das Pärchen hinterm Garten sein Haus weit unter Wert verkauft, weil der Nuklearphysiker und die Anwältin lukrative Jobs im fernen Seattle ergattert hatten. Die mussten nehmen, was sie schnell kriegen konnten, und so ein Leerverkauf schlägt bei Zillow.com eben prompt zu Buche. Die einzig gute Nachricht war, dass die Bank – dank eines Nothilfeprogramms der Obama-Regierung für gebeutelte, aber zahlungstreue Schuldner – den Feulners 2011 einen günstigeren Kredit anbot: Die monatliche Rate sank um 100 auf 1800 Dollar, und erstmals geht nicht mehr nur alles für die Zinsen drauf. Ein paar Dollar jeden Monat sind Tilgung. Ein Anfang immerhin.

Das Beispiel der Feulner-Familie illustriert, warum viele durchaus passabel verdienende Mittelschicht-Amerikaner auf Messers Schneide leben. Rein statistisch verdienen Christopher mit seinem kleinen Baubetrieb und Heather mit ihren langen Wochenendschichten im Krankenhaus sogar gut: Mit 97000 Dollar brutto ist ihr jährliches Familieneinkommen fast doppelt so hoch wie das mittlere US-Haushaltseinkommen. Aber das reicht nicht – nicht im wirklichen Leben.

Denn am Monatsende bleibt nichts übrig. Haushaltssturz, Exempel Feulner. Von den 97000 Dollar Jahreseinkommen kassiert erst mal der Staat ab: gut 27000 Dollar Steuern, knapp 6000 Dollar für die Sozialversicherung.

Dann schlägt die Bank zu: Die streicht von den gut 5300 Dollar, die Christopher und Heather, Bronte und Camille monatlich netto bleiben, 1800 Dollar ein. Das ist der bittere Preis für das Haus. Lebensmittel, Heizung, Kranken- und Autoversicherung, Telefon, Handys, TV-Gebühr – das Geld rinnt durch die Finger.

Keine Zeit für Luxus. Der geliebte Sommerurlaub am Sandstrand von Cape Cod ist gestrichen, das rettet 3000 Dollar pro Jahr. Und auch das Kino plus Dinner, das sich Heather und Chris früher regelmäßig gönnten, fällt aus – spart 100 Greenbacks. Obendrein nagen neuerdings die Benzinkosten am Budget. Vor drei Jahren lag der Spritpreis unter 2,50 Dollar pro Gallone, heute sind es fast vier Dollar. Zum Supermarkt, zu den Großeltern, zur Arbeit gelangt man als US-Bürger aus Suburbia nur auf vier Rädern. Also brauchen sie zwei Autos, und Christopher allein pendelt in seinem Pick-up-Truck über 3000 Kilometer monatlich zu diversen Baustellen, das kostet die Familie nun jeden Monat 250 Dollar mehr als vor zwei Jahren.

Für die Zukunft bleibt nichts übrig. Heather hat, um das Dach überm Kopf zu retten, vorerst die monatliche Tantieme an den Pensionsfonds storniert. Geblieben sind ihr hingegen die Raten für den 40 000-Dollar-Kredit, mit dem sie ihre Ausbildung zur Intensivschwester bezahlt hat. Auch Heather darf nicht krank werden oder sonstwie schlappmachen: »Sonst ist die Krankenversicherung für die ganze Familie weg.« Ja, sagen die Feulners, sie lebten in Angst. »Es ist eine Angst, die dir jeden Tag ins Gesicht schaut«, sagt Christopher. »Du weißt nicht, was passiert. Aber du weißt: Es darf nichts passieren.«

Nur, es muss etwas passieren. Etwas, das Millionen amerikanische Familien aus ihrer Schuldenfalle befreit.

Die Obama-Regierung hat, das geben im vierten Jahr seiner Amtszeit selbst Vertraute des Präsidenten zu, das Problem lange unterschätzt: 50 bis 100 Milliarden Dollar hatte Obama 2009 aufwenden wollen, um wenigstens neun Millionen Familien das Dach über dem Kopf zu retten. Drei Jahre später fällt die Bilanz ernüchternd aus: Abgeflossen sind nur 2,4 Milliarden Dollar, an 1,7 Millionen Haushalte. Regierungsprogramme speziell für Familien, die wie die Feulners »underwater« im Schuldenschlamassel stecken, sollten vier bis fünf Millionen Familien helfen – tatsächlich erreicht wurden nur 900 000, ein Fünftel. Die politische Untätigkeit ist verwunderlich, da die staatseigenen Hypothekenbanken Fannie Mae und Freddie Mac bis zu 90 Prozent aller neuen Immobiliendarlehen absichern. Damit hätte die Regierung einen enormen Hebel, um die Konditionen am Markt zu beeinflussen. Wirklich genutzt hat ihn Obama nicht.

Die Dauerkrise zwingt zum Umdenken. Sonst sei der gesamten Wirtschaft kaum zu helfen, meinen inzwischen nicht nur linke Ökonomen wie Paul Krugman, sondern auch republikanisch gesinnte Vordenker wie Glenn Hubbard, der als Vorsitzender des Council of Economic Advisers oberster Wirtschaftsberater von Präsident George W. Bush war. Geld war 2010 und 2011 billig wie nie, Amerikas Zinsen dümpelten um die vier Prozentpunkte. Diejenigen jedoch, die diese Kredite am dringendsten brauchen, kommen nicht an sie heran: Niemand leiht »Unter-Wasser-Schuldnern« mehr Geld, als ihr Haus wert ist. Also schlägt Hubbard zusammen mit seinem Kollegen Christopher Mayer den Tabubruch vor: Schuldenerlass, wenigstens zu einem Teil. Die Bank (per Abschreibung) und der Staat (per Zuschuss) sollten den Schuldenüberhang jeweils zur

Hälfte schultern – und den Familien per frischem Niedrigzinskredit einen Neuanfang ermöglichen. Das könnte Hauseigentümer um 85 Milliarden Dollar jährlich entlasten – und das würde wie ein Konjunkturprogramm die gesamte Wirtschaft ankurbeln.

Die Details und das Ausmaß der Initiative sind umstritten. Aber das eigentliche Problem ist die prinzipielle Stoßrichtung: Das Vorhaben riecht nach Bail-out, nach noch einer Staatsaktion, die auf öffentliche Kosten Bürger, Banken oder Unternehmen vor der Pleite bewahrt. Im Wahljahr 2012 einen so spektakulären wie vernünftigen Tabubruch zu riskieren, gilt in Washington als politischer Selbstmord. Zur Erinnerung: Als die Obama-Regierung 2009 ein anderes Rettungsprogramm für verarmte Hausbesitzer auflegte, bekam der Fernsehjournalist Rick Santelli auf dem Parkett der Börse von Chicago einen regelrechten Wutanfall. Da würden wieder nur »Verlierer belohnt«, polterte Santelli live im Börsen-TV von CNBC. »Warum geben wir das Geld nicht an Leute, die das Wasser tragen, statt es nur zu saufen?« Die um ihn herum versammelten Händler zollten ihm Beifall, und der Fernsehmann steigerte sich in Rage: »Dies ist Amerika! Leute – wie viele von euch wollen die Hypothek vom Nachbarn abbezahlen, der sich ein Haus mit einem extra Badezimmer geleistet hat und der jetzt seine Rechnungen nicht bezahlen kann? Hebt eure Hände!« Stattdessen erntete der Journalist, selbst ein ehemaliger Hedgefonds-Manager, was er ernten wollte: Buhrufe und Proteste. Und dann fügte er hinzu: »Wir überlegen, ob wir im Juli eine Chicago Tea Party veranstalten sollen.«

Da war es – das Reizwort: »Tea Party«, in Anlehnung an den Volksaufstand im Hafen von Boston 1773, der heute als erstes Geläut zur Amerikanischen Revolution und dem Unabhängigkeitskrieg gegen die britische Kolonialmacht verklärt wird. Santellis telegener Wutausbruch war wieder so ein Weckruf – diesmal für die konservative Tea-Party-Bewegung, die Obama wahlweise als Sozialisten oder Nazi denunzieren und Amerikas politische Koordinaten nach rechts verschieben sollte.

Im Unterschied zu anderen Krisen hat der *meltdown* am Häusermarkt Amerika nicht zusammenrücken lassen. Im Gegenteil, die Nation ist tiefer gespalten als je zuvor: in Habenichtse und Besitzstandswahrer, in ratlose Linke und in eifernde Rechte. Mittelschichtfamilien haben, in Relation zum Einkommen jedenfalls, mehr verloren als die Spitzenverdiener, und jene, die weniger hatten, haben jetzt noch weniger. Die Kluft zwischen dem typischen Vermögen einer weißen Familie gegenüber dem, was Afroamerikaner oder Latinos ihr Eigen nennen, ist weiter aufgerissen. Und schließlich hat der Parteienkampf um die richtigen Rezepte gegen die Krise die beiden politischen Lager so sehr gegeneinander aufgestellt, dass letztlich selbst vernünftigste Kompromisse blockiert scheinen.

Ein Rettungsring für Menschen, die an ihrer Hypothek ersaufen? Das mag ökonomisch Sinn machen, aber politisch kann diese Lösung im verhetzten Klima des Landes nicht gedeihen. Weshalb der Löwenzahn wachsen wird, auch am Huxley Drive. Vielleicht wuchert er bald sogar.

DIE MACHT DER ALTEN FARBENLEHRE

Viel hat die Wahl des ersten schwarzen Präsidenten verändert, im Alltag aber noch längst nicht genug

Loretta liebt Barack noch immer. Im Grunde so bedingungslos wie damals. Damals, in den Zeiten der großen Euphorie im Sommer 2008, im heißen Wahljahr, als wir sie zum ersten Mal getroffen hatten in ihrem kleinen, violett getünchten Häuschen an einer zugewachsenen schmalen Straße. Das war in Calumet City, einem der sonst eher tristen Vororte an der South Side von Chicago. Sie schwärmte. Überschwänglich. So wie viele. Aber mit mehr Grund noch als die meisten. Obama war ihr Held. »Barack«, sagte sie seinerzeit, einen Becher Kaffee vor sich auf ihrem blanken Esstisch, und ihre großen, runden goldenen Ohrringe wippten in der Kaskade ihres Wortflusses, »Barack hat die Sachen immer richtig angepackt. Und das wird er auch jetzt tun.«

Selbst wenn sich bei Millionen Menschen in Amerika seither ein nagendes Gefühl der Enttäuschung eingeschlichen hat, weil der Kandidat Obama eben so viel mehr versprochen hatte, als der Präsident Obama einzulösen vermochte: Loretta Augustine-Herron, eine jung gebliebene Frau von 68 Jahren, will bei aller Kritik auf Barack Obama nicht wirklich etwas kommen lassen. »Er ist seinen Weg ohne Furcht gegangen«, sagt sie nun, da sich der schwarze Präsident um eine zweite Amtszeit bewirbt. »Er musste mit einer Menge Unrat aufräumen, den ihm sein Vorgänger hinterlassen hat. Ich bin stolz auf ihn.« Gewiss habe er nicht alle Erwartungen erfüllt, »aber doch nicht, weil er es nicht versucht hätte«. Bei seiner Wahl 2008 habe kaum einer geahnt, »wie tief unser Land im Morast steckte«. Gemessen daran, habe er sich gut geschlagen: »Ich hoffe, dass er wiedergewählt wird.«

Im Grunde sieht sie in dem Mann, dessen Schläfenhaare in den wenigen Jahren im Weißen Haus vor den Augen der Welt ergraut sind, noch immer den spindeldürren jungen Kerl Mitte zwanzig, der einst an ihrem Küchentisch in Altgeld Gardens saß, einem gewaltgeplagten Quartier voll düsterer Wohnblocks am äußersten Rand von Chicagos South Side, eingeklemmt zwischen Autobahnen, Fabriken und Lackierereien sowie einer Müllkippe in direkter Nachbarschaft. »Mein Gott, was ist der jung!«, hatte sie damals gedacht, als sie ihn 1985 das erste Mal traf. »Aber er sah gut aus. Und er hat alle mit seiner Fähigkeit, auf jeden Einzelnen einzugehen, für sich eingenommen.« Kaffee um Kaffee hat er in sich hineingeschüttet in ihrer engen Küche, eine Zigarette nach der anderen geraucht. Sogar getanzt hat er auf ihrem ausgetretenen Küchenboden.

Vor allem aber hat der junge Sozialarbeiter sie, die schwarze Frau, die fast zwanzig Jahre älter war als er, in endlosen Gesprächen davon überzeugt, dass es für sie eine Zukunft außerhalb des Ghettos gab, außerhalb der schäbigen Sozialsiedlungen. Ihr Leben hat er damals verändert, und dafür ist sie ihm noch heute unendlich dankbar. Auch umgekehrt muss Loretta Augustine-Herron auf Obama Eindruck gemacht haben. In seinem Erinnerungsband *Ein amerikanischer Traum* hat er sie geschildert, verschlüsselt als Angela, als eine der resoluten Frauen in der South Side, die ihm damals zeigten, wo es langgeht im Leben.

»Er wollte immer alles ganz genau wissen. Zwei Tage später rief er dann an und machte einen Vorschlag«, erinnert sich die quirlige Frau. »Er hat in uns ungeahnte Fähigkeiten geweckt.« Zu dieser Zeit war sie in der Kirchengemeinde »Unserer Lieben Frau von den Gärten« aktiv. Obama organisierte die Selbsthilfearbeit für die katholische Gemeinde und eine Reihe weiterer Gemeinden. Mit einigem Erfolg: Ein Jobtraining-Programm entstand, Lehrgänge zur Vorbereitung aufs College wurden geschaffen. Auch Loretta Augustine-Herron profitierte davon. Vor achtzehn Jahren hat sie selbst Examen gemacht. Danach unterrichtete sie bis 2010 als Sonderschullehrerin im schwarzen Süden Chicagos.

Ihr größter Tag kam am 20. Januar 2009, dem Morgen der Inauguration, als sie mit ihren Schülern vorm Fernseher saß und zuschaute, wie der erste schwarze Präsident Amerikas seinen Amtseid auf die Bibel Abraham Lincolns schwor. »Ich hatte schon immer, schon in Altgeld Gardens gesagt, dass Barack einmal Amerikas erster schwarzer Präsident sein würde. Die Leute haben gelacht, aber ich sage Ihnen, ich hatte das nicht als Spaß gemeint. Ich habe schon damals daran geglaubt.«

Für die Schwarzen Amerikas bedeutete seine Wahl endlich Genugtuung, nach Jahrhunderten der Unterdrückung und Demütigung, nach Jahrzehnten zähen Ringens um Gleichberechtigung und politischen Einfluss. Es war die Erfüllung jenes Traums, von dem Martin Luther King, der Prophet der Bürgerrechtsbewegung, in seiner wohl berühmtesten Rede gekündet hatte. »Ich habe einen Traum«, rief er 1963 von den weißen Stufen des Lincoln Memorial in Washington herab, das Weiße Haus und das Kapitol im Blick, »dass meine vier kleinen Kinder eines Tages in einer

Nation leben werden, in der sie nicht wegen der Farbe ihrer Haut, sondern nach dem Wesen ihres Charakters beurteilt werden.«

Die Mehrzahl der schwarzen Amerikaner fühlt sich Barack Obama - so wie seine einstige Wegbegleiterin Loretta Augustine-Herron - verpflichtet, allein weil er an der Macht ist. Obamas Wahl hat einer Studie des renommierten Meinungsforschungsinstituts Pew Research Center zufolge das Selbstwertgefühl der Schwarzen Amerikas enorm gesteigert. Noch 2010 sagten zwei von fünf Afroamerikanern, dass es ihnen besser gehe als noch fünf Jahre zuvor. Und gut die Hälfte erwartete, dass es weiter aufwärtsgehen würde. Das war in den Bush-Jahren ganz anders. Da hatte nur einer von fünfen den Eindruck, dass es ihm besser gehe als bisher, fast ein Drittel der Befragten aber fand, dass sich ihre Situation verschlechtert habe. Doch drei Jahre nach Obamas Wahl ist die Euphorie jener Tage einer allgemeinen Enttäuschung gewichen. Wirtschaftskrise und Massenarbeitslosigkeit haben besonders die Schwarzen getroffen, und in den Slums mancher US-Großstädte haben sie beinahe jeden zweiten Afroamerikaner um den Broterwerb gebracht. Nicht einmal ein Drittel aller Schwarzen glaubt, dass Martin Luther Kings Vision einer Gesellschaft ohne Rassenschranken in den USA auch nur annähernd Wirklichkeit geworden ist.

Viele schwarze Amerikaner sind sich nicht sicher, wie tiefgreifend sich ihr Land im Innersten gewandelt hat: Mehr als 80 Prozent halten weitere Veränderungen für nötig, damit Schwarze und Weiße wirklich gleichberechtigt sind (nur ein Drittel der Weißen teilt diese Einschätzung). Und während zwei Drittel aller Weißen mit den Lebensumständen in ihrer direkten Umgebung völlig zufrieden sind, sagt das nicht einmal die Hälfte der Schwarzen von sich.

Wenn man den Glanz Chicagos hinter sich lässt und vom Loop, der Innenstadt, aus in Richtung Süden aufbricht, wird rasch klar, dass die Wahl Obamas zwar viel verändert haben mag, wie wenig oder wie lähmend langsam sich jedoch die Verhältnisse im Kleinen, im Konkreten wandeln.

In der Nachkriegssiedlung Altgeld Gardens zum Beispiel, dem Ghetto am Stadtrand: Den Fremden, der sich hier von misstrauischen Blicken verfolgt umschaut, erwartet ein Bild von Tristesse und Verfall. Mehr als die Hälfte der 1200 Wohnungen in den zweistöckigen dunkelroten Backsteinhäusern steht leer. Fenster und Türen sind mit dunklen Spanplatten vernagelt, die Schlaglöcher im Asphalt so tief wie auf den Straßen von Kinshasa. Der Garden Food Place, ein Nachbarschaftsladen am zentralen Platz der Siedlung, ist lang schon geschlossen, Noomie's Laundromat, der Waschsalon, längst verrammelt. Das nächste Geschäft liegt drei Kilometer entfernt, ein Supermarkt ist noch weiter weg, mit dem Bus muss man dreimal umsteigen. Fußläufig erreichbar indes wären eine Kläranlage am stinkenden Calumet River und ein gewaltiger Abfallhaufen: Bei ungünstigem Wind hängt ein süßlich penetranter Modergeruch von der Müllkippe über der Siedlung, die 1945 hochgezogen wurde, um heimkehrende schwarze GIs zu beherbergen. Im Lauf der Zeit wurden hier nicht weniger als 386 Giftstoffe in Luft, Wasser und Erdreich und sogar in den Wohnungen nachgewiesen. Obama hatte sich damals hier engagiert, um den Asbest aus den Siedlungshäusern zu bekommen, was im Laufe der Jahre tatsächlich gelungen ist.

Ständig liegt das Rauschen von den umliegenden Autobahnen in der Luft. Und nach Einbruch der Dunkelheit sollte man sich hierher besser nicht verirren. Immer wieder zerreißen Schüsse die Nacht; die Polizei hat sogar Kameras zur Überwachung installiert (was nachts nicht viel weiterhilft). Überall in Chicago sinkt die Mordrate, nur in den heruntergekommenen Wohngegenden der Schwarzen nicht. Diese sind Täter und Opfer.

Immerhin, die Filiale der städtischen Bücherei hat, ein Jahr nachdem ein Wasserrohrbruch alle Bücher unbrauchbar gemacht hatte, wieder geöffnet. Jetzt können die Kids hier kostenlos im Internet surfen. Und ab und zu hat auch das Büro der People for Community Recovery geöffnet, was man vielleicht mit »Bürgervereinigung zur Wiederherstellung der Gemeinde« übersetzen könnte. Es sind deprimierend dunkle Räume. Der mausgraue Kunstlederbezug der Besucherstühle ist über die Jahre brüchig geworden. Mehrmals muss es durchs Dach geregnet haben, auf den weißen Plastikquadraten der abgehängten Decke sind die rostigen Wasserspuren unübersehbar. Manche der Platten, die sonst die Sicht auf Rohre und Beton nehmen, fehlen ganz. Wie schlecht es der kleinen Selbsthilfeorganisation geht und wie bettelarm die Menschen hier sind, mag man an dem Umstand ablesen, dass die Wortführerin der rührigen Gruppe, Cheryl Johnson, nach dem Gespräch um zwanzig Dollar bittet, damit sie sich wieder ein bisschen Papier für den Kopierer leisten können.

So ist die raue Wirklichkeit in Chicagos schwarzer South Side. Daran hat auch ein junger Mann, der hier vor einem Vierteljahrhundert als Sozialarbeiter anfing und es bis zum Präsidenten der Republik gebracht hat, nicht das Geringste ändern können.

Knapp 500 Kilometer weiter südlich, direkt am Mississippi, am Westufer des großen Stroms, keine fünf Autostunden von Altgeld Gardens entfernt, liegt der Ort Hannibal. Es ist ein verschlafenes Provinznest, das sich in nichts von tausend anderen traurigen amerikanischen Kleinstädten im Mittleren Westen unterscheidet, die seit Jahrzehnten vor sich hin dämmern. Auch Hannibal wäre kaum weiter bemerkenswert, hätte es nicht einst literarischen Ruhm erlangt: Es ist das reale Vorbild für den fiktiven Ort St. Petersburg, in dem ein gewisser Tom Sawyer seinen Schabernack trieb und zur Strafe Tante Pollys Gartenzaun weißeln musste. Hier, in Hannibal, verbrachte Samuel Langhorne Clemens alias Mark Twain, auch ein Jahrhundert nach seinem Tod einer der weltweit beliebtesten amerikanischen Autoren, seine jungen Jahre. Und von hier aus schickte er seinen anderen jugendlichen Helden, den anarchischen Huckleberry Finn, zusammen mit dem Sklaven Jim auf einem Floß den Mississippi hinab. Die Fahrt auf dem mächtigen Strom war weit mehr als ein Lausbubenabenteuer. Es war eine Expedition, die in Amerikas Abgründe führte. Das ist, so scheint es, lange her.

Hannibals Altstadt wirkt wie ausgestorben, zumindest außerhalb der wenigen Wochen der Touristensaison im Sommer. Mrs Clemens Shoppe, ein Ramsch- und Antiquitätenladen an der Main Street, ist *out of business*, pleite. Der ABC Gift Shop hat ebenfalls geschlossen, wie es aussieht, auf Dauer. Die weiße Farbe blättert von den Holzwänden ab. Überall sind Schilder mit schreiend roter Schrift zu sehen: »Zum Verkauf«, »Zu vermieten«. Im Spielzeugladen steht noch im Frühjahr die Weihnachtsdekoration im Schaufenster, ein grüner Plastikbaum und Thomas, die kleine hellblaue Lokomotive. Vom letzten Weihnachtsfest oder womöglich schon von dem davor? Der Eingang ist verriegelt. Das säulengeschmückte Star Theatre, schräg gegenüber vom Hotel »Mark Twain«, öffnet nur alle paar Wochen die Flügeltüren, etwa zum Sweetheart Swing, einem Tanzabend. An den verrammelten Backsteinhäusern nebenan sind rußige Brandspuren zu erkennen. Die Strip-Bar auf der anderen Seite des Theaters indes hat offenbar Kundschaft: »Neue Tänzerinnen« ist per Hand knallgelb über die Eingangstür gepinselt.

Einzig der Twain-Museumskomplex sieht nicht so mitgenommen aus. Ein gelbes Holzhaus haben sie sauber restauriert, das *boyhood home* des Autors. Selbst Tante Pollys Gartenzaun wurde aufgebaut. Auf kleinen Tafeln kann man da allerhand über Twains Jugendzeit am Mississippi nachlesen. Zum Beispiel, dass sein Onkel Sklaven hielt und sein Vater schon mal ein paar Dollar im Sklavenhandel machte. Dass Mark Twain als junger Mann selbst die Sklaverei verteidigte und erst später umdachte. Und in feinstem Professorenduktus steht auf einer dieser Tafeln, worum es in Hucks Abenteuern wirklich geht: »Mark Twain setzte sich mit dem Erbe auseinander, das Sklaverei und Unrecht hinterlassen haben – mit Problemen, welche die Welt bis heute umtreiben.« Genau das ist es: Bis heute beschäftigt Amerika, Obamas Amerika, die Bürde von Armut, Rassenhass und Rückständigkeit.

Die 64 Jahre alte Annie Dixon kennt dieses Erbe nur zu genau. Sie ist schwarz und im alten Süden aufgewachsen, weiter stromabwärts, dort, wo in ihrer Kinderzeit noch Schilder anzeigten, welche Toilette Schwarze zu benutzen hatten und welche Weißen vorbehalten war. Seit den Märschen Martin Luther Kings und der Bürgerrechtsbewegung ist das vorbei. In Hannibal gab es diese Schilder nicht. Immerhin. Dennoch seien sie da, sagt Dixon. In den Köpfen. »Auch Missouri war ein Sklavenhalterstaat«, konstatiert sie und lacht kurz, »vielleicht sollte ich besser sagen, es ist ein Sklavenhalterstaat.«

Annie Dixon trägt einen dunklen Hosenanzug mit Nadelstreifen, eine strenge, rahmenlose Brille. Sie ist die Vorsitzende der Ortsgruppe des NAACP in Hannibal, der National Association for the Advancement of Colored People, der ersten und nach wie vor einflussreichsten Bürgerrechtsorganisation in den USA. Nach Hannibal kam sie als leitende Angestellte der staatlichen Rentenversicherung. »Wir Schwarzen«, sagt sie, »sind hier unsichtbar. Wir gehören nicht dazu.«

All die feinen und nicht ganz so subtilen Formen der Diskriminierung, die man aus Filmen kennt, hat sie selbst erlebt. Beim Einkaufen: »Die Lady im Laden hat mir zu verstehen gegeben, dass ich fehl am Platz war.« Im Restaurant: Die Bedienung übersah sie einfach. Es gibt eine Vereinigung für berufstätige Frauen in Hannibal, für Lehrerinnen, Geschäftsfrauen, Angestellte – für weiße Frauen: »Sie haben mich nie gefragt, ob ich mitmachen wollte.« Ihr Exmann hat es zum Polizisten in Hannibal gebracht. Seine weißen Kollegen versuchten, ihn rauszuekeln. Dreimal musste er vor Gericht klagen. Dreimal bekam er Recht. »Sie wollten dein Leben kaputtmachen«, sagt Dixon, als wäre das Ungeheuerliche das Selbstverständlichste der Welt.

Das alles ist im Laufe der Jahre besser geworden, erheblich besser. Die Läden, deren Inhaber ihr nichts verkaufen wollten, haben Pleite gemacht. In den Restaurants stört sich keiner mehr an der Hautfarbe, und bei der Polizei gehören jetzt auch Schwarze dazu. Trotzdem sollte man bis zum heutigen Tag als Schwarzer die Polizei in Hannibal lieber meiden. Beispielsweise stoppt die hiesige Polizei schwarze Autofahrer anderthalbmal so oft wie weiße. *Profiling* nach Hautfarbe nennt man das. Das immerhin wird in einer staatlichen Statistik registriert. Doch Hannibals Polizei hält nichts von Statistiken, zumindest nichts von dieser. Die Zahlen würden auf falscher Grundlage berechnet, sagt sie. Nicht der Anteil der Schwarzen an der Bevölkerung in Hannibal (6,2 Prozent) sei entscheidend, sondern ihr Bevölkerungsanteil im Bundesstaat Missouri, der immerhin bei 10,8 Prozent liegt. Als ließe das die Quote der angehaltenen Schwarzen in einem besseren Licht erscheinen. Würde die tatsächlich im statistischen Mittel Missouris liegen, dürfte nur einer von zehn angehaltenen Autofahrern ein Schwarzer sein.

Dabei ist diese Ungleichheit nicht wirklich überraschend, zählt sie doch zur gesellschaftlichen Realität Amerikas. In der schon erwähnten Studie des Pew-Instituts gibt nicht einmal die Hälfte der befragten Schwarzen an, dass sie erwarten, von der Polizei fair behandelt zu werden.

Natürlich ist dieser Eindruck kein Zufall. Die Schwarzen werden von Polizei und Justiz nach wie vor systematisch diskriminiert – Ähnliches gilt für die andere, zahlenmäßig inzwischen noch größere Minderheit in den Vereinigten Staaten, die US-Bürger lateinamerikanischer Abstammung, die Latinos oder Hispanics. Man muss sich nur die sogenannten *incarceration rates* anschauen. Die USA haben die höchste offiziell dokumentierte Inhaftierungsrate weltweit. Laut Statistiken des US-Justizministeriums sitzen fast 2,3 Millionen Menschen (Stand 2009) in amerikanischen Gefängnissen ein. Das sind 743 von 100 000 Einwohnern. Zum Vergleich: In Deutschland befinden sich lediglich 85 von 100 000 Menschen hinter Gittern. Weitere fünf Millionen Amerikaner sind zur Bewährung auf freiem Fuß. Das bedeutet, dass gegenwärtig mehr als drei Prozent der erwachsenen Amerikaner eine Gefängnis- oder Bewährungsstrafe verbüßen.

Noch bedenklicher werden die Zahlen, wenn man sich das Verhältnis der Rassen unter den – männlichen – Häftlingen in Amerikas Gefängnissen anschaut: Gemessen am Bevölkerungsanteil sitzen sechsmal so viele Schwarze wie Weiße im Knast (bei den Frauen ist das Verhältnis etwas besser: Dreimal so viel schwarze wie weiße Frauen sitzen hinter Gittern).

Das liegt zum einen sicher an der Auflösung traditioneller Strukturen in zahllosen afroamerikanischen Familien. Gut vier Millionen schwarzer Kinder wachsen mit Vater und Mutter auf, das ist nicht einmal mehr die Hälfte aller schwarzen Kinder. Sechs Millionen dagegen leben nur noch mit einem Elternteil (meist der Mutter) zusammen. Präsident Obama warf schwarzen Vätern im Wahlkampf 2008 vor, sich »wie Jungs und nicht wie Männer« zu benehmen und sich aus der Verantwortung zu stehlen. Der bekannte schwarze Schauspieler und Komiker Bill Cosby sieht bereits seit langem die soziale Verantwortungslosigkeit schwarzer Männer als Ursache dafür, dass Schwarze bei den Absolventen von Colleges und Hochschulen unter-, in Amerikas Gefängniszellen aber überrepräsentiert sind. Die Zahlen sprechen für sich. Ein schwarzes Kind, das ohne Vater aufwächst, wird es im Leben verdammt schwer haben: Die Wahrscheinlichkeit, dass es arm bleiben und straffällig werden wird, ist fünfmal höher als bei Kindern aus Familien mit beiden Elternteilen. Und die Chancen, dass das schwarze Kind im Knast landen wird, liegen sogar zwanzigmal höher.

Zu Twains Zeiten waren es Tagesreisen mit dem Flussdampfer. Heute braucht man mit dem Auto ein paar Stunden für die Strecke von Hannibal nach Cairo, einer von Sümpfen umgebenen Kleinstadt am Ostufer des großen Stroms. Cairo liegt in Ruinen. Hier sieht es fast so aus wie in New Orleans nach dem Hurrikan, nur dass kein Sturm über diese Stadt hinweggewirbelt ist. Anderes Unbill hatte sich über dem Ort an der Mündung des Ohio in den Mississippi zusammengebraut und alles ins Verderben gerissen.

Einst lebten hier 15000 Menschen. Heute ist es eine Geisterstadt von weniger als 3000 Einwohnern. Cairo, das bedeutete einmal Freiheit für die Schwarzen. Es liegt an der Südspitze von Illinois, das einst zu den Nordstaaten zählte, in denen die Sklaverei verboten war.

In der ehemaligen Innenstadt findet sich kaum noch ein intaktes Haus. Wind pfeift durch eingeworfene Fenster, Türen sind zertreten. Möbelreste liegen in modrigen Treppenhäusern. Ganze Fassaden sind auf die Gehwege gekracht, Schaufenster zersprungen – und keiner macht sich die Mühe, Schutt und Scherben beiseitezuräumen. Im kleinen Dollar-Store-Supermarkt müssen sie bei schlechtem Wetter Plastikplanen über die Regale ziehen, weil es reinregnet. Die Cairoer Stadtwerke besitzen eines der wenigen funktionsfähigen Gebäude in der Innenstadt, einen hässlichen Waschbeton-Flachbau. Im Eingang ist in großen roten Lettern Erbauliches zu lesen: »Ehrt Gott. Liebt Amerika. Steht zu unseren Soldaten.«

Sonst ist hier alles verrammelt, aufgelöst, verlassen. Die Washteria – verriegelt, die American-Convenience-

Tankstelle – demontiert. Rechtsanwalt Flummer hat die Fenster seiner Kanzlei mit weißgetünchten Sperrholzplatten vernagelt. An der Tür ist noch die vergilbte Mahnung zu lesen, dass unangemeldete Klienten nur beraten werden, sofern es die Terminlage erlaubt. Verdammt lang her.

Ruiniert hat Cairo weißer Wahn. Der einstige Sehnsuchtsort der Schwarzen hatte sich im 20. Jahrhundert zu einer Bastion der Rassisten entwickelt. Das Schwimmbad der Stadt etwa war bis Ende der sechziger Jahre nur Weißen vorbehalten. Schwarze Kids mussten in den heißen, stickigen Sommermonaten im Mississippi baden. Und als wieder ein Kind dabei ertrunken war und kein Gericht die Diskriminierung mehr hätte durchgehen lassen, schlossen die Stadtväter lieber das Bad, als es für alle zu öffnen. Baseballmannschaften lösten sich eher auf, als Schwarze aufzunehmen. Es kam zu Unruhen. Die Nationalgarde musste einrücken. Die Schwarzen boykottierten die Geschäfte der Weißen, zehn lange Jahre, bis in die siebziger Jahre hinein. Danach gab es kaum noch Geschäfte in Cairo. Ihre Besitzer hatten es vorgezogen, bankrott zu gehen, ehe sie auch nur einen Schwarzen bedient hätten.

Ausgerechnet ein weißer Punkrocker aus Indiana war 2009 der Erste in fünf Jahren, der es gewagt hatte, hier ein neues Geschäft zu eröffnen, einen Coffee Shop. Chris Johnson trug eine schwere Gliederkette um den Hals, hatte eine dunkelblonde Tolle, weit in die Stirn hinein Richtung Nasenbein frisiert, und wollte nun den Leuten zwischen den Ruinen beibringen, wie guter Kaffee schmeckt, einer, der fair gehandelt wird, kein Schnellkaffee aus dem Supermarkt ist und trotzdem nur einen Dollar kostet. An seinem besten Tag zählte er zwölf Kunden. »Es ist schön hier«, sagte der kauzige Musiker, »langsam, ruhig, man könnte auch sagen, tot.« Ein Jahr hielt er durch, bevor er im Sommer 2010 Pleite machte. Er erzählte von einem Schwarzen im Ort, der umherging und Bekannte davor warnte, auch nur einen Becher Kaffee bei dem »weißen Teufel« zu kaufen – als hätten sich die Zeiten seit den Jahrzehnten des Kampfes gegen die weißen Herrenmenschen nicht verändert. Doch es lag nicht an – diesmal schwarzem – Rassismus, dass Johnsons Geschäftsmodell nicht funktionierte. In Cairo sind viele Menschen so arm, dass sie sich nicht einfach mal so einen Kaffee leisten können – nicht einmal einen für nur einen Dollar.

Im Frühjahr 2011 gelangte Cairo wieder in die amerikanischen Schlagzeilen. Eingezwängt hinter den Deichen zwischen Mississippi und Ohio, drohte die Stadt in den enormen Frühjahrshochwassern unterzugehen. Nur eine Sprengung von Deichen auf der anderen Seite des Flusses, in Missouri, konnte das Unheil noch abwenden. Es gab zwei Möglichkeiten: Entweder man ließ 50000 Hektar fruchtbares Ackerland, schon bestellt für die Ernte, und hundert Farmhäuser überfluten. Oder aber man gab eine ohnehin schon verfallene Kleinstadt den Wassermassen preis. Das war die Alternative, vor der der kommandierende General des Army Corps of Engineers, jener Pioniere der US-Armee, die mit dem Hochwasserschutz entlang des Stroms betraut sind, stand. Tagelang zögerte er. Rein ökonomisch betrachtet, wäre die Entscheidung nicht schwergefallen – zugunsten der Farmer in Missouri. Doch in Wahrheit ging es in der Frage um mehr, nicht allein um wirtschaftlichen Nutzen. Es ging um Arm gegen Reich – und um Schwarz gegen Weiß: knapp 3000 Menschen, in ihrer Mehrheit schwarz und weit unterhalb der staatlich festgelegten Armutsgrenze lebend, gegen hundert weiße Farmerfamilien.

Und weil die Armee nicht auch nur den Anschein von Rassismus aufkommen lassen durfte, fiel die Entscheidung am Ende doch zugunsten von Cairo.

Memphis liegt ungefähr auf halbem Wege zwischen Chicago und New Orleans. Früher haben sie hier die Baumwolle auf die Flusskähne geladen und noch früher mit Sklaven gehandelt. Heute ist Memphis die Metropole von Blues und Soul, zumindest wirbt die Stadt gerne damit. Muddy Waters und B. B. King zog es hierher. Elvis nahm seine erste Platte in einem heruntergekommenen Musikstudio an einer Ausfallstraße Richtung Nashville auf, genauso wie Johnny Cash.

Das Sun Studio sieht noch heute so baufällig aus wie auf den Schwarz-Weiß-Fotos – und riechen dürfte es auch noch so wie damals: Jedenfalls ist es in den Räumen ziemlich stickig und muffig. Die alten Tonmaschinen sind zu besichtigen, selbst das Mikrofon, in das Elvis angeblich gesungen hat, steht noch da. Das ist das Memphis der Musik (von Graceland ganz zu schweigen, Elvis' schwülstiger Villa, wo er begraben liegt). Wer an diesen Pilgerstätten der amerikanischen Popkultur nach dem ideologischen Überbau forscht, der bekommt überall dieselbe Antwort: Hier fanden Weiße und Schwarze zusammen, Blues und Gospel, Country und Hillbilly, und schufen den Sound des modernen Amerika, eine Musik, die die Menschen gemeinsam haben, egal welcher Hautfarbe.

Doch im Unterbewusstsein des Landes, vor allem des schwarzen Amerikas, verbindet sich mit Memphis eine andere Erinnerung: Memphis ist die Stadt, in welcher der Traum von einem Amerika ohne Rassenschranken zerschossen wurde: Am 4. April 1968 ermordete ein weißer

Kleinkrimineller namens James Earl Ray den Propheten des gewaltlosen Widerstands der Schwarzen gegen die weiße Diskriminierung: Martin Luther King. Er stand auf dem Balkon des Lorraine Motel, einer anspruchslosen Unterkunft am Rande der City von Memphis, nur ein paar Blocks vom Mississippi entfernt, als ihn der tödliche Schuss traf. Heute ist das Motel ein Mahnmal der Bürgerrechtsbewegung, das Museum einer monumentalen Mordtat. MLKs hinter Glas rekonstruiertes Zimmer ist zu sehen, inklusive der zerwühlten Bettlaken und unzähliger Zigarettenkippen in den Aschenbechern. Und schräg gegenüber die enge Bude in der billigen Absteige, in der Ray sein Gewehr auf das Fensterbrett des Gemeinschaftsbadezimmers abgestützt und abgedrückt hatte.

John Lewis hat Martin Luther King persönlich gekannt. Sehr gut sogar. Er stand 1963 neben King auf den Stufen des Lincoln Memorials in Washington. Als junger, schwarzer Studentenführer hatte er gerade eine »ernsthafte Revolution« ausgerufen, ehe Minuten später Martin Luther King an dasselbe Mikrofon trat und die Welt mit seiner Vision, seinem Traum von einem versöhnten, alle Rassenschranken niederreißenden Amerika verzauberte.

Keine zwei Jahre später, im März 1965, hat Lewis selbst einen Protestmarsch schwarzer Bürgerrechtler angeführt, den legendären Marsch über die Brücke von Selma. Fast erschlagen haben ihn Alabamas Staatspolizisten mit ihren Knüppeln. Manche nennen Lewis deshalb einen Zeitzeugen. Aber das trifft es nicht, denn dieser kleine Mann mit dem runden, längst kahlen Schädel und dem melancholischen Moll in der Stimme hat Geschichte erlitten. Und er hat sie gemacht.

Die dramatischen Fernsehbilder von jenem »Bloody

Sunday« im ärmlichen Örtchen Selma brachten das ganze Land gegen den Rassismus im Süden der USA auf. Acht Tage später trat Präsident Lyndon B. Johnson vor den Kongress und verkündete: »Der wahre Held dieses Kampfes ist der amerikanische Neger.«

Das N-Wort war damals noch nicht verpönt, auch nicht unter Rechtschaffenen. Johnson rief das Parlament auf, mit dem *Voting Rights Act* ein für alle Mal sämtliche Tricks zu verbieten, mit denen die Weißen im Süden ihren Exsklaven das Wahlrecht verweigerten. »We shall overcome«, zitierte der Präsident die Hymne der Bürgerrechtsbewegung. Eine Verneigung. Fünf Monate später, im Sommer 1965, billigte der Kongress das gesetzliche Verbot aller Diskriminierung an der Wahlurne. Diese Reform war der finale Sieg der gewaltlosen Bürgerrechtler. Ohne sie wäre Barack Obama niemals ins Weiße Haus eingezogen.

45 Jahre danach, 2010, im zweiten Jahr der Präsidentschaft Obamas, lud Amerikas Rechte, die Tea-Party-Bewegung, angeführt von dem TV-Moderator Glenn Beck, zu einer Großdemo nach Washington. Natürlich war es alles andere als ein Zufall, dass sie sich ausgerechnet zu Füßen des steinernen Abraham Lincoln versammelten – und das auch noch am 28. August, just dem Jahrestag jener bewegenden Rede Kings.

John Lewis hat es persönlich genommen. »Das ist ein Affront gegenüber dem Vermächtnis von Martin Luther King«, sagt er. Er blickt ins Leere, vor seinen tiefbraunen Augen ziehen sekundenlang die alten Bilder vorbei. »Es ist ein Affront gegenüber den unzähligen Menschen, die damals marschiert sind. Die geblutet haben und die gestorben sind für die Freiheit.« Geblutet wie er in Selma.

John Lewis ist ein Überlebender. Er ist der Letzte aus der

ersten Reihe der Bürgerrechtsbewegung: All die anderen Heroen, die an jenem historischen Tag zu den Massen auf der National Mall sprachen, sind tot. Seit beinahe einem Vierteljahrhundert vertritt Lewis, der linke Demokrat, als Abgeordneter im Kongress die Bürger von Atlanta, Georgia, in Washington. Dort verehren ihn seine Parteifreunde als »das Gewissen des Kongresses«, auch manch Republikaner nennt ihn »einen amerikanischen Helden«. Vierzigmal hat er im Gefängnis gesessen. Das vorerst letzte Mal war es 2009, wegen eines Protestes vor der sudanesischen Botschaft gegen den Massenmord in Darfur.

Der inzwischen über Siebzigjährige spricht bedächtig. Selbst jetzt, da er sich empört. »Unglaublich, ja unwirklich« sei es, dass ausgerechnet Glenn Beck, der radikalste aller rechten TV-Talker Amerikas, sich an der Enteignung des Erbes von Martin Luther King versuche. »Glenn Beck verkörpert die Hoffnung und den Traum der Rechten. Aber er ist derjenige, der Barack Obama einen Rassisten genannt hat«, empört sich Lewis. Er erinnert an Becks Satz, wonach das erste schwarze Staatsoberhaupt »einen tiefsitzenden Hass gegenüber weißen Menschen und der weißen Kultur« hege. Es sei, so Lewis, »ohne Beispiel, dass jemand den Präsidenten der Vereinigten Staaten einen Rassisten schimpft«.

Aber es geht um mehr als um Obama, den Nachfahren der Bürgerrechtler. John Lewis glaubt, die amerikanische Rechte revoltiere letztlich auch gegen sein Erbe, gegen die postmortalen Triumphe des Martin Luther King: »Ein Teil der amerikanischen Gesellschaft fühlt sich bedroht. Diese Leute empfinden, es sei zu viel geschehen, es habe sich zu viel verändert – zu überstürzt, zu schnell.« Die meist weißen, überwiegend älteren Anhänger der rechten

Tea-Party-Bewegung marschierten gegen alles, was seit den Protesten Anfang der sechziger Jahre in Amerika aufgebrochen sei. »Wir haben eine große Fahrt hinter uns, wir haben so viel erreicht. Obama ist dafür bloß das Symbol, er personifiziert nur den Wandel, der mit John F. Kennedy begann und den Lyndon B. Johnson und Bill Clinton fortgeführt haben.«

Lewis schaut auf seinen Schreibtisch, auf dem ein kleiner weißer Plastikbus mit blauer Aufschrift steht: *Greyhound Lines,* Baujahr um 1961. »Das war, als es noch all die Schilder gab. ›Weiße Männer‹ und ›Schwarze Männer‹ stand an den Toiletten, auch die Wartesäle am Busbahnhof waren getrennt.« Dort hat Lewis sein erstes Lehrjahr im gewaltfreien Kampf verbracht: im Greyhound als *freedom rider,* Seite an Seite, Hand in Hand mit einem weißen Kumpanen gegen die Rassensegregation. »All das haben wir in vierzig, fünfzig Jahren verändert. Und vielen fällt es bis heute schwer, diesen Wandel zu verdauen.«

Der Frage jedoch, ob Glenn Beck und seine Gefolgschaft mithin Rassisten seien, weicht Lewis aus. »Es ist ein Gemisch aus vielen Ängsten«, sagt er lieber. Lewis verweist auf die schwere Wirtschaftskrise, die Massenarbeitslosigkeit, die Aversion gegenüber den Latinos, die unterschwellige Angst der Weißen, binnen einer Generation nicht mehr die Mehrheit, sondern nur noch die größte Minderheit im Lande zu sein: »Es breitet sich in unserem Land eine fundamentale Unsicherheit aus. In uns allen nagt der Zweifel, ob es den eigenen Kindern und Enkeln je so gut wie einem selbst gehen wird.« Doch es gebe auch Hintermänner. Gestalten, die »diesen Präsidenten zur Strecke bringen wollen«. John Lewis nennt, ohne den Namen in den Mund zu nehmen, einen Senator aus

South Carolina namens Jim DeMint, der offen zum Sturz Obamas aufgerufen hat.

Und er meint die konservativen Spender und Sponsoren, die geifernde Fernsehspots finanzieren oder die Busfahrten zur Demo mit Glenn Beck bezahlen. »Die schüren Wut und Verbitterung. Sie wollen Leute fertigmachen. Ein solch giftiges Gemisch habe ich nicht einmal auf dem Höhepunkt der Bürgerrechtsbewegung gespürt.« John Lewis, der Veteran, macht da ein Muster aus. Er erinnert sich an einen alten Gegner – an George Wallace, den verruchten Gouverneur von Alabama und späteren Präsidentschaftskandidaten: »Auch Gouverneur Wallace hat nie eine Bombe gelegt, nie einen Schuss abgefeuert, nie einen Ziegelstein geworfen. Aber er schuf das Klima dafür, dass andere es taten.« Lauert also erneut politische Gewalt? Lewis, der Theologie studiert hat, antwortet mit gefalteten Händen: »Ich bete jeden Abend für Obama.«

John Lewis hat durchaus seine eigenen Probleme mit Obama, etwa weil der Präsident den Krieg in Afghanistan in die Eskalation hat treiben lassen. Seit Jahren verweigert Lewis jedem Kriegsbudget im Kongress seine Stimme, unter Bush wie unter Obama. »Krieg ist als Mittel der Außenpolitik überflüssig. Wir müssen reden«, sagt er und räumt ein, »dass hier mehr der Priester als der Politiker spricht«. Enttäuscht hat ihn außerdem, wie Obama 2010 im Kulturkampf um den Bau einer Moschee in Manhattan zauderte, jenem islamischen Kulturzentrum, das in unmittelbarer Nähe zu Ground Zero errichtet werden sollte, dem Anschlagsort vom 11. September 2001. Einem prinzipiellen Bekenntnis zur Religionsfreiheit ließ der Präsident damals einen taktischen Rückzieher folgen. »Das war die Angst, die Furcht vor Abstrafung durch den Wähler«, glaubt

Lewis, »aber als politische Führer müssen wir den Weg weisen. Wir müssen Scheinwerfer sein, nicht Rücklichter.«

Amerika habe in seiner Geschichte »immer wieder irgendeine Gruppe erniedrigt und dämonisiert«, sagt Lewis. Und auch jetzt findet er, dass in seinem Land »eine sehr gefährliche Unterströmung herrscht«. Derzeit treffe es Latinos und Muslime; der Streit über die illegale Einwanderung aus dem Süden und die »Moschee von Ground Zero« hingen zusammen. »In unserer Angst bauen wir Mauern, ziehen wir Zäune hoch. Wenn du die falsche Hautfarbe, Rasse oder Religion hast, wollen wir dich hier nicht haben.«Tatsächlich sind drei Fünftel aller Amerikaner ein Jahrzehnt nach den Anschlägen vom 11. September der Überzeugung, dass Muslime in den USA Opfer von Diskriminierung werden – mehr als jede andere religiöse Gruppierung in den Vereinigten Staaten. Wenn es nach der Hautfarbe geht, so glaubt ein Fünftel aller Amerikaner, dass Hispanics besonders häufig benachteiligt sind – mehr noch als Schwarze. Das entspricht dem Lebensgefühl vieler Hispanics in den USA: Für 61 Prozent ist Diskriminierung im Alltag ein großes Problem. Die Hispanics oder Latinos haben die Afroamerikaner als größte Minderheit inzwischen deutlich überholt: Etwa 50 Millionen Amerikaner sind lateinamerikanischer Abstammung, ein Sechstel der Bevölkerung.

Trotz all seiner Zweifel am Zögern und Zaudern Obamas – auch in der Einwanderungspolitik – sieht John Lewis den Präsidenten noch als »Teil unserer Bewegung«. Bei der Amtseinführung im Januar 2009 hatte der alte Mann dem neuen Präsidenten ein Erinnerungsfoto neben den Teller gelegt und um eine Widmung gebeten. Obama parierte und schrieb: »Because of you, John.« Diese Präsidentschaft, sagt Lewis, sei jenes Stück Wegstrecke, das 1965 in Alabama so unerreichbar fern zu sein schien. »Barack Obama ist das Ende der Brücke von Selma. Aber ich sage auch, dass die Wahl Obamas allein nicht die Erfüllung des Traumes von Martin Luther King ist. Es ist eine wichtige Anzahlung.«

So sieht es wohl auch Johnson Saulsberry, ein Universitätsdozent in Memphis, der vierzehn Jahre alt war, als sich die schockierende Nachricht von Kings Tod in den Abendstunden des 4. April 1968 verbreitete. Saulsberry will in Memphis die Erinnerung an diese Mordtat wachhalten. Deshalb hat er die April 4th Foundation gegründet, die jeweils Anfang April einen Amerikaner auszeichnet, der sich für mehr Chancengleichheit für Schwarze in den USA einsetzt. Harry Belafonte hat den Preis schon bekommen, den »I am a Man«-Award, und Jeremiah Wright, der einstige Pastor Barack Obamas, der in einer Predigt gesagt hatte: »Gott strafe Amerika, weil es seine Bürger nicht wie Menschen behandelt« – und damit fast Obamas Kandidatur zum Entgleisen gebracht hätte.

Saulsberry, ein freundlicher Mann, dessen kräftige Körperstatur zu signalisieren scheint, wie sehr er in sich ruht, ist in gewisser Hinsicht ein geradezu gespaltener Mensch. Ja, sagt er, »Martin Luther Kings Traum ist dabei, Realität zu werden«. Nicht zuletzt er selbst steht dafür. Er, der in einer Stadt geboren wurde, in der die Rassentrennung regierte, hat den gesellschaftlichen Aufstieg geschafft. Nun zählt er zu den Menschen mit Einfluss, er lehrt an der Uni, berät den Sheriff von Memphis. Die Stadt selbst hat inzwischen ihren vierten schwarzen Bürgermeister. Überall, sagt Saulsberry, seien mittlerweile Schwarze in Führungspositionen vertreten – eben bis hin zum Mann im Weißen Haus. 1963, in dem Jahr von Kings berühmter Rede, gab es 300 Schwarze in öffentlichen Wahlämtern in den Südstaaten und noch einmal 100 im Rest der USA. Heute sind es mehr als 10 000.

Und doch: Fast ein halbes Jahrhundert ist vergangen, seitdem King von seinem Traum kündete, dass eines Tages seine Kinder nicht mehr nach ihrer Hautfarbe taxiert, sondern an ihrem Wesen gemessen werden würden. »Dieser Tag ist noch nicht gekommen«, sagt Saulsberry. Fast mit dem Crescendo eines schwarzen Predigers setzt er hinzu: »Ich bin der festen Überzeugung, dass Martin Luther King in seinem Grab weint. Er ruft: Versucht nicht wieder, uns um unser Stimmrecht zu bringen. Gebt uns Würde und Respekt. Gewährt uns endlich Chancengleichheit.«

Und dann offenbart er noch einen Gedanken, der viele Afroamerikaner umtreibt, nun, da erstmals ein Schwarzer Präsident ist und das Versprechen der Chancengleichheit auf höchster Ebene eingelöst zu sein scheint. »Ich weiß gar nicht, ob das Streben nach Integration wirklich gut war für die Afroamerikaner.« Die alten sozialen Bindungen in der schwarzen Gemeinde hätten sich zusehends aufgelöst. Früher habe es eine eigenständige schwarze Business-Welt in den USA gegeben: von Schwarzen für Schwarze. Heute profitiere die Ladenketten-Wirtschaft vom »schwarzen Dollar«, wie Saulsberry formuliert, und damit die von Weißen dominierte Wirtschaft: »Das alles hat uns auch ein Stück eigener Identität genommen.«

Wie man es auch wendet – das Erbe des Rassismus ist in Obamas Amerika noch überall zu spüren. Ruinös in Cairo. Zwiespältig in Memphis. Lähmend in Eudora, einem Weiler, versteckt hinter den mächtigen Deichen des Mississippi. Huckleberry Finns Floßfahrt in den Süden, da sind sich Amerikas Literaturprofessoren (fast) einig, ging hier zu Ende, etwa in diesem flachen Landstrich in Arkansas, kurz vor der Grenze zu Louisiana. An Eudoras Main Street sieht es so schrecklich trostlos aus wie in all den kleinen Ortschaften entlang des Flusses. Vor einem armseligen Drugstore halten hin und wieder ein paar Autos, staubig die meisten und keines neu. Die Eudora Bank hat immerhin auf und ein verdreckter Kiosk schräg gegenüber auch. Das ist alles. Ach, und natürlich die City Hall: Das winzige gelbe Backstein-Rathaus hat zur Dienstzeit von acht Uhr morgens bis halb fünf am Nachmittag ebenfalls geöffnet.

Dort regiert in einem holzgetäfelten, ebenerdigen Eckzimmer William Stanton, 64 Jahre alt, im linken Ohr einen Bluetooth-Kopfhörer für sein Handy. Bestimmt ein halbes Dutzend Fotos hat er auf dem Regal hinter seinem Schreibtisch aufgereiht, zwei sind besonders groß: das seiner Frau mit roten Rosen und ein Porträt des Präsidenten. So wie Barack Obama ist William Stanton der erste Schwarze in seinem Amt: der erste schwarze Bürgermeister von Eudora, der erste schwarze Verwalter der schwarzen Armut hier.

Die Rassentrennung ist in den USA gesetzlich aufgehoben, im wirklichen Leben aber gehen sich Schwarze und Weiße vielerorts aus dem Weg. Sie leben in getrennten Wohngebieten, und am deutlichsten wird das Rassenschisma jeden Sonntagmorgen, wenn Amerikas Schwarze und Weiße zum selben Gott beten, nur eben in getrennten Kirchen.

Gut, selbst im Süden verdreht in den meisten Gegenden keiner mehr den Kopf, wenn ein Paar verschiedener Hautfarbe ist. Langsam, ganz langsam steigt die Zahl der Ehen, in denen ein Partner schwarz und der andere weiß ist. 167 000 waren es 1980; inzwischen sind es mehr als eine halbe Million – unter insgesamt sechzig Millionen verheirateten Paaren in den USA.

In Eudora aber meiden sich Schwarz und Weiß, oder besser gesagt: Die meisten Weißen sind ganz einfach fortgezogen, nachdem auch in dem kleinen, abgelegenen Provinznest die Rassenschranken fielen – so wie in Cairo erst Anfang der siebziger Jahre. Die Weißen aber waren die Farmer (wie in Missouri, am Ufer des Mississippi gegenüber von Cairo), die Besitzer des Landes. *White flight* heißt der Exodus der Weißen im amerikanischen Soziologenjargon. Sie leben nun in einer neuen, gepflegten Siedlung, ein paar Meilen flussaufwärts außerhalb der Gemeindegrenzen. Geblieben sind die Schwarzen, die Arbeiter in der Näherei und der Fischfabrik und die vielen ohne Arbeit. Die Statistiker, sagt Bürgermeister Stanton, hätten als Durchschnittseinkommen in seiner Gemeinde 17 000 Dollar errechnet. Allgemein liegt es in den USA bei gut 47 000 Dollar. In Wahrheit, erzählt Stanton, kenne er viele Familien, die mit 4000 oder 5000 Dollar im Jahr auskommen müssen. »Es ist schon armselig hier«, konstatiert der Bürgermeister das Offenkundige. Aber als wolle er den Besucher nicht mit einer deprimierenden Bemerkung entlassen, fügt er hinzu: »Die Menschen sind arm – doch ihr Herz ist so groß …« Er zögert einen Moment, sucht nach einem Vergleich. So mächtig wie der Mississippi? Er nickt. So weit wie der große Strom.

An dessen Ende liegt New Orleans. Die *chocolate city*, die Schokoladen-Stadt, wie sie ihr ehemaliger Bürgermeister Ray Nagin genannt hat – in Anspielung auf die Hautfarbe der Bevölkerungsmehrheit: fast zwei Drittel Schwarze, ein Drittel Weiße. New Orleans hatte immer den Ruf, freizügiger zu sein als der Rest der USA. Liberaler in Rassenfragen war die Stadt indes kaum – von Ausnahmen abgesehen: Der Bundesstaat Louisiana, dessen Metropole New Orleans ist, hatte den ersten schwarzen Gouverneur eines US-Bundesstaats. Pinckney Benton Stewart Pinchback diente zur Jahreswende 1872/73 exakt 35 Tage in dieser Funktion, bis zum Ablauf der Amtszeit seines Vorgängers. (Es vergingen fast 120 Jahre, ehe wieder ein Amerikaner schwarzer Hautfarbe Gouverneur werden sollte: 1990 Douglas Wilder in Virginia.) In New Orleans waren die Schulen nach dem Bürgerkrieg ein Jahrzehnt lang nicht nach Schwarz und Weiß segregiert. Doch danach regierte auch in New Orleans die Rassendiskriminierung. Und nach deren offiziellem Ende passierte in New Orleans genau das, was sich zum Beispiel in Eudora ereignete: Die Weißen zogen hinaus in Vororte, während die Viertel um die City und das French Quarter nur noch schwärzer und ärmer wurden.

Und dann kam der Hurrikan Katrina.

Es ist diese Katastrophe oder besser: die Reaktion auf den Wirbelsturm und die danach einsetzende Sintflut in New Orleans, die sich dem schwarzen Amerika eingebrannt hat. Die Natur fragte nicht nach der Hautfarbe der Bewohner, Hunderttausende mussten fliehen. Am schlimmsten aber waren die Viertel betroffen, in denen die große Mehrheit Schwarze waren. Die Fernsehbilder zeigten vornehmlich Menschen schwarzer Hautfarbe, die im Superdome, der Footballarena von New Orleans, oder auf Hausdächern und Brücken ausharrten und um Hilfe flehten. Man sah verzweifelte schwarze Bewohner, die – meist noch unter Schock – in Bussen und Fliegern quer durch die USA in Auffanglager geschafft wurden, die auf Liegen sitzend interviewt wurden und buchstäblich nichts mehr hatten als ihre Angst und das Hemd auf der nackten Haut. »Es war, als wären die Zeiten der Sklaverei wieder über uns gekommen«, sagt Johnson Saulsberry, der Mann, der in Memphis die Erinnerung an Martin Luther Kings Erbe wachhalten will. »Schwarze Familien über das ganze Land verstreut, Kinder von ihren Eltern getrennt.« Nach der Katastrophe kam die Hilfe dann nur furchtbar schleppend in Gang. Wochen, ja Monate dauerte es, ehe der Wiederaufbau verwüsteter Straßenzüge in New Orleans begann. Eines der Viertel, das Lower Ninth Ward, ist bis heute, mehr als ein halbes Jahrzehnt nach der Katastrophe, praktisch noch nicht wieder besiedelt. »Alle«, donnert Johnson Saulsberry, »konnten mitansehen, wie die Nation die Schwarzen im Stich gelassen hat.«

Katrina und die Wahl Obamas – das sind die Ereignisse, die das Verhältnis zwischen Schwarz und Weiß in Amerika in den letzten Jahren definiert haben wie zwei Pole: auf der einen Seite die erbarmungslose Bestätigung der jahrhundertealten Erfahrung von Benachteiligung und Diskriminierung, auf der anderen die Hoffnung, dass sich allmählich und unumkehrbar die Bürde des Rassismus abschütteln lässt und sich die Verhältnisse doch zum Besseren wenden.

Nach wie vor ist nicht ganz klar, in welche Richtung Amerika sich wirklich entwickelt. Politisch hat es ohne Zweifel Fortschritte gegeben. Doch unten, bei der breiten Masse der Bevölkerung, sind diese längst nicht überall angekommen. Zu oft ist Amerika schlicht noch immer, was es nur allzu oft war: schreiend ungerecht.

DIE ZERRÜTTUNG DER MITTE

Warum der Außendruck der Globalisierung und Brüche im Inneren die Gesellschaft zerreißen

Randy Henning schüttelt den Toaster, bis die Krumen in die Spüle fallen. »Hier steht es«, sagt er mit leisem Triumph in der Stimme und weist auf das Schild auf der Unterseite des weißen Toasters des erfolgreichen amerikanischen Haushaltsgeräteherstellers Cuisinart: »Made in China« ist dort unter der Produktnummer zu lesen. Auch die schicke schwarze Kaffeemaschine mit dem hochtrabenden Namen »Hot Beverage Center« – Heißgetränkecenter – gleich neben dem Toaster auf seiner Küchenanrichte stellt der Professor auf den Kopf. Wieder die kleine Genugtuung: natürlich auch »Made in China«. Bei den übrigen Küchengeräten muss Henning gar nicht erst nachsehen, denn er weiß es eh: Auch der Teigmixer, die Mikrowelle, der Blender (das Mixgerät für Fruchtsäfte) kommen aus China.

Und so geht es weiter: Die Glühbirnen der Deckenbeleuchtung in der Küche, Schnickschnack wie die Magneten am Kühlschrank, die Rauchmelder in den Zimmern: in China produziert. Der Basketball seiner Söhne, ihre Tennisschläger, ja selbst ihr dicker Lederhandschuh für Baseball, diesen uramerikanischen Sport: Made in China. Der Leuchtstift, mit dem er beim Lesen Texte markiert, kommt genauso aus China wie sein Dell-Computer und das unverzichtbare iPhone, mit dem kleinen Unterschied, dass die Komponenten dieser Hightech-Geräte nur zum Teil in China selbst hergestellt werden. Sie stammen in der Regel aus Taiwan oder aus Japan, werden dann nach China geflogen, dort genau nach Kundenwunsch zusammengebaut und innerhalb von zwei Tagen per Kurierdienst direkt nach Amerika zum Käufer geliefert, etwa zu Professor Randall Henning im Washingtoner Vorort Bethesda.

Henning ist Wirtschaftswissenschaftler am renommierten Peterson Institute for International Economics in der US-Hauptstadt, ein Währungsspezialist, der die Verwerfungen an den internationalen Devisenmärkten seit Jahren verfolgt. Aber er ist eben auch normaler amerikanischer Verbraucher, den die »Factory Asia«, wie er es nennt, die Fabrik Asien, mit einer Unzahl preiswerter Produkte versorgt. Die Globalisierung macht's möglich.

Sie beobachtet Henning mit dem nüchternen Blick des Ökonomen. Er kennt ihre Stadien genau und hat die bitteren Folgen für viele Amerikaner vorausgesehen. In den USA sei jedoch über viele Jahre die Kehrseite der Globalisierung, der Preis für die Flut all der billigen Waren, schlicht verdrängt worden: der zunächst schleichende, dann seit den neunziger Jahren galoppierende Verlust von Millionen von Jobs im produzierenden Gewerbe. Zwei Gründe macht Henning dafür aus, dass das schon damals nicht zu übersehende Outsourcing amerikanischer Arbeitsplätze nach Lateinamerika und Südostasien in der breiten Öffentlichkeit lange Zeit mit Gleichmut hingenommen wurde. »Die Verschiebung kam, als die US-Wirtschaft noch genug andere Jobs produzierte«, konstatiert er. Die Amerikaner, die ihren Arbeitsplatz verloren hatten, weil ihre Arbeitgeber im Ausland profitabler produzierten, fanden rasch wieder neue Jobs. Die waren zwar oft weniger gut bezahlt, aber man hatte Arbeit – bis zu der großen Wirtschaftskrise, die das Land 2007 heimzusuchen begann. »Zum anderen«, so Henning, »waren die Produktivitätszuwächse der US-Wirtschaft in der Zeit wirklich beeindruckend.« Der Boom ließ den Gedanken daran, dass die Wirtschaft den Verlust der Jobs im produzierenden Gewerbe an anderer Stelle irgendwann vielleicht nicht mehr abfedern könnte, gar nicht erst aufkommen. Im Gegenteil. »Das passierte alles in einer Phase amerikanischen Triumphalismus«, erklärt der Professor, während er Espresso am Hot Beverage Center aufbrüht. »Der Jobverlust Richtung China wurde keineswegs als Zeichen von Schwäche wahrgenommen oder als Anzeichen unserer mangelnden Wettbewerbsfähigkeit.« Vielmehr habe man darin eine unvermeidliche Begleiterscheinung des Übergangs der Wirtschaft in ein neues, moderneres Stadium gesehen, mit dem sich die USA einmal mehr an die Spitze des ökonomischen Fortschritts in der Welt katapultieren würden. Dieser Optimismus, diese Zukunftsgläubigkeit sei nun jedoch passé. »Das hat sich heute mit der Krise ziemlich verändert.«

Tatsächlich ist gerade das Reich der Mitte in den Augen von Millionen Amerikanern zum Inbegriff aller Gefahren mutiert – zum übermächtigen Konkurrenten, ja zum künftigen Feind. Wie keine zweite Nation stellt China inzwischen Amerikas Selbstbewusstsein in Frage: Seine Exportkraft ist erdrückend, und obendrein nährt seine Macht als größter Gläubiger der Nation die Sorge, erpressbar zu werden. Zugleich schüren Meldungen über Pekings fortschreitende militärische Aufrüstung samt Flugzeugträgern, dem Tarnkappenbomber J-20 und modernsten ballistischen Raketen von 1500 Kilometern Reichweite schlimmste Befürchtungen von einem unvermeidlichen

Duell der Giganten über dem Pazifik. Dass Chinas Verteidigungsausgaben (geschätzte 100 bis 150 Milliarden Dollar jährlich) nur ein Viertel des Pentagon-Haushalts ausmachen, gerät dabei meist aus dem Blickfeld.

Laut einer Umfrage des German Marshall Fund vom Herbst 2011 sehen 47 Prozent aller US-Bürger in China eine militärische Bedrohung, gar 63 Prozent deuten das aufstrebende Reich als »wirtschaftliche Bedrohung«. (Zum Vergleich: EU-Bürger reagieren gelassener. Von ihnen fühlen sich lediglich 30 Prozent militärisch und nur 41 ökonomisch von China bedroht.)

»China« ist zum Synonym für Amerikas Malaise geworden. »China« steht für den Aufstieg einer fremden Macht, für den eigenen Niedergang und für all den Anpassungsstress, den die Globalisierung insgesamt der Nation zumutet. »China« gibt dem ansonsten so anonymen Druck weltweiter Konkurrenz einen Namen. Die fünf Buchstaben identifizieren den mutmaßlichen Schurken, der mit seinen Billiglöhnen und einer künstlich unterbewerteten Währung Amerika um seine Jobs bringt: Es ist »China«, das die altehrwürdige Maschinenhalle im Mittleren Westen in eine Industrieruine verwandelt oder im Silicon Valley dem gerade erst gegründeten Solarzellen-Hersteller den Garaus macht. Jedes Jahr klafft ein riesiges Loch von rund 500 Milliarden Dollar in Amerikas Handelsbilanz, weil das Land chronisch mehr Waren importiert als exportiert. (Zum Vergleich: 500 Milliarden US-Dollar entsprechen dem Wert der jährlichen Wirtschaftsleistung von Schweden oder Belgien.) Und Jahr für Jahr geht ein größerer Anteil von Amerikas Negativsaldo auf das Konto der roten Erzkapitalisten in der Volksrepublik. 2010 waren Chinas Ausfuhren für mehr als die Hälfte des US-Handelsdefizits verantwortlich, genau genommen für 273 Milliarden von insgesamt 498 Milliarden Dollar.

China erobert Amerikas Märkte rasanter denn je – und totaler als jeder Konkurrent. Neueste Analysen des Wirtschaftswissenschaftlers David Autor vom Massachusetts Institute of Technology (MIT) in Boston zeigen: In nicht einmal zwanzig Jahren, von 1991 bis 2007, stieg der Wert chinesischer Exporte in die Vereinigten Staaten um das Elfeinhalbfache (von 26 auf 330 Milliarden US-Dollar). Kein anderer Exporteur – nicht der Nachbar Mexiko oder das nahe Mittelamerika, nicht die OPEC-Staaten mit ihrem Rohöl, nicht Deutschland oder Europa – vermag im Wettkampf um den Großkunden USA mitzuhalten. China allein verschifft jährlich höhere Warenwerte in die Vereinigten Staaten als OPEC, EU, Japan, Mexiko und Kanada zusammen.

Chinas Erfolg erinnert ältere Beobachter an den jähen Aufstieg Japans vor dreißig Jahren. Die Angst vor Asiens vermeintlich finsterer Dominanz bündelte der Schriftsteller Michael Crichton seinerzeit in seinem Roman *Rising Sun* (deutsch: *Nippon Connection*). Damals verteidigte die Weltmacht ihre drei großen Autoschmieden in Detroit, indem sie Japans Pkw-Exporte mit sogenannten Selbstbeschränkungsabkommen drosselte. Honda, Mitsubishi und Co. reagierten und errichteten riesige Werke im Süden der USA. Doch der Vergleich mit Japan hinkt, und zwar gewaltig: Chinas Exportwut bedroht nicht eine einzelne Branche oder nur eine Metropole wie die Autostadt Detroit – die ökonomische Macht der Mandarine fordert alle Sektoren der US-Wirtschaft heraus. Jeder zwanzigste Dollar im Portemonnaie – fünf Prozent aller US-Kaufkraft – fließt nach Fernost. Jeden Tag.

Die chinesische Eroberung Amerikas erfolgte in mehreren Angriffswellen. Billige Textilien, Schuhe und Lederwaren machten in den achtziger und neunziger Jahren den Anfang. Schnell kam dann Spielzeug hinzu; seit Beginn des neuen Jahrhunderts boomen nun elektrische und elektronische Geräte mit dem Siegel »Made in China«. Mittlerweile zielt Pekings Absatzstrategie auf hochwertigere Sortimente: Sogenannte Advanced Technology Products (ATPs), also PCs und Macs, Mikrochips oder etwa DVD-Spieler, machen mittlerweile ein Drittel aller US-Importe aus China aus. Laut einer Studie des unabhängigen Congressional Research Service (CRS) verachtfachte sich der Wert chinesischer Computer-Exporte in die USA seit 2000 auf rund 60 Milliarden Dollar pro Jahr; inzwischen stammen 61 Prozent aller importierten US-Computer aus dem Reich der Mitte.

Viele der strategischen Beschlüsse, die Chinas Produkten den Weg in die USA ebnen, werden nicht in Peking oder Hongkong gefällt, sondern in New York, Chicago und im Silicon Valley. In einer globalisierten Welt organisieren US-Konzerne die Herstellung ihrer Produkte multinational – und Amerikas Computerbranche sucht sich ihre Werkbänke überall in Asien. Ersonnen und entwickelt werden neue Smartphones, Konsolen oder iPads zwar meist noch irgendwo zwischen San Francisco und San Jose. Produziert wird jedoch in Fernost. Und nicht überall, wo »China« draufsteht, steckt automatisch sonderlich viel chinesische Wertschöpfung drin. Die University of California hat dies am Beispiel der Produktion eines iPods von Apple nachgezeichnet: Foxconn, ein taiwanesischer Subunternehmer von Apple, lässt die meisten Teile in verschiedenen asiatischen Ländern (darunter auch Japan) produzieren, ehe dann billige Lohnarbeiter in der Volksrepublik den iPod zusammensetzen. Schätzungsweise 144 Dollar kostet die Herstellung eines solchen iPods, doch gerade mal vier Dollar (2,8 Prozent der Wertschöpfung) entfallen auf die Endfertigung in der Volksrepublik. In der Handelsstatistik erhöht gleichwohl jeder iPod mit einem Stückwert von 144 US-Dollar das Loch in Amerikas Warenbilanz gegenüber China. Am Ende verkauft Apple sein Gerät zum Ladenpreis von 299 Dollar.

Apple hat auf diese Weise unzählige neue Jobs geschaffen – allerdings in Asien. Amerika ist einfach zu teuer. Leo Hinderey, Ökonom im unabhängigen Think-Tank der New America Foundation in Washington, beschreibt, wie Apples Geschäftsmodell funktioniert. Der Konzern, den Wirtschaftsberater von Barack Obama gern als Musterbeispiel für Innovation und modernste Wertschöpfung preisen, hat seinen Recherchen zufolge nur insgesamt gut 50 000 eigene Angestellte. Knapp die Hälfte von ihnen (25 000) arbeitet in den USA, in oft hochbezahlten Jobs vorwiegend im Management und in der Verwaltung, im Marketing sowie in Forschung und Entwicklung. Das wahre Ausmaß des Outsourcings potenzieller US-Jobs taucht in Apples Belegschaftsstatistiken dagegen niemals auf. Denn der IT-Multi bedient sich – via Foxconn – einer Heerschar von 250 000 »indirekten Angestellten«, so Hinderey, die im Auftrag des taiwanesischen Subunternehmers vorwiegend im südchinesischen Shenzhen Apple-Bestseller für den US-Markt produzieren. Leo Hinderey deutet die Causa Apple als Exempel für die gesamte Branche: »Das Silicon Valley ist ein Monster, das überwiegend Jobs exportiert und nicht einen Job schafft.« Zum Beleg verweist er auf eine Studie aus Obamas Arbeitsministerium, wonach der vermeintliche Zukunftssektor »Informationstechnologie« im Jahr 2018 weniger Menschen in den USA ernähren wird als noch 1998.

All die hell erleuchteten Fabrikhallen, in denen Apple durch Foxconn seine Kultprodukte zusammensetzen lässt, haben niemals in den Vereinigten Staaten gestanden. In oberflächlichen Statistiken werden Apples »indirekte Angestellte« in China deshalb auch in der Regel nicht als amerikanische Arbeitsplatzverluste mitgezählt. US-Wissenschaftler analysieren inzwischen aber Handelsströme je nach Branche, um all die Jobs zu addieren, die ihre Nation im Wettlauf mit dem asiatischen Riesen bereits verloren hat. Die Bilanz fällt düster aus. 2,8 Millionen amerikanische Arbeitsplätze, so glaubt Robert E. Scott vom linken Economic Policy Institute in Washington, sind seit 2001 durch Chinas Handelsoffensive vernichtet worden.

Scotts Analyse geht ins Detail. Am schwersten, so schätzt der Handelsexperte, sei Amerikas herstellendes Gewerbe (»Manufacturing«) betroffen: Sieben von zehn der an China verlorenen Jobs, also 1,9 Millionen Stellen, fielen in der Produktion weg. Das traf seit 2001, dem Jahr von Chinas Beitritt zur Welthandelsorganisation WTO, vor allem Amerikas traditionelle Arbeiter- und Mittelschicht und insbesondere Branchen, die – in Amerika wie in Europa – seit langem zu den Verlierern zählen: Baumwollfabriken (minus 37 400 Jobs), Lederwaren (minus 31 800), Textilverarbeitung (minus 54 900) und die Bekleidungsindustrie (minus 178 700). Ebenso wenig mag überraschen, dass Chinas Billigexporte Amerikas Plastik- und Gummiverarbeitung zusetzten (minus 62 000) oder die metallverarbeitende Industrie besonders hart trafen (minus 123 900). Das entspricht dem Klischee vom langsamen

Sterben der alten, schweren Industrien vor allem im sogenannten Rust Belt, dem heruntergekommenen Industriegürtel von Chicago über Cincinnati und Pittsburgh bis nach Philadelphia.

Noch dramatischer ist jedoch, was Chinas Exportgewalt inzwischen Amerikas vermeintlichem Zukunftssektor antut: Über 900 000 Jobs gingen zwischen 2001 und 2010 in der US-Computer- und Elektronikherstellung verloren. Und das wiederum erklärt, warum ausgerechnet Kalifornien tiefer als alle anderen Bundesstaaten vor China in die Knie geht: 454 600 kalifornische Jobs, so schätzt Robert Scott, sind von Chinas Exporten ausradiert worden. Auch Massachusetts, Oregon und Texas, allesamt Staaten mit viel Hightech-Industrie, sind überproportional betroffen. Dank Internet und weltweit zunehmender Vernetzung beginnt das China-Syndrom nun sogar auf US-Jobs im Dienstleistungssektor überzugreifen: 204 300 Arbeitsplätze im weiten Bereich von öffentlicher Verwaltung sind bis 2010 der chinesischen Konkurrenz zum Opfer gefallen, ebenso 173 100 Jobs im Bereich wissenschaftlicher und technischer Hilfsleistungen sowie immerhin 123 000 Stellen in den Managementetagen von US-Unternehmen.

All das sind abstrakte Zahlen – aber mit bitteren, weil konkreten Folgen. Letztere waren zum Beispiel schon vor ein paar Jahren in Tiffin zu besichtigen, einer biederen Kleinstadt von nicht einmal mehr 20 000 Einwohnern, knapp zwei Autostunden von Cleveland in Ohio entfernt. Am besten konnte man die ganz realen, menschlichen Konsequenzen der allgemeinen ökonomischen Verschiebungen damals in Local 7A sehen, dem Gewerkschaftsbüro der dortigen Keramikarbeiter, einem fensterlosen, niedrigen Raum, in dessen Mitte ein billiger brauner Konferenztisch voller Papiere stand, darum herum vier, fünf durchgesessene schwarze Kunstledersessel, an der nackten Wand ein paar stählerne Karteischränke. Als einziger Schmuck war an der Stirnseite des Raums ein Regal voller Baseballtrophäen aufgestellt – Relikte einer besseren Zeit. Noch drei Leute saßen in dem Büro, drei Gewerkschafter, die zu retten versuchten, was nicht mehr zu retten war.

Ihre Firma, American Standard, hatte Anfang 2008 Knall auf Fall die Fabrik dichtgemacht, in der sie alle mehr als drei Jahrzehnte gearbeitet hatten. American Standard war kurz vorher, 2007, von Bain Capital erworben worden, dem Investmentfonds, den der jetzige republikanische Präsidentschaftskandidat gegründet hatte. Der Fonds hatte sich darauf verlegt, Firmen mit geliehenem Geld aufzukaufen und profitabel wieder abzustoßen – und unrentable Betriebsteile zu schließen. Man musste nur in ihre Gesichter schauen – Randys resignierter Blick, Jerrys traurige Augen unter der verwaschenen Baseballkappe, Rons mutlose Miene – und wusste Bescheid: Die drei gestandenen Kerle, alle in ihren Fünfzigern, waren hilflos. Nichts konnten sie an ihrem Schicksal und dem Dutzender ihrer Kollegen ändern. Sie hatten verloren: ihren Job, die Aussicht auf eine halbwegs anständige Altersversorgung und überhaupt ihr Leben, so wie sie es kannten. Ihre Arbeitsplätze wurden praktisch über Nacht exportiert, nach Lateinamerika und nach China, wo die Asia-Pacific Division von American Standard damals allein vier Fabriken betrieb. Und nun mussten sie mitansehen, wie auch die Fabrik selbst samt Maschinen in Einzelteile zerlegt und in Gegenden dieser Welt verschifft wurde, wo die Arbeiter billig sind – und willig.

Tiffin war einst eine Boomtown in einer kraftstrotzenden Industrieregion gewesen. Zu Beginn des 20. Jahrhunderts lebten in den USA, zumindest gemessen an der Einwohnerzahl, nirgendwo mehr Millionäre als in Tiffin, allesamt Unternehmer, deren Fabriken das herstellten, was die aufstrebende Industrienation benötigte. Seit 1899 produzierte hier auch American Standard und machte seinem Namen alle Ehre: Das Unternehmen setzte wirklich den Standard in den USA, zumindest was die sanitäre Ausstattung der Nation anging: Noch immer sind seine Produkte in bestimmt der Hälfte aller Badezimmer Amerikas zu finden.

Heute jedoch sind die Fenster der Geschäftshäuser Tiffins, die in jenen stolzen Jahren an der Washington Street, der Hauptstraße des Städtchens, errichtet wurden, mit Spanplatten vernagelt. Eine städtische Verordnung, die genau dies eigentlich verbietet, lässt sich nicht mehr durchsetzen. Es sind einfach zu viele. An der Mall, dem Einkaufszentrum draußen am Stadtrand, ist die Hälfte der Läden geschlossen, die Parkplätze sind leer. Gut und gerne 500 Häuser stehen zum Verkauf. Seit Anfang der achtziger Jahre hat eine Fabrik nach der anderen geschlossen. Erst ging General Electric, dann eine Felgengießerei, eine Glashütte, eine Maschinenfabrik und, zum Schluss, American Standard.

Der Weggang von American Standard, sagt Bürgermeister Jeff Boroff, ein bescheidener, klarsichtiger Mann, sei »ein Pfeil mitten ins Herz der Stadt«. Er kann sich nur noch darum bemühen, dass die Infrastruktur in Ordnung bleibt, dass die Schlaglöcher auf den Straßen geflickt und die Abwasserleitungen erneuert werden und dass sich in den beiden neuen Industriegebieten mittelständische Unternehmen ansiedeln. Doch anstelle von 500 Arbeitsplätzen schaffen die vielleicht 50 Jobs. Und anstatt 17 Dollar zahlen sie nur 10 bis 12 Dollar die Stunde. Krankenversicherung oder Altersvorsorge, einst selbstverständlich in den Unternehmen, bieten sie nicht.

Bevor sie die Fabrik in Tiffin dichtmachten, legten die Manager von American Standard den Gewerkschaftern und der Stadt noch ein paar Zahlen vor. Als wollten sie nachweisen, was ohnehin jeder wusste: Dass ihr Unternehmen mehr Profit machen kann, und zwar indem es den Standort Tiffin, den letzten in den USA, einfach verlässt und stattdessen im Ausland produziert. Gut 27 Dollar kostete das Unternehmen die Arbeitsstunde in Ohio, nur dreieinhalb Dollar sind es in Mexiko – über die Löhne und Gewinnmargen an den Standorten in China sagten sie nichts. Als der Bürgermeister Subventionen in Millionenhöhe, auf ein halbes Jahrzehnt verteilt, in Aussicht stellte, lachten die Firmenvertreter nur. Diese Summe bräuchten sie pro Jahr, sagten sie – wenn sie in Tiffin mit Mexiko mithalten wollten. Die letzten 167 Arbeiter von American Standard in Amerika mussten also gehen, einschließlich der letzten drei Aktivisten der Keramikgewerkschaft. In den besten Tagen waren in der Fabrik, die ausgerechnet an der Wall Street liegt, der Wall Street von Tiffin, 700 Leute beschäftigt gewesen. Die letzten bauten die Anlagen ab, die daraufhin nach Mexiko, Brasilien und Costa Rica verschifft wurden.

Tiffin spiegelt die große Depression wider, die sich schleichend über Ohio gelegt hat, und bündelt all die Probleme, die den Rust Belt erfasst haben. Nach dem Ende der Schwerindustrie setzte in den vergangenen Jahren ein zweiter Exodus ein, der Auszug der verarbeitenden Industrie. Weit über eine Viertelmillion Arbeitsplätze sind in Ohio im ersten Jahrzehnt des 21. Jahrhunderts verlorengegangen, Anfang 2012 suchten 500 000 Menschen im Bundesstaat einen Job. Im selben Jahr, als American Standard Tiffin verließ, hatten noch 93 andere Betriebe vergleichbarer Größenordnung in Ohio die Produktion eingestellt. Wenn aber die Fabriken schließen, veröden die Städte. Und zurück bleiben Tristesse in den Straßen und Melancholie bei den Menschen.

Der Abschied vom Industriestandort Amerika begann Ende der siebziger Jahre. 1979 zählten die USA 19,6 Millionen Menschen, die mit ihrer Hände Arbeit Waren jeglicher Art herstellten. Bis in die späten neunziger Jahre pendelte die Zahl der Industriebeschäftigten um die 17 Millionen, dann ging es jäh bergab: Jeder Dritte, fast sechs Millionen Arbeiter, bekam den *pink slip*, die Entlassungspapiere. Nicht einmal mehr jeder zehnte Erwerbstätige verdingt sich heute noch im herstellenden Gewerbe. Der Weltmacht ist die produktive Basis weggebrochen.

Der Niedergang der heimischen Warenproduktion erklärt auch, warum die erste Dekade des 21. Jahrhunderts für Amerikas 150 Millionen Arbeitnehmer insgesamt zum verlorenen Jahrzehnt wurde: Unterm Strich hat die größte Volkswirtschaft der Welt zwischen 2000 und 2010 keinen einzigen zusätzlichen Arbeitsplatz geschaffen: Die Zahl der Erwerbstätigen (ohne den Agrarsektor) lag mit 130,26 Millionen im Dezember 2010 sogar knapp unter den 130,78 Millionen, die im Januar 2000 in Lohn und Brot standen.

Die sogenannten Nullerjahre haben zwar für ein um 17,8 Prozent gestiegenes Inlandsprodukt gesorgt, aber dies ging mit null Prozent Jobzuwachs und sinkenden Realeinkommen für die Mittelschicht einher. Diese Erfahrung erschüttert Amerikas Zuversicht: Das Land der angeblich unbegrenzten Möglichkeiten vermag seinen Bürgern keine neuen Erwerbschancen mehr zu eröffnen. Das hat es drei Generationen lang – seit der Großen Depression in den dreißiger Jahren – nicht gegeben. Noch in jeder der sechs Dekaden seit dem Zweiten Weltkrieg waren Millionen neuer Jobs entstanden: In den vierziger Jahren stieg die Zahl der Arbeitsplätze um legendäre 38 Prozent, in den Sechzigern waren es plus 31 Prozent, selbst die achtziger und neunziger Jahre meldeten noch immer 20 Prozent Zuwachs. Doch nun – null Komma null.

Drei Triebkräfte haben diesen Trend beschleunigt: Die US-Wirtschaft selbst steigert, wie erwähnt, dank technologischem Fortschritt ihre Produktivität weiterhin enorm. Von außen wiederum wirkt ein Globalisierungsdruck, der über das Internet immer häufiger auch Dienstleistungsbranchen zusetzt. Das sind langfristige Trends, die ähnlich auch in Europa wirken. Hinzu kam schließlich drittens die verheerende Wirtschaftskrise, ausgelöst durch hasadeurhaften Handel mit überteuerten Immobilien und faulen Hypotheken. Sie brachte 2007 und 2008 mehr als 8,5 Millionen Menschen um ihren Job.

Mittlerweile mehren sich allerdings die Stimmen, die Amerikas »Große Rezession« nicht nur als bloße Folge einer geplatzten »Spekulationsblase« deuten. Diese Krise hat das Land nämlich tiefer als andere Konjunktureinbrüche hinabgezogen, und Amerika braucht sehr viel länger, um sich aus diesem Loch wieder herauszuarbeiten. Zwei tiefere Ursachen gibt es dafür, und beide sind sie hausgemacht. Zum einen lebt Amerika seit zu vielen Jahren auf Pump: Erst versanken seine Bürger in Schulden; seit Ausbruch der Krise muss nun die Regierung immer neue Treasury Bonds am Kreditmarkt platzieren, um die schwächelnde Wirtschaft zu beleben. Zum anderen spaltet eine zunehmend scharfe Polarisierung am Arbeitsmarkt die Gesellschaft in Billiglöhner einerseits und Spitzenverdiener andererseits, in Arm und Reich: Das zermürbt die Mittelschicht und schwächt, wie sich aufzeigen lässt, auf Dauer die Wirtschaft und das ganze Land.

Amerikas chronische Verschuldung, die erste nationale Krankheit, begann als Privatvergnügen. Und im totalen Konsumrausch: Binnen kürzester Zeit, in den Jahren 2000 bis 2007, verdoppelten Amerikas Familien ihre privaten Schulden auf sagenhafte 13,8 Billionen Dollar. Sie trieben das Limit ihrer Kreditkarten in die Höhe (und schöpften es prompt aus), und sie beliehen ihre Eigenheime, indem sie auf deren steigenden Buchwert immer neue und immer höhere Hypotheken aufnahmen. Die Schätzwerte am Immobilienmarkt schienen in den Himmel zu wachsen. 13,8 Billionen Dollar Schulden, das war Rekord, in absoluter Höhe wie in jeder Relation. Diese Summe entsprach 98 Prozent des Bruttoinlandsprodukts. Anders gesagt: Das gesamte amerikanische Volk hätte 358 Tage lang nur für seine Gläubiger arbeiten müssen, um binnen eines Jahres seine Kredite zu tilgen. 13,8 Billionen Dollar bedeuteten auch, dass Amerikas private Haushalte nun mit 138 Prozent ihres verfügbaren Jahreseinkommens in der Kreide standen.

Möglich geworden war dieser Rausch, weil Pekings Staatsmanager und die OPEC-Länder ihre in Amerika eingefahrenen Exportmilliarden zu niedrigen Zinsen wiederum in Schuldverschreibungen des US-Finanzministeriums anlegten. Das Geld floss, nun in fremder Hand, dorthin zurück, wo es herkam. Derweil riskierten seit Ende der neunziger Jahre viele Amerikaner immer höhere Schulden, weil ihnen andere, gewohnte Wege zu mehr Konsum verwehrt waren. Früher, bis etwa Ende der siebziger Jahre, hatten alle Schichten mit recht gleichmäßig steigendem Einkommen am Wachstum von Produktivität und Sozialprodukt teilgehabt. Dann jedoch war dieser *fair deal* geplatzt: Seit 1980 stieg das Realeinkommen von Arbeiter- und Mittelschicht kaum noch. Die Zuwächse landeten fast ausschließlich beim reichsten Fünftel der Bevölkerung. Eine Zeitlang hatte die Mittelschicht dies dadurch kompensiert, dass immer mehr Frauen zum Familieneinkommen beitrugen. Die Erwerbsquote verheirateter Frauen stieg von 12 Prozent in den sechziger Jahren auf 55 Prozent Ende der neunziger. Nun aber, zur Jahrtausendwende, war mehr Konsum für sie nur mehr auf Pump zu haben.

Das Ende vom Lied ist bekannt. Die Immobilienblase platzte, ungedeckte Hypotheken zwangen Millionen US-Familien zum Offenbarungseid – und die Vereinigten Staaten erlitten, was die Analysten vom McKinsey Global Institute »die erste vom Verbraucher verursachte Rezession seit dem Zweiten Weltkrieg« nennen: Schreckstarre und Kaufangst, mit durchschnittlichen Umsatzeinbußen in Kaufhäusern und Shopping Malls von minus 34 Prozent um Weihnachten 2008. Inzwischen ist der Niedergang sogar amtlich vermerkt, dank der Daten des Census Bureau: Von Ende 2007 bis Mitte 2011 verlor eine Familie der amerikanischen Mittelschicht im Schnitt ein Zehntel ihres realen Einkommens.

Ein Fiasko. Weil die Verbraucher streikten und die Banken den Kredithahn zudrehten, ging 2009 die Angst vor einer zweiten Depression um. Der Staat musste einspringen und Geld in die Wirtschaft pumpen. Obamas 787 Milliarden Dollar teurer »Stimulus«, das aufwändigste Konjunkturprogramm aller Zeiten, ist naturgemäß schuldenfinanziert - und so wurde China endgültig der größte ausländische Gläubiger der US-Bundesregierung: Treasury Bonds und Bills im Wert von 1,2 Billionen Dollar - mithin jedes vierte Schuldpapier, welches das US-Schatzamt an Ausländer verkauft hat - lagen im Herbst 2011 in chinesischen Tresoren. Zusammen mit anderen US-Schuldtiteln dürfte China sogar 2,2 Billionen von in Dollar denominierten Währungsreserven besitzen. Pekings rote Wirtschaftsstrategen mussten 2009 und 2010 nachkaufen, weil andernfalls ihr Yuan deutlich aufgewertet worden wäre und Chinas Exporte sich massiv verteuert hätten. US-Ökonomen schätzen, dass der Yuan zur Jahreswende 2011/12 gegenüber dem Dollar 28,5 Prozent zu billig ist - eine enorme Absatzsubvention in Form eines künstlich niedrig gehaltenen Wechselkurses. Einen gehörigen Teil dessen, was Peking nun Washington an Kredit gewährt, holt es - per sattem Preisvorteil beim Export - auf Amerikas Gütermärkten sofort wieder rein.

Die Weltmacht steckt in der Klemme. »Wie tritt man hart gegenüber seinem Banker auf?«, hat Hillary Clinton, die US-Außenministerin, sich selbst (und einen australischen Gesprächspartner) bereits im März 2009 gefragt. China, die »unvermeidliche Supermacht«, wie das außenpolitische Fachblatt *Foreign Affairs* formuliert, scheint die USA in allen Belangen auszustechen. Im Jahr 2012 dürfte das Riesenland die USA endgültig als weltweit größten Industrieproduzenten ablösen, und laut IWF-Prognose wird das Reich der Mitte den Vereinigten Staaten 2016 auch den Rang als größte Volkswirtschaft der Welt (gemessen in Kaufkraft-Paritäten) ablaufen. Washington bleibt ein anderer Titel: Schulden-Weltmeister.

Amerikas erste Krankheit - die wuchernde private wie

öffentliche Verschuldung – hat zur zweiten Malaise beigetragen, zur Zerrüttung der Mittelschicht und zur verschärften sozialen Spaltung der gesamten Gesellschaft. Aber Bankenpleite und Immobilienkrise, Massenarbeitslosigkeit und Stagnation haben gleichsam das Fieber nur erhöht. Angeschlagen, geschwächt von strukturellen Mängeln und Fehlentwicklungen war die US-Wirtschaft schon vorher. Und begonnen hat die Krankheit zu Zeiten, die viele Amerikaner rückblickend als die fetten neunziger Jahre verklären.

Die Nullerdekade mit Null-Job-Wachstum ist wegen des tiefen Absturzes Ende 2008 und Anfang 2009 als Amerikas »verlorenes Jahrzehnt« in die Annalen eingegangen. Dabei schien der amerikanische Traum von immerfort mehr Wohlstand und einer allzeit besseren Zukunft für Kinder und Enkel von Beginn der neunziger Jahre bis weit in die Mitte des nächsten Jahrzehnts hinein Wirklichkeit zu werden: Sage und schreibe 27,3 Millionen zusätzliche Arbeitsplätze (ein Plus von 22 Prozent) entstanden in dieser Ära. Eine rückblickende Analyse des Nobelpreis-Ökonomen Michael Spence offenbart jedoch: All dieser Segen konzentrierte sich (zu 97,7 Prozent!) auf jene Sektoren der US-Wirtschaft, die keiner internationalen Konkurrenz ausgesetzt waren. Jene Sparten der US-Ökonomie hingegen, die sich asiatischer oder europäischer Exportkonkurrenz erwehren mussten, schufen unter dem Strich schon vor der Großen Rezession so gut wie keine neuen Arbeitsplätze. Die beiden größten Jobmotoren Amerikas zwischen 1990 und 2008 waren nämlich das Gesundheitswesen und der öffentliche Dienst. Zusammen sorgten diese beiden Sektoren für 10,4 Millionen neue Jobs. Allerdings, so warnt Michael Spence, sei dies kein Wohlstandspfad, den das

Land weiter so verfolgen könne: Staatsverschuldung und Sparzwänge würden es künftig nicht zulassen, noch mehr Verwalter oder Polizisten, immer mehr Ärzte, Schwestern und Pfleger einzustellen. Und auch die meisten anderen Branchen mit bisherigen Arbeitsplatzzuwächsen – der Einzelhandel, das lokale Handwerk, das Baugewerbe und der Tourismus – würden nur noch vor sich hin dümpeln: Diese Sektoren hätten lange Jahre von auf Pump finanzierter Nachfrage profitiert, aber nach der Finanzkrise seien deren Aussichten Spence zufolge »trüber«.

Was aber geschah unterdessen in jenem Teil der Wirtschaft, der sich mit amerikanischem Erfindergeist und innovativer Hightech auf den Weltmärkten behaupten sollte? Sehr viel – und doch im Endeffekt fast nichts, lässt sich Spence' ambivalente Antwort zusammenfassen. Mega-Banken und Versicherungs-Multis, globale Unternehmensberater wie auch die Entwickler großer Computersysteme boomten und schufen jede Menge hochbezahlter Topjobs. Gleichzeitig kosteten jedoch der Niedergang der heimischen Industrie und die Verlagerung vieler Fabriken in Niedriglohnländer – wie zum Beispiel in Tiffin – Millionen US-Arbeitnehmern ohne Collegeabschluss ihre minderqualifizierten Jobs. Etliche fanden nur noch in schlecht bezahlten Billigjobs ein neues Auskommen – als Verkäufer, als angelernte Makler für Versicherungen oder Immobilien, als Schnellköche in den Filialen boomender Fast-Food-Ketten.

Über zwanzig Jahre hinweg ist so eine zunehmend zweigeteilte Wirtschaft herangewachsen. In beiden Bereichen – im vor internationaler Konkurrenz gefeiten Sektor wie im »Handelssektor« – stieg zwar jeweils die Wertschöpfung, aber das geschah auf sehr unterschiedliche

Weise: Während im geschützten Sektor das Arbeitsvolumen wuchs, stagnierten dort die Produktivität und damit Löhne und Gehälter. Derweil schuf der Handelssektor zwar keine zusätzlichen Jobs, aber hier steigerte der Druck zu immer spezielleren Fähigkeiten und hochwertigeren Dienstleistungen enorm die Produktivität und den Mehrwert jedes verbleibenden Arbeitsplatzes. Einfache Fabrikjobs dagegen gab es immer weniger. Im Ergebnis entstanden zwei Lager: auf der einen Seite viele Menschen mit niedrigem und auf der anderen Seite einige wenige mit hohem Einkommen. Unterm Strich jedoch bietet die Volkswirtschaft ihrem Volk zu wenig Arbeit, Lohn und Brot, und das auf absehbare Sicht. »Bedeutende Beschäftigungsprobleme sind in der nahen Zukunft gewiss«, lautet die Arbeitsmarktprognose des Nobelpreislaureaten Spence.

Dabei gibt es Zeichen der Hoffnung, sogar in Ohio. In North Canton, gut 150 Kilometer östlich von Tiffin, hat man im Sommer 2011 die alte Fabrikhalle wiedereröffnet, in der einst die Firma Hoover ihre Staubsauger produzierte. Nun will das Unternehmen EdenPure dort Elektroöfen, Luftfilter und – ja, auch dies – Staubsauger zusammensetzen lassen, die bisher in China montiert wurden. Ben Suarez, der mit einem Versandhandel Millionen verdient hat, erfüllt sich so einen Traum. Er stammt aus North Canton. »Ich wollte immer schon Jobs in meine Heimatstadt zurückbringen«, gibt er zu Protokoll.

250 Jobs wird diese Wiedergeburt der Stadt bescheren. Doch der Investor hat nicht nur Heimweh – er hat auch scharf kalkuliert. Es dauerte oft einfach zu lang, etwa die Heizlüfter pünktlich zum Kälteeinbruch über den Pazifik bis in Amerikas Supermarktregale zu bringen. Und als dann obendrein die Lohnkosten in China stiegen, hat

Suarez die Jobs repatriiert. Immerhin 300 000 Industriejobs sind in den USA seit Anfang 2010 neu entstanden, weshalb Marktforscher bereits glauben, einen Trend ausmachen zu können: Eine »Manufacturing Renaissance« sieht beispielsweise die Boston Consulting Group für den Fall voraus, dass Chinas Löhne weiter steigen und Peking zudem endlich den Yuan aufwertet. Das könne die Vereinigten Staaten dann »zu einem der billigsten Standorte in der entwickelten Welt machen«.

Die USA als Billigproduzent - ist das die Zukunft? North Canton hat keine andere. Suarez zahlt maximal 8,50 Dollar die Stunde, ohne Krankenversicherung. Ehe Hoover 2007 wegzog, hatte man hier 20 Dollar verdient. Ganz Ähnliches vollzieht sich auch bei Chrysler in Detroit: Dort stimmte die Gewerkschaft im September 2011 einem Tarifvertrag zu, der in einer ersten Welle 900 Arbeiter zurück ans Fließband gebracht hat - allerdings zum halben Lohn. Neue Mitarbeiter bekommen 14 Dollar die Stunde, die Alteingesessenen das Doppelte. Auf Chryslers Warteliste finden sich die Namen von 10 000 Bewerbern. Auch in North Canton stehen die Leute Schlange. Sie sei anfangs »etwas enttäuscht gewesen vom Lohn«, gibt eine schwarze EdenPure-Angestellte zu. Aber eine Wahl hatte die Mittfünfzigerin nicht, sie war arbeitslos: »Es ist besser als nichts. Und vielleicht kann ich mich hocharbeiten.«

Die guten alten Industriejobs bei Hoover waren typisch für die Mittelschicht: solide bezahlt, inklusive Krankenversicherung und einem Zuschuss zum Rentensparplan. EdenPure ist die neue Welt, voller *working poor*, also Menschen mit einem Job, der so wenig abwirft, dass der Arbeitnehmer samt seiner Familie nicht die statistische Armutsgrenze überwindet. Der Gesellschaft bricht so die

Mitte weg, und der MIT-Ökonom David Autor hat diesen Massentrend zur »Polarisierung des Arbeitsmarktes« in einem Koordinatensystem anschaulich nachgezeichnet. Dazu trägt er an der vertikalen Achse die Zuwächse (oder Verluste) bei der Gesamtzahl der Beschäftigten ein, und entlang der Waagerechten steigen von links nach rechts Ausbildung und typisches Gehalt der Berufsgruppen. Die Kurve, die dabei entsteht, ist ein Abbild der amerikanischen Gesellschaft: ein breites, ausgebeultes U. Die Ränder links und rechts, also ganz Arme und sehr Reiche, nehmen rapide zu, wohingegen in der Mitte immer weniger Menschen übrigbleiben.

Die immer einsamere Mitte – das war der Industriearbeiter im Blaumann, der Buchhalter mit Ärmelschoner. Am linken Rand von Autors Grafik finden sich die Millionen Ungelernten, die pro Stunde karge 7,25 Dollar verdienen, Amerikas gesetzlichen Mindestlohn: der Verkäufer im Supermarkt, die Putzfrau im Motel, der Packer im Versandhaus. Menschen mit Mac-Jobs eben, benannt nach der Fast-Food-Kette, die ihren Burgerbratern Niedrigstlöhne zahlt. Wer Glück hat und kellnert, kriegt noch ein Trinkgeld. Der aufsteigende rechte Rand von Autors U-Kurve repräsentiert wiederum das privilegierte Drittel der Gesellschaft – das einzige, das (gewappnet mit einem College-Bachelor, einem Masterdiplom oder gar einem Doktortitel von der Uni) in den vergangenen dreißig Jahren überhaupt noch steigende Realeinkommen verzeichnen konnte. Verschärft wird die neue soziale Schieflage in David Autors U-Gesellschaft noch dadurch, dass nur 44 Prozent all der billigen Arbeitsbienen im Dienstleistungssektor vom Chef krankenversichert werden (in der Industrie lag diese Quote einst bei 81 Prozent).

Das ist der ernüchternde Trend. Und dieser wird einer Prognose des US-Arbeitsministeriums zufolge weiter anhalten: Von jeweils hundert neuen Arbeitsplätzen, die bis 2018 entstehen, werden 53 billige Mac-Jobs sein gegenüber 31 hochbezahlten Stellen, die mindestens einen Collegeabschluss verlangen. Für die breite Mittelschicht dazwischen - die Millionen Menschen mit Highschoolabschluss und allenfalls abgebrochenem Collegestudium - bleiben von 100 Jobs nur jeweils 15 mit solidem Einkommen übrig. Amerika verliert seine Mitte, jeden Tag mehr.

Diese Tendenz zur Polarisierung von Jobs, Einkommen und gesamter Gesellschaft ist kein ausschließlich amerikanisches Phänomen. Auch in Europa ordnen technischer Fortschritt, Internet und Globalisierung die Arbeitswelten neu. Nur wird dort der Anpassungsstress stärker abgefedert. Die Krankenversicherung ist seit langem für alle Arbeitnehmer obligatorisch und vor allem nicht - wie in den USA - an den konkreten Job gekoppelt. Wer in Amerika die Stelle wechselt oder verliert, muss sich eine neue Police sichern - oder kann sich keinen Schutz mehr leisten. Die US-Arbeitslosenhilfe ist vergleichsweise kümmerlich, und weil Zuschüsse für Erziehung und Bildung der Kinder, für die eigene Altersvorsorge und Gesundheit nur per Steuernachlass geleistet werden, gehen Billigverdiener (mit keiner oder nur niedriger Steuerlast) meist leer aus. Und jeder vierte amerikanische Einkommensmillionär kommt mit einem niedrigeren Steuersatz davon als Millionen von US-Familien, die weniger als 100 000 Dollar im Jahr verdienen. Laut einer OECD-Studie von 2008 leisten die USA weit weniger als alle anderen westlichen Staaten, um die Ungleichheit des Marktes mit Hilfe von Steuersystem und Sozialtransfers zu korrigieren: Amerikas Marktwirtschaft produziert das größte Maß an Einkommensungleichheit aller Industrieländer – und die US-Steuer- und Sozialgesetze leisten am wenigsten, um dies per sozialstaatlicher Umverteilung zu korrigieren.

Längst nicht mehr nur linksliberale Vordenker wie Robert Reich, der Wirtschaftsprofessor aus Berkeley und frühere Arbeitsminister von Bill Clinton, sehen in dieser Entwicklung eine Gefahr für Amerikas innere Stabilität. Auch zwei Ökonomen des Internationalen Währungsfonds (IWF), einer des Sozialismus vergleichsweise unverdächtigen Institution, gelangen zu dem Schluss: Die sozioökonomische Schieflage der Weltmacht schwächt deren Fortschritt und Wachstum. Andrew Berg und Jonathan Ostry weisen das klassische Argument konservativer Ökonomen zurück, wonach die Einkommensverteilung unwichtig sei, weil mit der steigenden Flut, also mit mehr Wachstum insgesamt, große wie kleine Boote (Arm und Reich) nach oben gehoben würden. Berg und Ostry entwickeln das Sprachbild stattdessen in ihrem Sinne weiter: »Stellen wir uns eine Flotte von tausend Schiffen vor, deren Bootslänge jeweils das Familieneinkommen der Haushalte in den USA widerspiegelt. Demnach war das durchschnittliche Schiff Ende der siebziger Jahre ein 12 Fuß [4 Meter] langes Kanu, und die größte Yacht war 250 Fuß lang«, schreiben die IWF-Ökonomen. Und heute? »Dreißig Jahre später ist das durchschnittliche Boot mit 15 Fuß zwar etwas geräumiger. Aber die große Yacht würde mit ihren inzwischen mehr als 1100 Fuß Länge selbst die *Titanic* in den Schatten stellen.« Wenn ein paar Yachten zu Ozeanriesen würden, während der Rest bescheidene Kanus blieben, dann sei »etwas faul« im Staate Amerika.

Berg und Ostry haben die aktuellen Verhältnisse vermessen und sehen große Ähnlichkeiten mit den Zuständen Ende der zwanziger Jahre vor dem großen Börsencrash und der Depression. Genauso argumentiert Robert Reich, der ehemalige Minister: 1928 habe das reichste Hundertstel 23,9 Prozent des nationalen Einkommens kassiert, so viel wie in den folgenden 79 Jahren nicht mehr. 1976 waren es nur noch 8,9 Prozent. Im Jahr 2007 jedoch, unmittelbar bevor die Immobilien- und Spekulationsblase platzte, habe der Anteil des reichsten Hundertstel am US-Volkseinkommen wieder bei 23,5 Prozent des US-Volkseinkommens gelegen. Die Hautevolee kassiert, die Wirtschaft kollabiert - ein Zufall? »Nein!«, ruft Robert Reich, genau dies sei der Grund für die Malaise. Seit dem Ende der siebziger Jahre verneige sich die Politik nur vor der Macht des Marktes, dereguliere und privatisiere, verringere die öffentlichen Investitionen (in Relation zum Sozialprodukt) und senke die Steuern für die reichere Hälfte im Land. Ebendas, da ist sich Reich sicher, habe die Nation in die Große Rezession geführt. Und einfach so weiterzumachen sei gewiss nicht der Ausweg: »Amerikas Wirtschaft kann aus ihrer gegenwärtigen Flaute nicht ohne eine Strategie herauskommen, die die Kaufkraft der breiten Mittelschicht wiederbelebt. Die Nachfrage der reichsten fünf Prozent allein wird keinen ›Circulus virtuosus‹ erzeugen, der mehr Jobs und höheren Lebensstandard schafft.«

Diese neue Wirklichkeit, diese Zweiteilung in *the rich and the rest*, in die Reichen und den Rest, hat längst ihr Etikett: »Plutonomie« hat ein Analystenteam der Citigroup diese Wirtschaft getauft, in der das bestgestellte Hundertstel jedes Jahr so viel verdient wie die unteren 60 Prozent der Gesellschaft zusammen. Auf diese Oberschicht, die zugleich 90 Prozent allen Vermögens in den USA kontrolliere, komme es allein an. Der Rest, immerhin 99 von 100, sei Nebensache. »Wirtschaftliches Wachstum wird angetrieben und weitgehend konsumiert von den vermögenden Wenigen«, schrieb im Jahr 2005 Ajay Kapur, damals leitender »Globalstratege« der Citigroup. Knapp drei Jahre vor Ausbruch der Weltfinanzkrise glaubte Kapur, diese neue Ordnung sei stabil und zukunftsträchtig: »Die Erde wird getragen von den muskulösen Armen dieser Unternehmens-Plutokraten«, die sich geschickt, kreativ und oft auf Pump den rasenden technologischen Wandel in der Weltwirtschaft zunutze machten. Die entlassenen Arbeiter im Rust Belt von Ohio mögen die Globalisierung als Feind betrachten – die Plutokraten aber machen sich die Weltwirtschaft zu eigen. Oder wenigstens zu Diensten.

Dann kam der Crash, und die schöne neue Welt dieser Plutonomie schien einzubrechen. Oder etwa nicht? Eine Zwischenbilanz zwei Jahre nach Ausbruch der Immobilien- und Finanzkrise sah durchaus alle Schichten Amerikas als Verlierer. Haushalte mit geringem Einkommen hatten nicht mehr viel einzubüßen, und doch sank ihr Vermögen noch einmal um sieben Prozent. Eine typische Mittelschichtfamilie traf es weitaus härter: Sie musste fast ein Viertel ihres Vermögens in den Wind schreiben (minus 23 Prozent), vor allem weil der Wert ihres Eigenheims in den Keller gegangen war. Das obere Viertel der Gesellschaft kam hingegen relativ glimpflich davon: Weil hier die Anlageportfolios weniger vom Häusermarkt abhängig und insgesamt robuster waren, verloren die reicheren Stände lediglich 12 Prozent ihres Vermögens.

Die Plutonomie lebt also fort. Jener Teil der Lehre der Citigroup-Analysten, wonach die Wirtschaft fortan mehr denn je vom Konsum der Oberschicht abhängen werde, scheint sich nach der Krise zu bewahrheiten. Der Beweis? Seit dem Frühjahr 2010 boomt der Absatz von Luxusgütern wie nie zuvor. Die hochpreisigen Boutiquen und Edelkaufhäuser in New York und Chicago, in Washington, Seattle oder San Francisco melden steil steigende Umsätze. Mitte 2011 etwa beeindruckte Tiffany's, Amerikas Traditionsjuwelier, mit satten 30 Prozent mehr Erlös. Und Howard Schultz, der Chef der Kultkaffeekette Starbucks, wirkt fast verlegen angesichts seines Profitplus in Krisenzeiten. »Die Wirtschaft hat sich aufgegabelt«, sagte er Ende 2011 in einem Interview bei CNN. »Auf der einen Seite haben wir neun Prozent Arbeitslosigkeit, auf der anderen Seite erlebt Starbucks sein bestes Jahr. Das sind Ausgaben für Luxus, bezahlbaren Luxus. Es gibt einfach zwei Typen von Verbrauchern.« Die Reichen und Besserverdienenden leisten sich Latte macchiato und Caffè Latte wie eh und je.

Die Armen und die Normalverdiener bleiben draußen. Die Reichen shoppen unter sich. Pumps von Neiman Marcus zu 775 Dollar das Paar sind ausverkauft, und wer stolze 9100 Dollar für den Tweedmantel von Chanel spendieren will, muss seinen Namen auf eine Warteliste setzen lassen. Auch deutsche Autos, für Amerikaner ein Statussymbol, rollen schneller denn je aus dem Showroom: Mercedes, Porsche und BMW melden Umsatzzuwächse. Marktanalysten erklären die wiedererstarkte Gier nach Hochpreisigem mit den seit 2008 gestiegenen Aktienkursen. Der Luxusshopper sei vor wie nach dem Crash »der Schlüssel – denn die obersten fünf Prozent aller Einkommen stellen ein Drittel aller Kaufkraft, und die Top 20 Prozent machen 60 Prozent allen Konsums aus«, erklärt Mark Zandi, der Chefvolkswirt von Moody's Analytics.

Die Wirtschaft reagiert auf die Spaltung der Gesellschaft, die der Markt geschaffen hat. Discounter wie Walmart oder Costco führen kleinere Packungen ein, weil ihre Kunden mehr denn je auf den Penny schauen und weniger auf Vorrat kaufen. Um ihrer Kundschaft auf der Spur zu bleiben, fächern mehr und mehr Hersteller ihre Produktpalette auf: Sie kreieren Billigmarken für die Armen und liefern ihre teureren, hübscher drapierten Varianten nur noch an Läden in den besseren Vierteln aus.

Ein Paradebeispiel für diese Aufspaltung ist Procter & Gamble (P & G), jener uramerikanische Konsumgüter-Multi, der stolz von sich behauptet, dass sich in 98 von 100 US-Haushalten mindestens eines seiner Produkte finden lasse. Am Aufstieg all der Millionen amerikanischer Arbeiter und Angestellter in Amerikas Mittelschicht während der fünfziger und sechziger Jahre hat P & G Milliarden verdient; das Waschmittel »Tide«, die Zahncreme »Crest« und der Bodenreiniger »Mister Clean« (zu deutsch: »Meister Proper«) regierten im neuen Suburbia. P & G ist ein Weltkonzern mit großen Ambitionen, vor allem in den boomenden Volkswirtschaften Ostasiens. Amerika bleibt jedoch der Stammmarkt: In China kommt der Multi bisher auf vier Dollar Umsatz pro Kopf der Bevölkerung; dagegen kauft jeder US-Bürger pro Jahr für 96 Dollar P & G-Produkte.

Doch 2008 erschütterte die Wirtschaftskrise alle Gewissheiten bei P & G. Plötzlich wurden die Stammkunden untreu: Amerikas Mittelschicht, geplagt von überzogenen Kreditkarten, hoher Hypothekenschuld und drohender Arbeitslosigkeit, drehte ihr Geld zweimal um – und griff im Supermarkt nicht mehr automatisch nach »Dawn« und »Charm«, den vielbeworbenen P & G-Marktführern bei Spülmitteln und Klopapier, sondern häufig nach billige

Konkurrenzprodukten. Im Jahr 2009 musste der Konzern Umsatzeinbußen verkraften – ein Schock. »Wir waren zum Umdenken gezwungen«, erklärte Melanie Healey, die Chefin von P & G's Nordamerika-Sektion, dem *Wall Street Journal.* »Wir mussten neu denken, um mit unserer Produktpalette das obere und das untere Ende des Marktes abzudecken.« Healey glaubt, dass diese Spaltung ihrer Kundschaft keine vorübergehende Erscheinung ist: »Das wird so bleiben.«

Seit Herbst 2009 fährt P & G vermehrt zweigleisig: Von ein und demselben Produkt gibt es immer häufiger eine Spar- und eine Luxusvariante. Spülmittel? Da steht »Dawn Hand Renewal Soap« für Reiche im Regal, weiter unten findet sich, zum halben Preis, simples »Gain« für die Ärmeren. Waschmittel? »Tide« für Wohlhabende, »Cheer« zum Sparen. Küchenpapier? »Bounty« oben, »Bounty Basic« unten. Und so weiter, bis zur Babywindel, wo die Umsätze der edlen »Pampers« seit 2008 hinter den Zahlen der konzerninternen Billigkonkurrenz »Luvs« hinterherhinken. Zur Begründung verweisen die P & G-Strategen auf den Gini-Koeffizienten, also auf jene statistische Kennziffer, die die Einkommens(ungleich)-verteilung einer Volkswirtschaft misst: Da hätten die USA inzwischen einen Wert ähnlich wie Mexiko oder die Philippinen, was sich bisher niemand habe ausmalen können. P & G aber diversifiziert auch im hochpreisigen Sortiment: Die neueste Variante der Hautcreme »Olay Pro-X« kostet im Starter-Kit über 60 Dollar (gegenüber bisher maximal 25 Dollar). Und vom Gillette-Rasierer gibt es jetzt eine neue, ein Drittel teurere Luxusvariante »Fusion ProGlide«, welche die Bartstoppel der Reicheren angeblich noch glatter schneidet.

Politisch hat die Plutonomie ebenfalls Folgen. Die Proteste der konservativen Tea-Party-Bewegung speisen sich auch aus dem Verlangen, es »denen da oben« zeigen zu wollen. Washington und Wall Street werden von vielen Rechtsaußen als eine Mischpoke wahrgenommen: All die Milliarden, die erst George W. Bush und dann Barack Obama mobilisierten, um per Bail-out New Yorks Banken und die Autoschmieden in Detroit mit Staatskrediten vor dem Untergang zu bewahren, erscheinen da als Selbstbedienung der Reichen und Mächtigen auf Kosten der kleinen Leute. Das Ganze ist freilich mehr ein Kultur- als ein Klassenkampf: Der Zorn richtet sich gegen die politischen Eliten, gegen Obama und den Kongress – nicht gegen Unternehmer, Markt oder gar Kapitalismus (weshalb die Tea Party etwa Steuer- und Sozialkonzepte vertritt, die die soziale Ungleichheit rigoros verschärfen würden). Unterdessen hat die neue Wut aufseiten der Linken, die seit dem Herbst 2011 aufflackert und sich in den Märschen zur »Besetzung der Wall Street« (*Occupy Wall Street*) in New York und anderswo entlädt, zwar ein klares Feindbild: die Millionäre und Milliardäre – das oberste Hundertstel eben. »Wir sind die 99 Prozent«, lautet ihr stolzer Slogan. Der bunte Protest ist Ausdruck eines Frustes unter anderem über Barack Obama, der als Kandidat die Welt verändern wollte, ehe er als Präsident zu oft nur ein Gefangener der Verhältnisse war. Ein Programm aber, gar einen Weg aus Amerikas Dauerkrise kennen die Wall-Street-Besetzer ebenso wenig.

Washington konzentriert sich derweil mehr und mehr auf China. Jedes Jahr neu und alle zwölf Monate schärfer formulieren Abgeordnete und Senatoren bittere Resolutionen, die dem Reich der Mitte Protektionismus vorwerfen, mit Strafzöllen drohen und vor allem fordern, Peking solle endlich seine Währung aufwerten. Barack Obama bekundet, ähnlich lauwarm wie vor ihm George W. Bush, Verständnis für die antichinesischen Aufwallungen und verlangt, das Reich der Mitte solle sich für mehr Importe »Made in America« öffnen. Bis 2015 will Obama die US-Exporte gegenüber 2010 weltweit verdoppeln. Dazu muss er Chinas Riesenmarkt aufbrechen. Allein, viele Hebel hat der US-Präsident dafür nicht. Die Regierung kann keine Eskalation zum Handels- und Währungskrieg riskieren – nicht mit ihrem größten Lieferanten, der zugleich ihr mächtigster Gläubiger ist.

In seiner Not geht Amerika nun neue Wege. US-Krisenregionen wie auch Privatfirmen schicken reihenweise PR-Experten nach Fernost, um in Schanghai, Peking oder Hongkong reiche chinesische Familien für eine Investition in den Vereinigten Staaten zu begeistern. Die Werbeprospekte versprechen nicht nur Profite und niedrige Steuern. Sie verheißen, per Green Card, sogar eine neue Heimat: Wer mindestens 500 000 Dollar in eine Milchfarm in Iowa, einen Vergnügungspark in Florida oder in ein Kasino in Maryland steckt und dabei wenigstens zehn Arbeitsplätze schafft, der darf (samt Kind und Kegel) auf Dauer in den Vereinigten Staaten bleiben. Das Visa-Programm mit dem bürokratischen Titel »EB-5« dümpelte zwanzig lange Jahre vor sich. Jetzt, in Amerikas tiefster Krise, boomt es – mit mehr als 3800 Anträgen aus aller Welt im US-Haushaltsjahr 2011. Amerikas Plutonomie baut auf Zulauf. Von Plutokraten.

LAST DER KRIEGE

Die menschlichen und wirtschaftlichen Kosten der Militäreinsätze zehren das Land aus

Clay Hunt haben wir nie kennengelernt. Als wir zum ersten Mal von ihm hörten, war er schon tot. Er hatte sich in seinem kleinen Apartment in Sugar Land, einem Vorort der texanischen Ölmetropole Houston, eine Kugel in den Schädel gejagt. Das war im März 2011. Er ist 28 Jahre alt geworden.

Im Leben muss Clay ein zupackender junger Kerl gewesen sein. Ein Mensch mit einem ansteckenden Lachen, selbst nach all dem, was er durchgemacht hatte. »Schon als Kind wollte er immer eine Aufgabe haben. Und er wollte sie gut machen.« So schildert ihn seine Mutter, Susan Selke, eine tapfere, brünette Frau von Mitte fünfzig, die dem Tod ihres Sohnes wenigstens ein bisschen Sinn abgewinnen will: Selke kämpft für eine bessere Betreuung traumatisierter amerikanischer Kriegsheimkehrer – so wie Clay Hunt einer war. »Für mich ist Clay ein Opfer der Kriege in Afghanistan und im Irak«, sagt sie, »nur dass er hier starb und nicht irgendwo in der Fremde. Aber er starb wegen dieser Kriege.«

Clay Hunt war die Vergangenheit einfach nicht losgeworden. Zwei lange Jahre hatte der Kriegsveteran mit den Dämonen in seinem Inneren gerungen, sich aufgebäumt gegen Albträume und Flashbacks, die ihn nach seinen Einsätzen heimsuchten. Der Stabsgefreite hatte miterleben müssen, wie im Irak und in Afghanistan der Reihe nach vier seiner engsten Kameraden erschossen oder von Granaten zerfetzt wurden. Ihn selbst verfehlte die Kugel eines *sniper* haarscharf. Nach der Heimkehr plagten Clay nicht nur die grausigen Erinnerungen, sondern auch Selbstvorwürfe: Er hatte überlebt – und seine Kumpel nicht.

Er versuchte alles. Ging in Therapie, fand wieder die Nähe zu seiner Familie, erschloss sich eine neue Aufgabe bei Team Rubicon, einem kleinen Veteranenverband in Kalifornien, der sich in Katastrophengebieten engagiert. Im Januar 2010 schlug er sich spontan mit ein paar Kameraden über die Dominikanische Republik nach Haiti durch, um im erdbebenzerstörten Port-au-Prince zu helfen. »Da konnte ich auf einmal wieder gebrauchen, was ich bei den Marines gelernt hatte«, schrieb er später auf der Webseite von Team Rubicon. »Ich war an der Seite von Kameraden und konnte Menschen helfen, die unsere Unterstützung dringend benötigten. Das hat meinem Leben wieder einen Sinn gegeben, und ich hatte auf einmal wieder die Hoffnung, dass es irgendwo auf dieser Welt doch einen Platz gibt, wo man mich braucht.«

So schrieb er, hilfeheischend, weil er nach all den Kriegsjahren noch immer einen Platz im Leben suchte. Eine Weisheit aus Tolkiens *Herr der Ringe* hatte er sich in seine linke Armbeuge tätowieren lassen, als habe er sich so gegen die Schatten wappnen wollen, die weiterhin seine Seele bedrängten: »Nicht jeder Verirrte verliert sich.« Doch am Ende war Clay Hunt verloren.

Viele Veteranen der jüngsten Feldzüge Amerikas leiden wie Clay unter PTBS, posttraumatischen Belastungsstörungen, die ihnen ihr Leben in der Heimat zur Hölle machen. Einschlägigen Studien zufolge haben bis zu 20 Prozent aller Kriegsheimkehrer PTBS-Symptome – was eine eher vorsichtige Schätzung sein dürfte. Man könnte auch einfach sagen: Alle diese meist jungen Menschen stehen unter dem Schock dessen, was sie erlebt oder gar selbst angerichtet haben. Niemand von ihnen wird diesen Krieg je wieder los. Fast eine Volkskrankheit dürfte es werden, angesichts der weit mehr als zwei Millionen Soldaten, welche die USA inzwischen in den Irak und nach Afghanistan geschickt haben: eine neue Generation der Gezeichneten in Amerika, die *Generation 9/11*.

Die Zahl der Selbstmorde in ihren Reihen ist alarmierend hoch: Nicht weniger als achtzehn Kriegsheimkehrer nehmen sich Tag für Tag in den USA das Leben, so die offiziellen Statistiken. Das sind innerhalb eines Jahres mehr als alle bisherigen US-Kriegstoten in Afghanistan und Irak zusammen. Einer von fünf Selbstmördern in Amerika ist ein Veteran. Dabei ist die nach oben geschnellte Suizidrate tatsächlich nur einer von vielen bedrückenden Indikatoren, die dokumentieren, wie sehr die Kriege an den Vereinigten Staaten zehren – menschlich, sozial, finanziell. Sie zerreißen das Gewebe der Gesellschaft.

Die Kosten sind exorbitant und drohen die Ressourcen selbst dieses so reichen Landes zu erschöpfen. Außenpolitisch steht die waffenstarrende Weltmacht heute schlechter da als zu Beginn des Krieges gegen den Terror. Die US-Streitkräfte sind hoffnungslos überlastet. Das erste Jahrzehnt des 21. Jahrhunderts wird global als Beginn einer neuen Ära wahrgenommen, als der Anfang vom Ende des amerikanischen Zeitalters. Im Inneren haben sich die USA seit dem 11. September so tiefgreifend und so nachhaltig verändert wie seit den großen Umbrüchen in der Ära von Vietnam und Bürgerrechtsbewegung nicht mehr – und darüber hinaus keineswegs zu ihrem Vorteil.

Seit mehr als einem Jahrzehnt, seit dem 11. September 2001, befinden sich die USA in permanentem Kriegszustand. Auch wenn man das kaum glauben mag auf den staugeplagten Autobahnen des Landes, zum Beispiel auf dem zehnspurigen Southwest Freeway von Downtown Houston hinaus nach Sugar Land. Auch an den überfüllten Sandstränden in Kaliforniens Santa Monica oder am Jersey Shore an der Atlantikküste wird wohl niemand einen Gedanken daran verschwenden, dass womöglich gerade zur selben Zeit in Andrews Air Force Base vor den Toren Washingtons wieder eine der schweren *C-17 Globemaster* mit schwerverletzten Soldaten an Bord landet. Und beim Blick auf die Glitzerauslagen der Prachtläden an New Yorks Fifth Avenue werden sich wohl die wenigsten Gedanken darüber machen, dass selbst die 400 000 Dollar, die sie für den 1,72 Karat messenden *Fancy Deep Orangy Pink Diamond* bei Tiffany's hinblättern müssten, die Ausgaben für die Feldzüge Amerikas allenfalls eine gute Minute lang würden decken können. Die Kriege sind nicht präsent, und doch bedrücken sie die Nation ungemein.

Das menschliche Leid, das sie Hunderttausenden Amerikanern gebracht haben, lässt sich nur erahnen. Etwa wenn man die Statistiken auf der Webseite des Verteidigungsministeriums liest, in denen die Toten mit kühler Präzision registriert werden. Oder wenn man die Doppelseiten mit den Fotos der Gefallenen betrachtet, die die großen Zeitungen des Landes regelmäßig veröffentlichen. Mehr als 6300 tote Soldaten hat Amerika in den vergangenen zehn Jahren zu beklagen, fast 4500 von ihnen im Irak. Von dort sind inzwischen die Soldaten abgezogen, die Präsident George W. Bush einst in Marsch setzte. Zehntausende aber hat Barack Obama, sein Nachfolger, dafür umgehend nach Afghanistan beordert, um eine Niederlage im längsten Krieg in der Geschichte der Vereinigten Staaten abzuwenden. Es sind nicht mehr allein Bushs Kriege: Seit seinem Amtsantritt im Januar 2009 hat Obama bereits mehr als tausend Kondolenzbriefe an Familien gefallener US-Soldaten unterzeichnen müssen.

Die Bürde ist ungleich verteilt. Gemessen an der Bevölkerungszahl, wird ein übergroßer Teil der Kondolenzbriefe aus dem Weißen Haus an Adressen in ländlichen Regionen Amerikas gegangen sein. Das hat das Online-Magazin *The Daily Yonder* ermittelt, das sich als Sprachrohr des ländlichen Amerikas jenseits der großen Ballungszentren im Osten und Westen der USA sieht. Die Redaktion hatte im Jahr 2007 die Toten der Kriege in Afghanistan und Irak gezählt und festgestellt, dass bezogen auf die Zahl der Männer im wehrfähigen Alter doppelt so viele Gefallene aus ländlichen Gemeinden oder Kleinstädten stammten wie aus den Metropolen. Es ist eine aufschlussreiche Statistik: Die zwanzig Regionen mit den niedrigsten Gefallenenraten haben im Mittel 1,8 Millionen Einwohner, die zwanzig Regionen mit der höchsten Gefallenenquote dagegen nur 158 000. Die durchschnittliche Gefallenenzahl der großen Städte beträgt 18,5 pro einer Million Einwohner, die von Kleinstädten wie Valdosta in Georgia oder Caspar in Wyoming indes liegt bei 63,3 beziehungsweise 56,8. Das war 2007, aber das Verhältnis dürfte sich seither nicht wesentlich verschoben haben.

Denn gemessen an der Bevölkerungszahl kommen nach wie vor deutlich mehr Rekruten der US-Streitkräfte aus Kleinstädten und ländlichen Regionen als aus den

Industriegebieten und städtischen Ballungsräumen wie New York, Los Angeles, Chicago, Boston, Philadelphia oder Detroit. Politisch sind diese Regionen in der Regel eher konservativ. Wirtschaftlich haben die Menschen dort noch mehr zu kämpfen als im Rest des Landes. Und geografisch sind vor allem der Süden und Südosten der USA vertreten: In ländlichen Kreisen in den einstigen Südstaaten liegt die Rekrutierungsrate um 44 Prozent über dem nationalen Durchschnitt. Unter den zehn Bundesstaaten, die – gemessen am Bevölkerungsanteil – die meisten Rekruten stellen, findet sich kein einziger Yankee-Staat des alten Nordostens der USA. Den letzten Platz belegt ausgerechnet Massachusetts, wo einst der Unabhängigkeitskrieg der USA seinen Ausgang nahm, als sich Freiwillige den britischen Truppen entgegenstellten.

Auch bei den Versehrten der Kriege ist dieses Ungleichgewicht zu beobachten. Mehr als 47 000 Soldaten wurden in dem Jahrzehnt seit 9/11 verwundet. Dank eines ausgeklügelten Rettungssystems können inzwischen viele Schwerstverletzte gerettet werden, die früher auf dem Schlachtfeld verblutet wären. Doch beinahe die Hälfte der Verwundeten wird für den Rest ihres Lebens medizinische Betreuung benötigen.

So wie Terry Peterson, der als Held in den Krieg gezogen war und als Krüppel zurückkehrte. Mehr als zwanzig Operationen hat er hinter sich. Und die Ärzte sagen, dass es ein Leben ohne Schmerz für ihn nicht mehr geben wird. Purpurrot brennen Narben auf Armen und Beinen, als wir ihn im Haus seiner Mutter in Warrenville, einem Städtchen in Illinois, treffen. Schrauben halten den rechten Fuß zusammen, zum Gehen braucht Terry einen Krückstock. Unter seinen wasserblauen Augen hat er tiefe Ränder, denn er schläft nicht gut. Terry Peterson, inzwischen 29 Jahre alt, ist ebenfalls einer der Veteranen, die das Gefühl nicht loswerden, im Stich gelassen worden zu sein. »Ich liebe mein Land«, sagt der junge Mann, »aber ich hasse die Armee.« Er findet, dass Amerika seine Kriegsversehrten mit einem System grausamer Gleichgültigkeit empfängt und mit Geringschätzung für ihren Dienst entlohnt.

Terry wurde kurz vor Weihnachten 2005 in Bagdad verwundet. Eine Bombe war neben seinem Humvee explodiert. Er erinnert sich an den Knall – »so laut, das gibt es im zivilen Leben nicht« – und an den dicken schwarzen Rauch. Dann an das Blut, das aus seinem linken Arm pumpte, und an den Schmerz. Schnelle Nothilfe rettete sein Leben.

Doch Terry ist desillusioniert. Nach den langwierigen Operationen kümmerte sich außer seiner Familie über Monate keiner um ihn. Nachdem er zur Rehabilitation aus dem Militärkrankenhaus in Washington entlassen worden war, begann seine Odyssee ins absurde Dasein eines Kriegsversehrten. Terry wurde in einem Gästehaus auf dem Gelände des Krankenhauses untergebracht, und dann geschah – nichts, einfach nichts. »Ich war ein Geist«, so Terry, »ich existierte nicht für sie.« Die Sachbearbeiterin der Militärorganisation, welche die weitere Behandlung der Rekonvaleszenten organisieren sollte, wusste nicht, wer er war. Dem für die Offiziere zuständigen Hauptfeldwebel im Krankenhaus sagte er fünfmal, dass er auf die weitere Behandlung warte. Nichts passierte. Jedes Mal musste er seinen Fall neu vortragen, als wäre er ein frischer Patient. »Denen war alles egal.«

Terry sitzt am Küchentisch seiner Mutter, da kann er sein steifes Bein ausstrecken. Auf seinem rechten Unterarm, der bis auf die Hand unverletzt blieb, ist Miss Liberty, die Dame von der Freiheitsstatue, im Negligé eintätowiert. »Es gab eine Zeit«, sagt er, als er den Blick auf das Tattoo bemerkt, »da dachte ich, wir tun das alles für Freiheit und Demokratie. Das haben wir uns jedenfalls eingeredet.« Nach einer Pause setzt er gedankenverloren hinzu: »In Wahrheit ist es wohl nicht so. Und das ist ein Teil der Wut, die in einem steckt.«

Wenn man eine Weile mit Terry an diesem Küchentisch gesprochen hat, bekommt man eine Ahnung davon, dass es in ihm ähnlich ausschauen muss wie auf seinen narbenübersäten Armen und Beinen. Bis ins Innerste ist er verwundet. Er hat unkontrollierte Zornausbrüche. Träumt von verkohlten Leichen. Gerade die Nacht zuvor ist er aufgeschreckt und wollte nach einem durchgeladenen Gewehr greifen, weil er sicher war, dass jemand die Tür zu seinem Zimmer aufbrechen wollte. »Ich weiß, dass ich eine Therapie bräuchte«, sagt er. Doch den Ärzten von der Veteranenbetreuung gaukelt er lieber vor, dass alles in Ordnung sei. »Die würden mich eh nur wieder auf Beruhigungsmittel und Schlaftabletten setzen. Darin sind sie gut.«

Die Petersons sind patriotische Leute, für die der Dienst in der Armee selbstverständlich war. Neben der Haustür flattert das Sternenbanner, das einzige in der gepflegten Siedlung mit ihren kleinen, eng stehenden zweigeschossigen Reihenhäusern. Außer Terry diente auch sein Stiefvater in der Armee. Er bildete Soldaten für den Häuserkampf im Irak aus – »ausgerechnet in hüfthohem Schnee in Wisconsin«, sagt Terrys Mutter Petra, und der Sarkasmus steht ihr ins Gesicht geschrieben. So hätte sie früher nie geredet.

»Was Terry und wir zusammen durchstehen mussten,

war der blanke Wahnsinn«, fährt sie fort. Noch immer macht sie die Erinnerung an die frustrierenden Wochen ganz verrückt, in denen sie auf der vergeblichen Suche nach jemandem, der sich für ihren Sohn verantwortlich fühlte, durch die Korridore des Armeekrankenhauses gehastet ist. »Das muss aufhören«, sagt sie. »Diese Jungs haben alles gegeben. Ihr Leben ist nicht mehr dasselbe, sie sind nicht mehr dieselben.« Sie bricht ab, weil sie nicht aussprechen will, was sie nach alldem denkt: Die jungen Soldaten werden zerschossen – und es kümmert niemanden in der Armee, der sie so gerne dienten. »Das«, so Petra Peterson, »ist unentschuldbar.« Sie meint das Gefühl, verraten zu werden, verraten und verkauft, von jemandem, an den man glaubte. Schließlich war sie es gewesen, die ihrem Sohn geraten hatte, zur Armee zu gehen.

Auch Clay Hunt hatte über die Behandlung der Veteranen geklagt. Der *Los Angeles Times* sagte er ein knappes Jahr vor seinem Freitod: »Da kämpft man *für* sein Land und kommt nach Hause und muss dann *mit* dem eigenen Land um die Versorgung kämpfen, die einem versprochen wurde.« Bitter fügte er hinzu: »Ich kann auf meinem Blackberry den Weg der Pizza verfolgen, die ich bei Pizza Hut bestellt habe, aber die VA kann meinen Versehrtenantrag geschlagene vier Monate nicht finden.« In jedem Fall ist die VA, die Veteranenverwaltung, heillos überfordert mit der Betreuung Zehntausender körperlich und Hunderttausender seelisch Versehrter. Gründe für dieses Versagen gibt es viele: Gleichgültigkeit, bürokratische Desorganisation oder schlicht die Tatsache, dass zu Beginn von Amerikas »Global War on Terror« niemand ahnte, wie viele Schwerstverwundete von den Fronten der Welt nach Hause zurückkehren würden.

Weder der Veteranenverwaltung noch der Fürsorge seines Landes, sondern dem Zuspruch eines Freundes und einigen glücklichen Fügungen hat wiederum Jon Turner es zu verdanken, dass er heute noch lebt. Ihn treffen wir in Burlington, einem Collegestädtchen hoch oben im Nordosten der USA, nicht weit von der kanadischen Grenze, in einem kleinen, aus roten Ziegelsteinen gemauerten ehemaligen Lagerhaus, in dem nun Künstlerateliers untergebracht sind.

Jon Turner ist gerade einmal 25 Jahre alt. Aber er hat in diesen wenigen Jahren viel erlebt. Zu viel. Er weiß, wie das Grauen aussieht: wie der Leichnam seines Freundes, den er auf der Kühlerhaube des Militär-Humvee identifizieren musste. Wie die zerschossenen Leiber auf den Straßen von Ramadi im Irak. Menschenleichen, Tierkadaver, egal. Er hat den Tod gerochen, hat ihn gehört, hat ihn gefühlt. Er selbst war der Tod. Er wird nie mehr vergessen können, wie es ist, einen Menschen zu erschießen. Wie die Gesichter der Männer aussehen, die die Kugeln aus seinem Maschinengewehr zerfetzt haben. Wie es ist, wenn einen selbst Granatsplitter treffen. Ihm hat man deswegen ein *Purple Heart* an die Brust geheftet, den amerikanischen Verwundetenorden.

Fast wäre er an alldem zugrunde gegangen, wie Clay Hunt von Angst und Erinnerungen zermürbt, besinnungslos von Alkohol und Drogen. Das Messer hatte er schon am Handgelenk. »Ich kam auf Entzug«, berichtet Jon. »Und natürlich hab ich auch Mist gebaut.« In Details will er nicht gehen, aber das letzte Jahr bei den Marines, zurück in Camp Lejeune, dem Heimatstützpunkt seiner Einheit in North Carolina, muss furchtbar gewesen sein. Zeitweise nahm er sieben verschiedene Tabletten ein, »mit freundlicher Genehmigung des US-Militärs«. Bitter fragt er: »Warum geben sie all diese Medikamente einem Alkoholiker, der unter Albträumen und Flashbacks leidet?« Nach Dienstschluss fuhr er mitunter an den Strand – Camp Lejeune liegt am Atlantik. »Ich war high von Drogen und hab gesoffen wie ein Fisch«, erzählt er, »ich hab nach Haifischzähnen gesucht und Muscheln gesammelt. Hab alles getan, nur um mich abzulenken.«

Doch die Erinnerungen wurde auch er nicht los. Das Trauma hatte den Obergefreiten im Griff, und seine Vorgesetzten machten Druck, dass ihre Jungs keine psychologische Betreuung suchten. »Wer das machte, galt als Schwächling.« So durchlebte Jon »eine ständige Achterbahnfahrt«, wie er es formuliert, eine Achterbahn, die ihn in Abgründe der Einsamkeit stürzen ließ, in Wahnvorstellungen, in panische Ängste. Er stieg ins Meer, um gegen die Wellen zu kämpfen, er brüllte gegen den Wind an. Das war auch die Zeit, da er sich selbst mit seinem Messer verletzte.

Am Ende aber hat Jon Turner nicht Selbstmord begangen. Er hat eines Tages einfach seine Uniform ausgezogen und sie zerschnitten. Ein Freund in Burlington, der die alte Kunst des Papiermachens beherrschte, brachte ihn auf die Idee. Die Stoffschnipsel hat Turner eingeweicht, er hat sie geseiht, gepresst und getrocknet und schließlich Papier daraus gemacht und darauf Gedichte geschrieben.

»Das war ein Akt der Befreiung, ganz sicher«, sagt der junge Mann, »für mich war es der Beginn meines Heilungsprozesses.« Ein Akt von überwältigender Symbolik zudem. »Man nimmt etwas, das das Finsterste erlebt hat, was man erleben kann. Und man löst es einfach auf. Man zerlegt das Negative und macht etwas Positives daraus. Etwas, mit dem jeder was anfangen kann. Papier eben.«

Alle seine Uniformen zertrennte er, als könne er sich so von seinen Erinnerungen lösen. Nicht ohne Ironie ist der Umstand, dass die Maische aus den Uniformen – aus diesem Stoff für Amerikas härteste Burschen – nur viel zu dünnes Papier hervorbringt. Es ist zu viel Kunststoff darin enthalten. Jon musste Fetzen anderer Kleidung hinzufügen, damit das Papier nicht reißt.

Jon beließ es aber nicht bei seinen eigenen Uniformen. Er besorgte sich auch abgelegte Uniformen von seinem Vater, seinem Bruder, von seinen Großonkeln, die allesamt in der US-Armee gedient hatten: im Irak, in Vietnam, im Zweiten Weltkrieg. In seiner Familie war das selbstverständlich gewesen. »Auf der Seite meines Vaters haben die Männer in allen Kriegen seit George Washington und dem Unabhängigkeitskrieg gekämpft.« Nun zerschnitt er, im wahrsten Sinne des Wortes, eine amerikanische Tradition. Aus dem Soldaten Turner wurde der Künstler Turner. Auf diese Weise ist er davongekommen – im Gegensatz zu den Tausenden anderen Veteranen, die Jahr für Jahr lieber den Tod suchen, als weiter mit ihren Erinnerungen zu leben.

Diese menschlichen »Kosten«, so bitter sie auch sind, machen tatsächlich jedoch nur einen Teil der Bürde aus, die Amerika seit dem 11. September zu schultern hat. Auch finanziell sind die Kriege für das Land ein Desaster. Der Congressional Research Service, der unabhängige wissenschaftliche Dienst des US-Parlaments, bezifferte die direkten Ausgaben für das Militär im ersten Jahrzehnt nach 9/11 auf nicht weniger als 1,3 Billionen Dollar. 800 Milliarden davon wurden in den Irakkrieg gesteckt, gut 440 Milliarden in Operationen in Afghanistan, der Rest in den Ausbau von Stützpunkten rund um den Globus und in Hilfsprogramme in Afghanistan und Irak. Das war im Frühjahr 2011.

Seither hat Amerika noch einmal rund 120 Milliarden Dollar in die Kriegsführung gepumpt. Das Jahr 2012 wird kaum billiger werden. Selbst wenn die USA also, wie von Obama angekündigt, bis Ende 2014 aus Afghanistan weitgehend abziehen und nur noch ein paar Tausend Soldaten in der Region bleiben sollten, dürfte das Amerika bis Ende des Jahrzehnts nach den amtlichen Berechnungen noch einmal eine halbe Billion Dollar kosten. Damit wäre den Amerikanern nur der Zweite Weltkrieg mit gut vier Billionen Dollar (in heutigen Dollars gerechnet) noch teurer gekommen. Selbst der fast ein Jahrzehnt währende Vietnamkrieg (der 58 000 US-Soldaten das Leben kostete) war für die USA mit 738 Milliarden (ebenfalls in heutigen Dollars) finanziell deutlich billiger.

Die wahren Kosten des militärischen Engagements seit dem 11. September dürften indes noch weitaus höher liegen. Der linke Ökonom und Wirtschaftsnobelpreisträger Joseph Stiglitz taxiert sie auf mittlerweile über drei Billionen Dollar. Und laut Forschern von der Brown University, einer der US-Elitehochschulen, werden die Kriegskosten sich am Ende auf 3,7 Billionen Dollar belaufen – Zinszahlungen noch nicht miteinbezogen.

Hinzu kommt, was Stiglitz »ernüchternde Opportunitätskosten« nennt. »Wären wir«, so fragt er, »zum Beispiel ohne die Irak-Invasion noch immer in Afghanistan? Wären die Ölpreise ohne den Krieg im Irak auch so in die Höhe geschnellt? Wäre die Verschuldung so hoch? Wäre die Wirtschaftskrise so heftig ausgefallen?« Alle Fragen dürften nach Ansicht des Ökonomen mit einem klaren Nein beantwortet werden. Eine Truppenverstärkung, wie sie Präsident Obama schließlich im Dezember 2009 anordnete, hätte sechs Jahre zuvor wahrscheinlich das Wiedererstarken der Taliban verhindert. 2003 aber wurden stattdessen die Soldaten, die Hubschrauber und Hightech-Waffen, wie die unbemannten Predator-Drohnen, in den Irak umgeleitet und die Ausgaben für den Krieg in Afghanistan im selben Jahr von 20 Milliarden Dollar auf 14,7 Milliarden heruntergefahren. 53 Milliarden Dollar flossen dagegen in die Militäroperationen im Irak.

Ohne den Marsch auf Bagdad wäre der Ölpreis heute wohl deutlich niedriger. Auf mindestens 10 Dollar pro Barrel berechnet Stiglitz den Aufpreis als Folge der neuen Instabilität, die der Krieg in die Region brachte. Zwischen 2003 und dem Beginn der Weltwirtschaftskrise 2008 stiegen die US-Schulden zudem von 6,4 auf 10 Billionen Dollar. Fast eine Billion davon geht nach Stiglitz' Einschätzung direkt auf das Kriegskonto. Und schließlich habe der Krieg gegen den Terror indirekt auch zur Wirtschaftskrise selbst beigetragen, weil die US-Regierung unter Präsident Bush sich zu einer »desaströs lockeren Geld- und Regulierungspolitk« veranlasst sah, um die Wirtschaft am Laufen zu halten. »Ohne diesen Krieg«, so Stiglitz, »ginge es unserer Wirtschaft heute besser.«

Konservative Vordenker versuchen dagegen die finanzielle Bürde kleinzureden, indem sie die Kriegskosten in Relation zu anderen Staatsausgaben setzen. So führte das Online-Magazin *American Thinker* – durchaus zu Recht – aus, dass die Kosten für den Irakkrieg zwischen 2003 und 2008 noch um 20 Milliarden Dollar unter den Ausgaben der US-Regierung für Bildung im selben Zeitraum lagen und nicht einmal ein Viertel der Aufwendungen für Medicare, die staatliche Krankenversicherung für Rentner, ausmachten. Der Vergleich soll natürlich insinuieren, dass man lieber dort sparen könnte, anstatt über die Kriegskosten zu jammern. Allerdings bleibt unerwähnt, dass die Kriegsausgaben eben zusätzlich anfallen. Früher hatte Washington so etwas stets durch Sondersteuern finanziert.

Genau das jedoch wollte George W. Bush nicht. Der republikanische Präsident glaubte vielmehr, den Krieg gegen den Terror sozusagen aus der Portokasse begleichen zu können. Unmittelbar nach den Anschlägen vom 11. September 2001 empfahl er seinen Landsleuten, shoppen zu gehen – einfach mit der Kreditkarte. Mit dem Krieg machte Bush nichts anderes. Er finanzierte ihn auf Pump, sozusagen mit der großen nationalen Kreditkarte. Dabei hatte er ohne Zweifel das politische Schicksal seines Vaters vor Augen: Bush senior hatte seinerzeit Steuererhöhungen unter anderem mit den Ausgaben für den ersten Golfkrieg 1991 gerechtfertigt und war prompt abgewählt worden. Sein Sohn versuchte gar nicht erst, eine Kriegssteuer einzutreiben, obwohl seine Partei zwischen 2001 und 2006 über die Mehrheit im Kongress verfügte. Stattdessen redete er die zu erwartenden Kosten des Feldzugs im Irak klein. Sein Haushaltsdirektor bezifferte sie kurz vor Beginn der Invasion im März 2003 auf höchstens 60 Milliarden Dollar. Und als sein Wirtschaftsberater Lawrence Lindsey die Erwartung äußerte, dass das Ganze wohl doch ein bisschen teurer kommen und am Ende 200 Milliarden kosten würde, feuerte ihn Bush umgehend.

Dabei hatten US-Präsidenten im 20. Jahrhundert den Bürgern in Kriegszeiten immer finanzielle Opfer abverlangt: Zu Beginn des Zweiten Weltkriegs zahlten lediglich drei Prozent aller Amerikaner Bundeseinkommenssteuer; an dessen Ende waren es zehnmal so viele, also fast ein Drittel der Bevölkerung. Zur Finanzierung des Koreakriegs erhöhte der US-Kongress die Steuern 1950 und 1951 gleich zweimal, obwohl die Steuersätze seit dem Zweiten Weltkrieg nicht gesenkt worden waren. Und 1966 gab es einen Vietnam-Zuschlag von zehn Prozent auf die Telefonsteuer (so etwas gibt es in den USA). Heute allerdings wäre angesichts des politischen Klimas in Washington ein solcher Solidaritätszuschlag für den Krieg undenkbar: Selbst wenn er wollte, könnte Obama einen solchen Tribut nicht gegen den Widerstand der Republikaner im Kongress durchsetzen.

Und noch einen Preis hat Obama für die von seinem Vorgänger begonnenen Endloskriege zahlen müssen. »Kriege ersticken große Reformbewegungen«, hatte ihm bereits im Sommer 2009 der Präsidentschafts-Historiker Robert Dallek bei einem Treffen im Weißen Haus prophezeit. Der Erste Weltkrieg beendete die Ära der *progressives*, der linken Reformbewegung. Mit dem sozialen Umbau der US-Gesellschaft, den Franklin D. Roosevelt in den dreißiger Jahren initiiert hatte, war es nach dem Zweiten Weltkrieg vorbei. Der Vietnamkrieg wiederum begrub die grandiose wohlfahrtsstaatliche Vision der *Great Society* Lyndon B. Johnsons unter sich. Und auch von Obamas Reformvorhaben ist nur ein Rumpfprogramm übrig: Die Gesundheitsreform wurde gestutzt, die Regulierung der Finanzmärkte blieb hinter den Erwartungen zurück, und beim Klimaschutz passierte praktisch gar nichts.

Und schließlich zahlte die Nation, die sich selbst als »das Land der Freien und die Heimat der Mutigen« besingt, noch mit ihrer inneren Freiheit. Für manche liberal und libertär gesinnte Amerikaner ist dies der folgenreichste Preis, den Amerika für den nicht enden wollenden Krieg zu entrichten hat: Im Namen der nationalen Sicherheit leistete die Regierung Bush einer schleichenden Erosion der bürgerlichen Freiheiten Vorschub – und das ausgerechnet in dem Land, das sich als Gralshüter ebendieser Freiheiten weltweit sieht. Es begann mit den verschärften Kontrollen an Flughäfen, für die anfangs noch jeder Verständnis gehabt haben dürfte. Doch obwohl die Zweifel an der Effektivität dieses Kontrollregimes wuchsen, wurde es im Laufe des Jahrzehnts nurmehr perfektioniert. Wer heute in die USA einreist, egal ob Ausländer oder Amerikaner, muss etwa damit rechnen, dass sein Laptop beschlagnahmt und durchsucht wird – ohne Begründung und ohne zeitliches Limit.

Bush peitschte ein – immerhin zeitlich befristetes – Antiterrorgesetz, den *Patriot Act*, durch den Kongress. Es gab den Ermittlungsbehörden in den USA ungeahnte Möglichkeiten zur Überwachung von Telefonaten, E-Mails und Bankgeschäften. Trotz heftiger Kritik von Bürgerrechtsorganisationen wurde es seither stets verlängert. Darüber hinaus ordnete Bush seinerzeit eine flächendeckende Abhöraktion für Auslandsgespräche an, zunächst ohne gesetzliche Grundlage. Telefongesellschaften wurden unter Druck gesetzt, Gesprächsdaten herauszugeben – ebenfalls ohne Rechtsgrundlage. Das hat sich geändert. Alles wird jetzt von einem Gericht kontrolliert, einem Geheimgericht, das freilich erst nach erheblichem politischem Druck eingesetzt wurde.

Die Grundfreiheiten der amerikanischen Gesellschaft sollten auf einmal nicht mehr für alle gelten: Nicht nur den Gefangenen von Guantánamo, auch Häftlingen unter Terrorverdacht in den USA sollte das Recht auf ein faires Verfahren verweigert werden. Folter wurde als »verschärfte Verhörtechnik« schöngeredet, Haft ohne Anklage als staatliche Notwehr gerechtfertigt. Noch nie beanspruchte ein

Präsident so viel Macht: Mutmaßliche Terroristen können als sogenannte feindliche Kämpfer dauerhaft festgesetzt werden, allein deshalb, weil der Mann im Weißen Haus es so bestimmt. Selbst Amerikaner können im Ausland gezielt getötet werden, wenn der Präsident dies gebilligt hat (obendrein kann das Weiße Haus die Geheimhaltung einer solchen Operation anordnen). Im Herbst 2011 etwa wurde der islamistische Prediger Anwar al-Awlaki, ein in New Mexico geborener US-Staatsbürger jemenitischer Abstammung, durch eine von einer Drohne abgefeuerte Rakete getötet. Auch sein Begleiter, Samir Khan, ein Amerikaner saudischer Abstammung, kam dabei ums Leben. Zwei Wochen später wurde Awlakis 16-jähriger Sohn Abdul-Rahman, ebenfalls ein US-Staatsbürger, von einer Rakete getroffen.

Der US-Soldat Bradley Manning, dem die Behörden die Weitergabe Hunderttausender geheimer militärischer und diplomatischer Dateien an die Internet-Enthüller von Wikileaks vorwarfen, wurde 2010, also zu Zeiten Obamas, im Militärgefängnis so entwürdigend behandelt, dass sich Amnesty International und der Folterbeauftragte der Vereinten Nationen einschalteten. Eine solche Behandlung wäre in Amerika vor dem Krieg gegen den Terror kaum denkbar gewesen. Der libertäre Kommentator und Blogger Andrew Sullivan nennt die im Namen des Kriegs gegen den Terror ausgetragenen Konflikte deshalb »ein klassisches Beispiel dafür, wie ein Krieg in der Fremde auch die Freiheiten in der Heimat einschränkt. Und weil dieser Krieg kein Ende findet, werden diese Freiheiten uns auch für immer genommen sein.« Tatsächlich hat Obama nur die schlimmsten Auswüchse der Bush-Jahre beschnitten, im Prinzip aber nichts an den Antiterror-Maßnahmen geändert (und ebenso wenig an den Befugnissen, die sein Vorgänger beanspruchte). Der Kommentator Radley Balko, ebenfalls ein Libertärer, stellte nach dem Tod des Terrorfürsten Osama bin Laden im Mai 2011 resigniert fest: »Er hat gewonnen, weil er uns und unser Land für immer verändert hat - und das nicht zum Besseren.«

Barry Bennett, ein Universitätsdozent aus Portland, hatte schon ein Jahr zuvor in einem Gastbeitrag für den *Oregonian*, die älteste US-Zeitung an der Westküste, einen ähnlichen Gedanken formuliert: »Wir definieren uns zunehmend nicht über unsere Errungenschaften, sondern über unsere Feinde - nicht darüber, wer wir sind, sondern gegen wen wir sind. Wir verbarrikadieren uns und führen zugleich Kriege, die dafür sorgen, dass wir noch höhere Barrikaden brauchen. Wir machen einen tiefgreifenden Wandel durch, nicht nur in unserer Wirtschaft, sondern auch in unserem Bewusstsein. Wir lassen unsere Schulen, unser Kulturleben und unsere Städte allmählich verkommen.« Das eigentlich Bemerkenswerte an dem Stoßseufzer dieses wiederum zweifellos liberalen Juristen ist nicht, dass er so einzigartig wäre, sondern im Gegenteil, dass er so geläufig geworden ist. Klagen wie diese finden sich inzwischen in Stadtzeitungen überall in den USA, in Blogs und in Diskussionsforen.

Selbst Veteranen engagieren sich mittlerweile - wie zu Zeiten des Vietnamkriegs - gegen das militärische Engagement. Jon Turner, der Krieger, der zum Künstler wurde, zählt zu ihnen. In Silver Spring, einem Vorort von Washington, hat er bei einem von den Iraq Veterans Against the War veranstalteten Antikriegshearing ausgesagt. Dabei schilderte er quälend detailliert, wie er als Maschinengewehrschütze Iraker erschoss und dafür von den Vorgesetzten belobigt wurde. Und so wie Vietnam-Veteranen Jahrzehnte zuvor riss er sich sein *Purple Heart* und all die anderen Orden und Auszeichnungen von der Brust und warf sie ins applaudierende Publikum. »Für euch arbeite ich nicht mehr«, rief er seinen einstigen Dienstherren vom Marine Corps zu.

Aus Jons persönlicher Abrechnung mit dem Krieg wurde das *Combat Paper Project*, wie er es nannte, das Kampfpapier-Projekt. Inzwischen macht ein Dutzend Künstler mit. Sie fahren durchs Land und laden Veteranen ein, es ihnen gleichzutun. Quer durch die USA sind sie gezogen, sie waren in Europa, in Sarajewo, in Belgrad, eben dort, wo die Narben anderer Kriege genauso wenig verheilt sind. Wie Geister, sagt Drew Cameron, der Freund, der Jon Turner die Kunst des Papiermachens beibrachte, »hausen die Uniformen in unseren Schränken oder in Kisten auf dem Dachboden«. Und alles, was die Männer damit verbinden, die Erinnerungen an Blut und Tod, die Assoziationen von Unterordnung, von Dienst und Krieg, wollen sie »einfach in etwas Schönes umformen«.

Man sollte nicht unterschätzen, was es bedeutet, in Amerika Uniformen der US-Streitkräfte zu schreddern. Natürlich ist das von der US-Verfassung geschützt, die selbst extreme Auffassungen und Demonstrationen als Akt der Meinungsfreiheit ohne Wenn und Aber zulässt. Aber eine Provokation ist es allemal, spätestens seitdem Amerikas Rechte nach den Anschlägen vom 11. September den Patriotismus, den Respekt vor der Fahne und dem Militär, geradezu zur Staatsräson erhoben hat.

Zwar gibt es – anders als 2005 und 2006 – keine breite Antikriegsbewegung mehr, die landesweit für Aufsehen sorgt. Damals kam es im ganzen Land zu Demos gegen den Irakkrieg, bei denen Zehntausende mitmarschierten, in Washington waren es sogar 150 000 Menschen. Im Kongress sprangen immer wieder rosa gekleidete Frauen von der linken Organisation Code Pink auf und störten Anhörungen, bis sie von der Polizei abgeführt wurden. Und Cindy Sheehan, die Mutter eines gefallenen Soldaten, kampierte wie eine moderne Mutter Courage unter großer Anteilnahme der Medien tagelang auf einer Wiese vor George W. Bushs Ranch in Texas und forderte eine Erklärung des Präsidenten, wofür ihr Sohn Casey eigentlich gestorben sei. Ein bisschen erinnerte alles an friedliche Happenings während der Vietnam-Zeit.

Mit der Wahl Obamas hat sich der Protest zwar weitgehend verlaufen. Geblieben ist aber das tiefwurzelnde Unbehagen über das anhaltende militärische Engagement. Fast zwei Drittel aller Amerikaner finden mittlerweile, dass die US-Soldaten schleunigst auch aus Afghanistan abziehen sollten. Anfangs war der Feldzug, der den Terroristen von al-Qaida und ihren Helfershelfern galt, als Akt staatlicher Notwehr nicht nur allgemein akzeptiert, sondern von den allermeisten Amerikanern mit ganzem Herzen unterstützt worden. Inzwischen ist er allerdings fast genauso unpopulär wie einst der Krieg im Irak. Mehr als die Hälfte aller Amerikaner meint, dass die Soldaten so schnell wie möglich nach Hause kommen sollten – und nicht, wie vorgesehen, erst 2014. Zwar billigen die meisten nach wie vor die damalige Entscheidung, in Afghanistan einzumarschieren. Den Glauben aber, dass die USA die Situation dort dauerhaft entschärfen könnten, haben die Amerikaner in ihrer klaren Mehrheit mittlerweile verloren.

Die Washingtoner Politik reagiert – ganz allmählich. Es sind nicht mehr nur linke Sektierer wie der demokratische

Kongressabgeordnete Dennis Kucinich oder libertäre Gesinnungstäter wie der Republikaner Ron Paul, die schon lange und aus ganz unterschiedlichen Motiven gegen die Kriege gewettert haben. Selbst Bewerber um die republikanische Präsidentschaftskandidatur wie Jon Huntsman, ein ehemaliger Gouverneur von Utah und danach US-Botschafter in China, stellten den Sinn des Feldzugs in Afghanistan in Frage (»Was haben wir eigentlich erreicht?«). Der Vorsitzende des Auswärtigen Ausschusses im Senat, der Demokrat John Kerry, empfahl im Sommer 2011 eine Beschleunigung des Abzugs, weil der Krieg »nicht mehr durchzuhalten« sei. Und es war nicht eindeutig, ob er das nur in finanzieller Hinsicht meinte. Sein Kollege Joe Manchin aus West-Virginia stellte lapidar fest, dass es nun an der Zeit sei, »Amerika wiederaufzubauen, nicht Afghanistan«. Der Bürgermeister von Los Angeles, Antonio Villaraigosa, polterte wiederum: »Dass wir eher Brücken in Bagdad und Kandahar als in Baltimore und Kansas City bauen, will mir absolut nicht in den Kopf.« Amerikas Bürgermeisterkonferenz, eine Organisation, der mehr als 1300 US-Städte angehören, forderte im Frühjahr 2011 ein Ende des kriegerischen Engagements. Eine vergleichbare Resolution hatten die Bürgermeister das letzte Mal zu Vietnam-Zeiten verabschiedet. Ohne Frage hat sich in den USA ein neuer gesellschaftlicher Konsens herausgebildet. Er reicht von der traditionellen, linken Antikriegsbewegung über Politiker (und Bürger) links und rechts der Mitte bis zu den Kriegsgegnern unter konservativen Libertären. Sie alle wollen die militärischen US-Verwicklungen im Nahen und Mittleren Osten beenden. Nach einem Jahrzehnt hat Amerika endgültig genug vom Krieg. Die Last wird einfach zu schwer zu tragen.

DIE BÜRDE DER EINMALIGKEIT

Die USA gründen auf der Idee eigener Größe – doch was die ausmacht, bleibt umstritten

Sarah Palin hat ihren Auftritt genossen. In vollen Zügen. Die Aufregung, die ihre Rede in einer christlichen Privatschule in Plumsteadville, einem Provinznest im Nordosten Pennsylvanias, umgab, die Publicity – genau das wollte sie.

Auf den ersten Blick schien es, als seien die Kekse nur ein nettes Mitbringsel. Palin, die Jeanne d'Arc des konservativen Amerikas, sollte beim Schuldinner eine patriotische Rede halten, übrigens für ansehnliche 75 000 Dollar. Vorher aber verteilte sie reichlich Backwaren an die Pennäler der Plumstead Christian School. Und wie fast alles bei der ehemaligen Kandidatin für Amerikas Vizepräsidentschaft geriet auch diese Geste zum großen Akt, zum politischen Theater: Weil Pennsylvanias Schulbehörde im Spätherbst 2010 angeblich plante, im Kampf gegen Karies und Fettleibigkeit von Amerikas Schülern das Verteilen von Süßigkeiten zu verbieten, wollte Palin ihre Cookies als Notwehraktion verstanden wissen. In Pennsylvania, so wetterte die Republikanerin, »läuft der Vormundschaftsstaat Amok«. Also habe sie Widerstand signalisieren müssen: »Wer darf entscheiden, was wir essen – die Regierung oder die Eltern? Ich muss die Dinge hier etwas aufmischen, besonders auch für die Presse!«

Die Affäre, von einer lokalen TV-Station voreilig

»Coockiegate« getauft, verlief am Ende im Sande. Nicht zuletzt deshalb, weil die Schulbehörde jede Absicht zur Regulierung elterlicher Schulmenüs entschieden dementierte. Doch weil sich das gesamte Medieninteresse auf Palins Plätzchen konzentrierte, entging der Nachwelt, was die konservative Politikerin ansonsten zu sagen hatte. An jenem 9. November 2010 schlug Palin nämlich überaus grundsätzliche Töne an. Sie warnte vor einer Gefahr, die ihrer Meinung nach langfristig bedrohlicher sein könnte als der islamistische Terror und die Schuldenmacherei in Washington. »Vielleicht bringen wir unserer Jugend nicht anständig bei, wie außergewöhnlich Amerika ist. Das ist beunruhigend, denn dieser Glaube an Amerikas Einzigartigkeit [*American Exceptionalism*] ist etwas, das sich jede Generation aufs Neue aneignen muss«, sprach Palin. Sonst stehe nicht weniger auf dem Spiel als »unsere Republik und unsere Freiheiten«. Dann hob sie den Zeigefinger der linken Hand und mahnte die Eltern im Saal: »Wir müssen, damit Amerika überleben kann, dies an die nächste Generation weitergeben.«

Die allermeisten Länder, so belehrte die Frau im feuerroten Kostüm samt großer Anstecknadel mit den *Stars and Stripes* am Revers ihr Publikum, seien »irgendwie das Ergebnis von historischen Unfällen – von Kriegen, von Eroberungen oder von Friedensverträgen«. Nicht so die Vereinigten Staaten! »Amerika ist so anders«, verkündete Palin strahlend. »Wir sind nicht das Produkt eines historischen Unfalls. Wir sind das Produkt eines Plans! Wir sind das einzige Land in der Geschichte, das auf einer Idee gründet – und diese Idee, dieses Ideal ist die Freiheit.« Zum Beweis zitierte Palin die berühmten Zeilen aus der Präambel der Unabhängigkeitserklärung, wonach »alle

Menschen gleich erschaffen« und »von ihrem Schöpfer mit unveräußerlichen Rechten versehen sind, darunter Leben, Freiheit und das Streben nach Glück«. Palin ging noch einen Schritt weiter. Sie reklamierte Gottes Segen für die auserwählte Republik: Dank des »Genies der Gründerväter« habe Amerika »die Naturgesetze und die des natürlichen Gottes« aufgegriffen – »also all die Gesetze, von denen schon der Apostel Paulus sagte, sie seien in unsere Herzen geschrieben« – und in einem zweiten Dokument, in der Verfassung, verewigt. Freiheit sei Teil der nationalen Kultur, des *American way of life*. In diesen beiden Gründerurkunden sei festgehalten, »wofür wir stehen! Ebendas bedeutet es, Amerikaner zu sein! Das ist der Klebstoff, der uns zusammenhält.«

Die konservative Elternschaft in Plumsteadville zollte der Referentin warmen Beifall. Vielen liberalen und linken Amerikanern jedoch dürfte Palins Politprosa Schauer über den Rücken jagen. Zwar teilen laut Gallup-Umfrage vom Dezember 2010 acht von zehn Landsleuten die Überzeugung, dass ihre Nation – als erste Republik und Demokratie der Moderne – etwas sehr Besonderes bzw. exzeptionell ist. Genauer: 91 Prozent aller Republikaner, 77 Prozent aller Unabhängigen und 73 Prozent der Demokraten sind der Auffassung, dass ihre Nation »einen einmaligen Charakter« habe, »der sie zum großartigsten Land in der Welt macht«. Aber die meisten meinen dies nicht chauvinistisch: Nur 49 Prozent der vom Pew Research Center befragten Amerikaner – und nur 37 Prozent der unter 30-Jährigen – stimmten 2011 der Bemerkung zu, die eigene Kultur sei der Kultur anderer Völker »überlegen«. (Zum Vergleich: In derselben Umfrage wähnten 47 Prozent der Bundesbürger die deutsche Kultur überlegen.) Die Amerikaner sind stolz darauf, dass ihre Vereinigten Staaten – im Gegensatz zu Europas Nationen – sich nicht auf nur eine gemeinsame Herkunft, auf die Blutsbruderschaft eines Volkes, eines Stammes oder einer Rasse gründeten, sondern auf aus der Aufklärung gewonnene Prinzipien und Werte. Doch so krude und so herablassend gegenüber anderen Völkern wie Palin würden die meisten es nicht sagen wollen.

Sarah Palin plagen solche Skrupel nicht. Sie hat sich darauf spezialisiert, aus dem Patriotismus ihrer Landsleute für sich eine Waffe zu schmieden – und damit auf den politischen Gegner einzuschlagen. Die Exgouverneurin von Alaska zielt hoch, bis hinauf zum Präsidenten: Nur zehn Tage nach ihrem Auftritt in Plumsteadville stellte sie ihr zweites Buch vor (*America by Heart*) und zog darin gegen Barack Obama ins Feld. Ein ganzes Kapitel widmete sie »America the Exceptional«. Darin schimpfte sie darüber, dass »viele unserer nationalen Führer nicht länger an die Einzigartigkeit Amerikas glauben«. Washingtons Elite sehe die Vereinigten Staaten nurmehr als eine »normale Nation. Sie glauben nicht, dass es unsere besondere Aufgabe ist, unsere Größe zu bewahren, um nicht nur uns selbst, sondern die ganze Menschheit zu vervollkommnen.« Zum Beweis verwies die Republikanerin auf den Mann im Weißen Haus: »Erstaunlicherweise hat Präsident Obama gesagt, er glaube an Amerikas Einzigartigkeit in derselben Weise, ›wie die Briten an britische Einzigartigkeit oder die Griechen an griechische Einzigartigkeit glauben‹. Was so viel heißt, dass er ganz und gar nicht an Amerikas Exzeptionalismus glaubt. Er scheint zu denken, das sei so etwas wie eine irrationale Voreingenommenheit gegenüber unserer Art zu leben. Mich entsetzt das.«

Es war ein in doppelter Hinsicht kühnes Manöver. Erstens deklarierte Palin den Glauben an Amerikas Einzigartigkeit zum patriotischen Lackmustest. Und zweitens log sie schlicht und einfach. Denn seinem angeblich so verräterischen Halbsatz über Briten und Griechen hatte der Präsident bei einer Pressekonferenz am Rande des Nato-Gipfels 2009 in Straßburg dies folgen lassen: »Ich bin enorm stolz auf mein Land und seine Rolle und Geschichte in der Welt.« Amerika bleibe »die größte Wirtschaft in der Welt«, verfüge über »unübertreffliche militärische Fähigkeiten« sowie über »einen Kernbestand von Werten, die in unserer Verfassung verankert sind«. Das alles sei »wenn nicht perfekt, so doch *exzeptionell*«, sagte Obama. Amerika komme »weiterhin eine außerordentliche Rolle zu, die Welt zu Frieden und Wohlstand zu führen«. Nur wolle sein Land dies in Partnerschaft mit anderen Völkern leisten: »Wir können die Probleme nicht allein lösen.«

Man darf getrost bezweifeln, dass alle US-Bürger dasselbe verstehen, wenn ihre Politiker vom »American Exceptionalism« sprechen. Der Begriff ist ein Amöben-Wort: Er verändert ständig seinen Inhalt, lässt sich weder griffig noch dauerhaft definieren. Das war schon immer so. Den Anfang machte der Franzose Alexis de Tocqueville, der 1835 in seinem langen, voller Bewunderung verfassten Traktat »Über die Demokratie in Amerika« (*De la démocratie en Amérique)* davon schwärmte, dass die Stellung der Amerikaner in der Menschheitsgeschichte »recht exzeptionell« sei. Der Aristokrat lobte Demokratie und konstitutionelle Gewaltenteilung als Schutzwall gegen eine »Tyrannei der Mehrheit«. Als eigentlicher Erfinder des Begriffs vom »amerikanischen Exzeptionalismus« gilt jedoch ausgerechnet der sowjetische Diktator Josef Stalin, der die Kommunistische Partei Amerikas 1929 als Abweichler geißelte: Die US-Genossen hatten argumentiert, angesichts des enormen Ressourcenreichtums ihrer Nation und »mangels rigider Klassenstrukturen« würden die Gesetze von Marx' historischem Materialismus in der Neuen Welt nicht gelten.

Mitte der neunziger Jahre verfasste der Soziologe Seymour Martin Lipset ein vielbeachtetes Lehrbuch mit dem Titel *American Exceptionalism*. Darin beschreibt er die US-Gesellschaft als eine Gesellschaft, die gleichermaßen individualistisch wie egalitär gesonnen sei und seit ihren Anfängen jeglicher Staatsintervention als Eingriff in die Freiheitsrechte des Einzelnen misstraue. Amerikas ureigenes Credo ist laut Lipset ein anti-etatistischer Liberalismus. Die Konservativen in den USA seien – nach europäischen Kategorien – marktradikale Freisinnige, und auch die Linken in der Demokratischen Partei (»liberals« in den USA genannt) stünden dem Staat weitaus skeptischer gegenüber als durchschnittliche Europäer. Erst Franklin D. Roosevelt, der legendäre Präsident während der Depression und dem Zweiten Weltkrieg, habe mit den Sozialreformen seines »New Deal« eine sehr partielle Sozialdemokratisierung der Linken bewirkt. »Diese moderate Europäisierung amerikanischer Politik«, so Lipset, sei jedoch in den Boomjahren der Nachkriegszeit bald wieder abgeklungen. Amerikas Konservative habe dieser Trend ohnehin nie erfasst, im Gegenteil: Sie seien, bestärkt durch das Laisser-faire-Dogma ihres Helden Ronald Reagan und beseelt durch die erstarkte evangelikale Bewegung, konservativer (will sagen: marktgläubiger und anti-etatistischer) denn je.

Lipsets Analyse lenkt den Blick auf ideologische Risse im Selbstverständnis Amerikas. Diese Differenzen zwischen links und rechts nehmen noch zu, sobald die Weltanschauung amerikanischer Einmaligkeit Amerikas Rolle in der Welt zur Debatte stellt. Viele US-Präsidenten haben sich, vorzugsweise in Zeiten internationaler Krisen, auf Wesen und Charakter Amerikas berufen. Vor allem Ronald Reagan begründete Washingtons Weltpolitik mit Amerikas Einmaligkeit: Die Vereinigten Staaten seien »die leuchtende Stadt« auf dem Hügel. Damit griff der republikanische Präsident zurück auf einen frühen Gründungsmythos Amerikas, nämlich auf die Geschichte der gottesfürchtigen Siedler in Massachusetts anno 1630. Deren Prediger John Winthrop soll damals das Matthäus-Evangelium und die Bergpredigt zitiert haben (»Ihr seid das Licht der Welt. Eine Stadt, die auf einem Berg liegt, kann nicht verborgen bleiben«), um seine Kolonialisten zu ermahnen, ihre neue Gemeinde müsse der Welt ein Vorbild sein »wie eine Stadt auf dem Hügel, und die Augen aller Völker werden auf uns gerichtet sein«.

Linke wie rechte Anhänger einer aktiven US-Außenpolitik haben seither das biblisch eingefärbte Bild von Amerika als *the shining city upon a hill* wieder und wieder zitiert. Mit diesem Verweis begründeten denn auch neokonservative Vordenker George W. Bushs Irakkrieg und dessen *Freedom Agenda,* die weltweit Demokratie und Menschenrechte propagierte und allen Tyrannen den Kampf ansagte. Dieselben historischen Bezüge bemühte aber auch die linke Princeton-Professorin Anne-Marie Slaughter, die unter Hillary Clinton von 2009 bis 2011 einflussreiche Chefin des Planungsstabs im State Department war und früh für einen US-Kampfeinsatz gegen Libyens Diktator Muammar al-Gaddafi warb. Slaughter hatte schon 2007 ein komplettes außenpolitisches Programm entworfen, gemeint als Gegenentwurf zum Bush-Kurs und hergeleitet allein aus der »Idee, die Amerika ist« (so der Titel ihres damaligen Buches: *The Idea That Is America*).

Stets haftete dem Glauben an Amerikas Einzigartigkeit die latente Versuchung an, sich über andere Nationen zu stellen – oder sich weltpolitisch zu überheben. Als Keule in der innenpolitischen Auseinandersetzung jedoch ist Amerikas Einmaligkeit – nun ja: einmalig. Ausgerechnet dieser vaterländische Impuls, der die riesige Nation gemäß ihrem Wahlspruch im Staatswappen (»E Pluribus Unum« – »Aus vielen Eines«) zusammenbringen soll, wird nun zum Werkzeug parteilicher Spaltung. Auch Mitt Romney, der republikanische Anwärter für 2012, schlägt damit zu: Amerika sei »an exceptional nation«, weshalb er als dann 45. Oberbefehlshaber »eine Außenpolitik der Stärke« betreiben und »ein neues amerikanisches Jahrhundert« einläuten würde. »Gott hat dieses Land nicht erschaffen, damit wir als Nation anderen hinterherlaufen«, erklärte er in einer außenpolitischen Grundsatzrede, »Amerika muss die Welt führen.«

Obama hingegen, so giftet Romney, sei »ein Präsident, der glaubt, dass Amerika nur eine von vielen Nationen ist«. Die andauernden Attacken zeigen Wirkung: Mehr als ein Drittel (37 Prozent) aller US-Bürger und 61 Prozent der befragten Republikaner argwöhnen laut Gallup, dass ihr derzeitiger Präsident die Vereinigten Staaten »nicht für das großartigste Land in der Welt« hält. Solch ein Urteil kann jeden Politiker – und zumal das Staatsoberhaupt – die Wiederwahl kosten in einem Land, dessen Bürger bekunden, sie seien »extrem stolz« (61 Prozent) oder doch wenigstens »sehr stolz« (25 Prozent) darauf, Amerikaner zu sein. Seymour Martin Lipset, der Soziologe, hat diese

Logik schon vor zwanzig Jahren auf den Punkt gebracht: »Amerikaner zu sein ist eine ideologische Verpflichtung. Es ist keine Frage der Geburt. Diejenigen, die amerikanische Werte ablehnen, sind un-amerikanisch.«

Flagge zu zeigen ist selbstverständlich in Amerika. Überall in den USA ist das Sternenbanner zu sehen, und das nicht nur am Unabhängigkeitstag, dem 4. Juli: als Fahne am Hausgiebel, als Sticker am Schaufenster oder auf der Autostoßstange, auf T-Shirts und Hosen, selbst auf Schlafanzügen oder Bikinis. Schon fünfjährige Vorschulkinder leisten, die Hand aufs Herz gelegt, jeden Tag vor Unterrichtsbeginn im Klassenzimmer den Treueschwur »auf die Fahne der Vereinigten Staaten von Amerika, und auf die Republik, für die sie steht; eine Nation, unteilbar, mit Freiheit und Gerechtigkeit für jedermann«. Vor jedem Sportereignis ertönt im Stadion die Nationalhymne, von der Major League hinab bis zu den Spielen der Schulmannschaft.

Amerikas Patriotismus ist indes kein Gefühl von Untertanen. Patriotismus meint Bürgersinn. Danach gefragt, was sie als patriotisch empfinden, nennen drei Viertel aller US-Bürger seit dreißig Jahren in Umfragen immer wieder dieselben Dinge: wählen gehen, freiwillig in Gemeinde oder Nachbarschaft helfen, ehrlich Steuern zahlen, hart arbeiten – und beten. Klare Mehrheiten halten es auch für einen Dienst am Vaterland, »gegen schlechte Regierungsentscheidungen zu protestieren« (60 Prozent) oder »für seine Überzeugung zu demonstrieren, selbst wenn dies unpopulär ist« (75 Prozent). Umgekehrt sagt nur ein Drittel aller Amerikaner, es sei patriotische Pflicht, »in Kriegszeiten bedingungslos mit dem Präsidenten übereinzustimmen« – und fast ebenso viele Landsleute halten solcherlei Vasallentreue sogar für unpatriotisch.

In Treue fest jedoch stehen die Amerikaner zum Militär. Trotz allen Missbehagens gegenüber der Regierung im Allgemeinen: Seinen Streitkräften vertraut das Volk. Gegen Ende des Vietnamkriegs Mitte der siebziger Jahre zollte nur gut die Hälfte aller US-Bürger den Soldaten solchen Respekt, aber spätestens seit den Anschlägen vom 11. September 2001 bekunden die Amerikaner mit Sympathieraten von 75 bis 80 Prozent ihre Hochachtung vor den Berufssoldaten. Uniformierte werden in Warteschlangen vorgelassen, bekommen im Supermarkt oder in Motels Sonderrabatte, ernten im Vorübergehen den Dank wildfremder Landsleute. »Thank you for your service« sagen selbst Mitbürger, die persönlich Amerikas Feldzüge in Afghanistan oder Irak zutiefst ablehnen. Bisweilen kann man sogar erleben, dass ein (recht beleibter) Manager vor dem Start im Flugzeug seinen Platz in der Business Class an einen unbekannten Gefreiten abtritt und sich selbst hinten in die enge Holzklasse zwängt.

Dieses ungebrochene, fast liebevolle Verhältnis zum Kriegerstand sei »auch Folge eines schlechten Gewissens«, glaubt Jackson Janes, der Direktor des American Institute for Contemporary German Studies (AICGS) in Washington. »Die Leute leisten Ablass – denn sie wissen, dass es diese nicht mal einprozentige Minderheit ist, die das Land verteidigt.« Amerika hat die Wehrpflicht vor fast vier Jahrzehnten abgeschafft; niemand muss mehr gegen seinen Willen Uniform und Kampfstiefel tragen. Freiwillig tun es, genau genommen, nur 0,5 Prozent der Bevölkerung – als *volunteers*. Janes, ein kluger Kenner der Bundesrepublik, weiß sehr wohl, dass gerade deutsche Beobachter sich wundern, wenn US-Soldaten bei jeder Gelegenheit öffentlich als Helden gefeiert werden. Das erkläre sich mit Amerikas historischer Erfahrung, in der Krieg immer Fortsetzung der Politik mit anderen Mitteln war. »Die Geschichte amerikanischer Militärmacht ist eine Geschichte von Siegen.« Schon der Befreiungskrieg gegen die britischen Kolonialherren war eben das gewesen – ein siegreicher Krieg. »Wir sind eine Nation, die in einer blutigen Revolution geboren wurde.«

Vietnam wird als die große Ausnahme in dieser »Geschichte von Siegen« empfunden. Der Politologe Janes erinnert sich, wie 1968 nach Enthüllung des Massakers von My Lai, bei dem US-Soldaten 500 unbewaffnete Bauern, Frauen und Kinder niedergemetzelt hatten, der Streit um den Krieg in den USA eskalierte »und fast bürgerkriegsähnliche Zustände ausbrachen«. Der Konflikt spaltete die Nation. Die Wut der Kriegsgegner richtete sich nicht nur gegen die Regierung, sondern traf ebenso Generäle wie GIs: Soldaten wurden nach ihrer Heimkehr angespuckt, die eigenen Kinder beschimpften sie als »Babymörder«. Dann aber, so Janes, sei es dem konservativen Ronald Reagan in den achtziger Jahren gelungen, die Vereinigten Staaten erneut für den Kampf gegen die Sowjetunion (»das Reich des Bösen«) zu mobilisieren und »wieder psychologisch kriegsfähig« zu trimmen. Und nach dem Sieg im Kalten Krieg trugen der Golfkrieg 1990 und die Kampfeinsätze auf dem Balkan, die kaum amerikanische Opfer forderten, dazu bei, das Vietnam-Trauma zu überwinden.

Nach mehr als zehn Jahren Krieg in Afghanistan und Irak aber sind die Amerikaner wieder kriegsmüde geworden. Im Alltag verblasst der Patriotismus. Die Sticker auf den Stoßstangen vergilben: 1,2 Millionen Magneten mit Schleife und Treueschwur auf die Truppe (»Support our Troops!«) konnte die Firma Magnet America 2004 verkaufen – monatlich! Inzwischen gehen nicht einmal mehr 10 000 Exemplare raus. Der vermaledeite Militäreinsatz im Irak endete Weihnachten 2011, und auch der Krieg in Afghanistan neigt sich (wenn auch nur in langsamen Teilschritten bis 2014) dem Ende zu. Laut Umfragen würde das Volk seine Soldaten lieber schneller heimholen. Die Nation ehrt ihre Helden stiller, vielleicht auch inniger als noch vor fünf oder sieben Jahren. Und niemand – auch nicht die linken Kriegsgegner – käme auf die Idee, die Truppe für ihren Einsatz zu schmähen.

Im Gegenteil: Die Amerikaner ehren sie. So wie am verschlafenen Flughafen von Bangor in Maine, dem nordöstlichsten US-Bundesstaat. Hier legen die meisten Truppentransporter auf dem Weg von und nach Afghanistan und Irak einen Zwischenstopp ein. Die bodenständigen Menschen in dieser einsamen, von Wäldern und Seen verwöhnten Landschaft haben ihre sehr eigene Tradition entwickelt, den Soldaten Respekt zu zollen – Tag und Nacht.

Morgens um kurz nach fünf etwa, wenn der Krieg in der Heimat ankommt: Ganz hinten, im Halbdunkel des langen Tunnels, tauchen die ersten Schatten auf. »Sie sind da«, ruft jemand, als die Gestalten in Khaki ins fahle Neonlicht des Flughafens von Bangor treten. Verschlafen trotten die Soldaten hinab zum Ende der Gangway. Da steht, in miefiger Luft und auf blaugrauem Läufer, die Nation Spalier und begrüßt ihre Helden: »Good morning, welcome home!«

Die Nation – das sind an diesem kalten Herbstmorgen ein Dutzend Rentner. Menschen wie Joanne, die Soldatenwitwe mit dem Seidenschal in patriotischem Rot-Weiß-Blau. Oder Chuck, Don und Dusty, die drei Kumpel um die siebzig, deren Baseballkappen sie als Vietnamveteranen identifizieren. Viel tun sie nicht. Sie sind einfach da, nicken aufmunternd, strecken die Hand aus und ringen Amerikas müden Kriegern ein Lächeln ab – jedenfalls manchen.

»Maine Troop Greeters« nennt sich die Rentnertruppe. Es sind etwa vierzig Männer und Frauen, die seit Mai 2003 zu jeder Tageszeit hinaus zum Terminal eilen, sobald ein Militärtransporter zum Auftanken landet. Der Flughafen von Bangor ist der Weltmacht Nadelöhr zum Krieg: 2007 oder 2009, als das Pentagon noch zwei Kriege führte, kamen hier täglich acht oder zehn Maschinen mit 250, manchmal 300 Soldaten vorbei. Der triste Wartesaal in der Provinz ist für sie die letzte US-Station vor dem Hinterhalt am Hindukusch, war der letzte Heimathalt vor der Autobombe in Bagdad. Und wer Glück hatte, der fand acht, zehn oder zwölf Monate später bei seiner Rückkehr wieder ein, zwei Stunden Zuflucht in Bangor.

Amerika ist nach wie vor ein Land im Krieg. Das erkennt jeder, der in Bangor die Soldaten sieht: Dicht gedrängt stehen sie in der Lounge und warten auf ein schales Bier, draußen rücken sie in der Raucherecke zusammen, trotzen dem eisigen Wind und inhalieren Kippen auf Kette. Doch ansonsten verliert die Nation ihre Krieger zumeist aus dem Blick. Ungefähr 2,5 Millionen Amerikaner haben in der Dekade nach 9/11 im Irak und in Afghanistan gekämpft. Sie alle sind Freiwillige – Berufskrieger oder sogenannte Bürgersoldaten der Nationalgarde. Meist bleibt die Truppe unter sich, samt ihren Familien.

Eine Studie des Pew Research Center ergab im Oktober 2011, dass sich diese 9/11-Generation oft (und häufiger als Veteranen anderer Kriege) von der Gesellschaft alleingelassen fühlt. Fast die Hälfte (47 Prozent) beklagt »Probleme, ins Zivilleben zurückzukehren«. Zwar haben neun von zehn Befragten es schon erlebt, dass sich ein Zivilist bei ihnen für ihren Einsatz bedankt. Aber zugleich haben fast alle (84 Prozent) das Gefühl, die Öffentlichkeit begreife ihre Probleme nicht. Auch bei der Truppe gären Zweifel an Amerikas längstem Krieg: Von jenen Soldaten, die persönlich an die Front gezogen sind, halten rückblickend 54 Prozent das Engagement in Afghanistan und 47 Prozent den Einsatz im Irak für »lohnenswert«. 34 Prozent glauben, beide Konflikte seien all die Opfer wert gewesen. Immerhin aber ein Drittel winkt inzwischen ab und mag in keinem der beiden Feldzüge mehr einen Sinn erkennen, der all die Verluste rechtfertigen würde.

Dennoch können die Soldaten in Bangor lachen. Manchmal sogar lauthals. Das passiert allen voran jenen, die am Ende der Begrüßungsschlange auf Jerry Mundy stoßen. Jerry, ein ehemaliger Bauarbeiter, ist der Clown der Troop Greeters. »Das hat euch noch gefehlt, häh – kaum gelandet und schon müsst ihr wieder idiotisch in Reih und Glied marschieren«, feixt er. Ein feuerrotes Sweatshirt weist den 76-Jährigen als Veteranen aus. »Nicht mehr schlank, nicht mehr fies – aber noch immer ein Marine« prangt über seinem prallen Bauch. »Okay, Leute, die Klos sind da drüben rechts, in unserem Büro da vorn haben wir kostenlose Telefone für euch. Zum Rauchen geht's hier die Treppe runter!« Hundertmal am Tag wiederholt Mundy diese Litanei. Aber bei ihm klingt es, als weise er jedem Soldaten persönlich den Weg. Weshalb ein junger Sergeant, der zwei Köpfe größer ist als Jerry und sein Enkel sein könnte, ihm um den Hals fällt. Beinahe zwölf Monate war dieser Hüne in Afghanistan, jetzt ist er den Tränen nahe: »Ein Jahr lang hat mich niemand wirklich willkommen geheißen.«

Jerry Mundy hat ein weiches Herz. Und eine starke

Schulter: »Mehr kann ich nicht bieten.« Manchmal sagt er den Soldaten auf dem Weg in den Krieg, »dass ich sie liebe oder dass Gott mit ihnen sein möge – obwohl ich doch selbst nicht an den da oben glaube«. Was soll's, es hilft. In seiner Jackentasche trägt er eine Medaille, die ihm ein Marine kurz vor dem Weiterflug in den Irak schenkte. »Der Soldat hat mir versprochen, er werde sich dieses Stück bei der Rückkehr wieder abholen.« Das ist Jahre her. Der Mann ist nie wiedergekommen. Der Troop Greeter lässt die Hoffnung nicht fahren: »Wir haben uns bestimmt nur verpasst.«

Jerry Mundy kennt den Krieg. Mit siebzehn Jahren, während des Koreakriegs, ging er zu den Marines. Und Jerry kennt die Krieger, jede Woche ein paar Hundert mehr. Das bedeutet aber keineswegs, dass der Troop Greeter den Krieg gutheißt. Er deutet seine Vorbehalte nur an: »Ich unterstütze die Soldaten, weil sie da rüber*müssen*.« Das letzte Wort ist ihm wichtig. Als George W. Bush im Mai 2003 voreilig im Aufzug eines Kampfpiloten vor dem Plakat mit der Aufschrift »Mission Accomplished« paradierte, hat Jerry geflucht: »Was zum Teufel hat er sich dabei gedacht?« Ja, sagt Jerry, da habe er sich »irgendwie unpatriotisch gefühlt – aber andererseits: Hätte ich es nicht gesagt, wäre es auch unpatriotisch gewesen, oder?« Jerry redet nicht gern von Politikern (»Die sollten erst mal selbst ins Gefecht ziehen«) oder überhaupt von Politik. Das endet nur im Streit, weshalb alle Troop Greeters sich einem strikten Tabu beugen: »No politics, no religion« am Flughafen.

Ganz ähnlich denkt und fühlt auch Anne Kohl. Die kleine, etwas pummelige Frau zählt zum harten Kern der Troop Greeters. Oft übernimmt sie die Nachtschicht, schüttelt Soldatenhände bis zum Morgengrauen. »Na und? Ich kann danach ins Bett fallen, aber die landen im Krieg.« Streng privat gesteht Anne, sie sei »von Anfang an gegen den Irakkrieg« gewesen. Und dass Amerika in Afghanistan noch viel gewinnen kann, »das glaube ich auch lange nicht mehr«. Die Militärmission missbilligen und dennoch die Truppe unterstützen – das geht? »Aber ja«, sagt sie und nickt eifrig, »die Soldaten kämpfen auch für mein Recht, gegen diesen Krieg zu sein.« Den Soldaten erzählt Anne Kohl nichts von ihrem Hader. Sie hört lieber zu: Etwa wenn der Leutnant, dem sie soeben eines der 41 Handys geliehen hat, am Telefon laut zu jammern beginnt: »Honey, sag, dass es nicht wahr ist …« Dann weiß Anne Kohl, dass wieder eine Braut ihrem Soldaten gebeichtet hat, dass inzwischen ein anderer Kerl ins Haus eingezogen ist. Die Troop Greeters sind bescheiden, sie nehmen nicht für sich in Anspruch, Amerikas Oberbefehlshaber im Weißen Haus weltpolitischen Rat geben zu können. Aber nach mehr als zehn Jahren »War on Terror« ist Jerry Mundy es leid, junge Landsleute an die Front zu verabschieden. Der sonst so fröhliche Rentner blickt melancholisch drein: »Am liebsten würde ich rüberfliegen und selbst kämpfen.« Wieso ausgerechnet er, der klammheimliche Kriegsgegner von Bangor? »Ich hab mein Leben gelebt«, sagt er und holt tief Luft, »wenn ich ginge, dann kann vielleicht einer von den Jungen daheimbleiben.«

Das ist Patriotismus. Einer, der Republikanern wie Demokraten gleichermaßen gefallen würde. Was nicht selbstverständlich ist. Denn Teil des Zerwürfnisses zwischen rechts und links in Amerika ist auch der Zank darüber, was einen wirklichen Patrioten ausmacht – und wer ein Patriot ist. Da genügen kleinste, buchstäblich nur fingernagelgroße Anlässe, um einen großen Streit vom Zaun zu brechen: Zu Beginn des Wahlkampfs im Herbst 2007 hatte Barack Obama sich zunächst geweigert, täglich eine Anstecknadel mit der US-Fahne ans Revers zu heften. »Ich werde diesen Pin nicht an meiner Brust tragen«, hatte der Kandidat getönt, »stattdessen werde ich dem amerikanischen Volk zu sagen versuchen, was dieses Land groß machen wird. Und das wird hoffentlich Zeugnis meines Patriotismus sein.« Prompt brach ein Sturm konservativer Entrüstung los – über die verschmähte Anstecknadel wie über des Senators Begründung. Obama wolle dem Volk sagen, was dieses Land groß machen ... *wird*? Das klang, als sei die Nation noch nicht groß, als müsse sie sich erst läutern. Die Formulierung legte zudem den Verdacht nahe, Obama leugne die in den Augen der meisten seiner Landsleute ruhmreiche und einzigartige Geschichte der Vereinigten Staaten.

Was Obama artikulierte, war die für Amerikas Progressive typische Variante der Vaterlandsliebe: Es geht nicht um Glanz und Gloria tradierter Symbole, sondern um Taten, die das Land verbessern. In einem klugen Essay für *Time Magazine* hat Peter Beinart, ein den Demokraten nahestehender Intellektueller, die »patriotischen Spiele« von links und rechts analysiert. Zwar sprächen beide Lager viel von »Liebe und Hingabe« für ihr Land – aber schon die zwei Nachfragen, *warum* man das Land liebe und *wie* man seine Hingabe zeige, führten zum Streit. Konservative betrachteten Patriotismus als Pflicht, als selbstverständliche Dankbarkeit für das Glück, Teil einer einzigartigen Nation sein zu dürfen. »Auch Konservative wissen, dass Amerika nicht perfekt ist«, schreibt Beinart, »aber sie fürchten, dass Amerikaner, die die Vergangenheit nicht genügend wertschätzen, dem Irrglauben erliegen, sie könnten das Land leicht und dramatisch verändern – und dabei dann alles verschlechtern.« Dieser Logik zufolge ist die Nation so etwas wie die eigene Familie: »Du liebst sie, weil sie deine ist.«

Während die Rechte ihren Patriotismus also meist mit dem Erbe einer glorreichen Vergangenheit begründet, nährt die Linke ihre vaterländischen Gefühle mit dem Versprechen einer besseren Zukunft. Progressive Geister, so beobachtet Beinart, würden Amerika weniger als eigene Kultur denn »als eine Verheißung von Idealen wie Demokratie, Gleichheit und Rechtsstaatlichkeit« betrachten, die es in der Realität einzulösen gelte. Weil bisher diese Ideale oft verfehlt wurden, strebten Linke danach, die Lücke zwischen Traum und Wirklichkeit zu schließen. »Patriotismus dreht sich also nicht darum, die Vergangenheit zu ehren oder zu wiederholen – es geht darum, sie zu überwinden.«

Amerikas Linke beziehen sich dabei stets auf die Präambel der amerikanischen Verfassung. »We the people of the United States, in order to form a more perfect Union ...«, heißt es da gleich in der ersten Zeile. Das ist der Kern der politischen Mission, die viele US-Demokraten antreibt. Auch Barack Obama, in früheren Jahren Dozent für Verfassungsrecht an der Universität von Chicago, zitiert die Passage gern und häufig. Jene vielgelobte Grundsatzrede zu Amerikas Rassenproblemen, mit der sich der Präsidentschaftskandidat im März 2008 von den Hasspredigten seines früheren Pastors Jeremiah Wright distanzierte, trug genau diesen Titel: »A More Perfect Union«. Darin erinnerte Obama an die leidvolle Geschichte von Sklaverei und Rassendiskriminierung. Aber zugleich lobte er all die Fortschritte, die sein Land zur Überwindung dieser historischen Bürde erreicht habe. Zum Beweis verwies der Redner auf sich selbst, auf den Aufstieg des Sohnes einer weißen Mutter aus dem Mittleren Westen und eines schwarzen Gaststudenten aus Kenia zum potenziellen ersten Mann im Staat: »In keinem anderen Land auf Erden ist meine Geschichte überhaupt möglich.« Das war, auf Obamas Weise, durchaus eine Verneigung vor dem »American Exceptionalism«. Es sei, so sagt er bisweilen, Amerikas »Geist des Fortschritts«, der ihn zum Präsidenten gemacht habe. Mittlerweile hat Obama übrigens auch seine Abneigung gegen die patriotische Anstecknadel überwunden. Als Präsident trägt er den Pin mit den *Stars and Stripes* nun beinahe täglich am linken Revers.

Nur, es hilft Obama nicht viel. Der Vorwurf von rechts, er glaube nicht wirklich an Amerikas Größe und Einmaligkeit, gehört zu Beginn des Wahljahres 2012 zum Standardrepertoire seiner republikanischen Gegner. Mal werfen sie ihm vor, seine Wirtschaftspolitik baue zu sehr auf einen lenkenden Staat und sei deshalb geradezu »un-amerikanisch« (weil Amerikas Gründerväter eben im Herzen Anti-Etatisten gewesen seien). Dann wieder verdammen sie, dass er sich – als Nachfolger von George W. Bush – zu oft für Amerikas bisherige Außenpolitik entschuldigt habe. Obama und »die Linke«, so wettert etwa der konservative Kolumnist Shelby Steele im *Wall Street Journal*, empfänden Amerikas Einzigartigkeit nur als Ballast. »Sie wollen die Last unserer Größe eintauschen und sich in Mittelmäßigkeit Erleichterung verschaffen. Um Amerika zu zivilisieren und es von seiner angeblichen Habgier und Hybris zu erlösen, erklärt die Linke den Niedergang zur Tugend.«

Doch längst nicht alle Konservativen, die die Nation

auf dem Weg bergab sehen, geben allein dem Präsidenten oder der Linken die Schuld. Der Historiker Andrew Bacevich etwa veröffentlichte bereits im Wahljahr 2008 sein Buch *The Limits of Power*. Im Untertitel prophezeite es schier Unglaubliches: *The End of American Exceptionalism*. Amerikas Einmaligkeit - aus und vorbei? Amerika, so argumentiert der Professor für Internationale Beziehungen an der Boston University, lebe wirtschaftlich seit Jahr und Tag über seine Verhältnisse. Sein Freiheitsideal sei längst zu »banaler Konsumfreiheit und zu individueller Maßlosigkeit verkommen«. Die Nation sei ausgebrannt und könne sich weltweite Interventionen und »dumme Kriege« wie im Irak und in Afghanistan nicht länger leisten. Das Buch des konservativen Professors wurde rasch zum Bestseller und machte vorrangig unter linken Lesern Furore, weil es in der Schlussphase der Bush-Präsidentschaft mehr Bescheidenheit anmahnte.

Bacevich redet wie ein Kulturpessimist. Er sitzt im Halbdunkel, nur eine Schreibtischlampe hellt sein Büro auf, Vorhänge und Jalousien sperren das Tageslicht aus. Der Professor beklagt, »dass unsere Politiker das Volk in seinem Lebensstil und in seinem Irrglauben an eine falsche Freiheit noch bestärken«. Nur einer habe je den Tabubruch riskiert, ein Mal: »Jimmy Carter war der einzige Präsident, der es je wagte, die Wahrheit zu sagen. In einer Rede während der Ölkrise hat er 1979 vor den Gefahren unseres Lebensstils gewarnt.« Prompt verlor Carter 1980 die Wahl gegen Ronald Reagan. »Die Lektion von Carters sogenannter Malaise-Rede lautet: ›Sage dem Volk nie die Wahrheit!‹ Reagans Botschaft hingegen hieß: Es gibt keine Energiekrise, weiter so! Seither ist unsere Abhängigkeit von Ölimporten stetig gestiegen, und unsere Außenpolitik spiegelt das wider. Die dient auch dem Zweck, daheim den Tag der Abrechnung zu vermeiden.«

Bacevich, eigentlich ein Republikaner, stimmte 2008 für Obama – aber er war von Anfang an skeptisch. Als er dann sah, dass Obama die US-Truppen im Irak reduzierte, nur um die Zahl amerikanischer Soldaten in Afghanistan zu verdoppeln, übte er ätzende Kritik: »Das ist kein Wandel oder Neuanfang. Das ist mehr vom Immergleichen, nur an einem anderen Tatort.« Moralisch sei Obamas Truppenverstärkung am Hindukusch sogar noch zweifelhafter als jene von Bush 2007 im Irak. Der Republikaner habe wenigstens an den Sinn seines Wüstenkriegs geglaubt, während Obama sich nur nicht traue, seiner inneren Überzeugung zu folgen und aus Afghanistan abzuziehen. »Ein Oberbefehlshaber, der junge Amerikaner in den Tod schickt für eine Sache, an die er offenkundig nicht glaubt«, so meint Bacevich kategorisch, »ein solcher Oberbefehlshaber verdient Verachtung.«

Der 61-jährige Professor ist ein Renegat. Fast ein Vierteljahrhundert lang diente der Absolvent der Militärakademie von West Point in der US-Armee, ehe er Anfang der neunziger Jahre als Oberst den Dienst quittierte. In Washingtons Establishment tuschelt man, Bacevichs Schärfe rühre auch daher, dass 2007 sein Sohn im Irak für eine Mission gefallen sei, die der Vater von Anfang an für verfehlt hielt. Bacevich bestreitet diese »alberne Psychologisierung«. Ihn leite ein ganz anderer Gedanke: Amerikas Gründerväter hätten die weltpolitische Rolle der Vereinigten Staaten mit ubiquitärer Machtprojektion und Militärpräsenz rund um den Globus niemals gutgeheißen. »Sie wollten einen unverwechselbar amerikanischen Führungsansatz, getragen von der Überzeugung, dass Selbstbeherrschung Vorrang genieße vor der Herrschaft über andere.« Bacevich ist die Gründungsdokumente der Vereinigten Staaten durchgegangen. Auch die schon erwähnte Predigt John Winthrops hat Bacevich nochmals studiert. Die »Stadt auf dem Hügel« habe zwar in der Tat Amerikas Berufung in der Welt definiert, aber Winthrops Anhänger hätten dieses Versprechen anders einlösen wollen, als es heute die herrschende Lehre in Washington sei. »Die Bewohner dieser Stadt sollten ihrer Meinung nach nicht danach trachten, etwas zu erzwingen oder mit Macht durchzusetzen; stattdessen sollten sie Vorbild sein und leuchten.« Die Rolle als schillerndes Beispiel, fernab allen nationalen Kriegshaders der Alten Welt – das wäre ein anderer »American Exceptionalism« gewesen.

Amerika mischte sich jedoch ein. Den anmaßenden Sündenfall seiner Nation macht Bacevich im 20. Jahrhundert aus. Nach den Siegen im Ersten und vor allem im Zweiten Weltkrieg habe sein Land eine präpotente Rolle als militärische Supermacht übernommen, wie sie Amerikas erster General und Präsident George Washington nie gebilligt hätte. Das ideologische Credo dieses Kurses schrieb 1941 der Verleger von *Time* und von *Life*, Henry Luce, nieder: In seinem Manifest »The American Century« forderte Luce seine Landsleute auf, fortan »von ganzem Herzen unsere Pflicht zu akzeptieren, auf der gesamten Welt die ganze Wucht unseres Einflusses für jeden Zweck und auf jede Weise auszuüben, die wir für angemessen halten«. Der Begriff »American Century«, geprägt auf dem Höhepunkt wirtschaftlicher wie militärischer Überlegenheit der Vereinigten Staaten, zählt seither zum angestammten Vokabular aller Strategen in Washington. Und als diese Stärke nach dem Sieg im Kalten Krieg gegen Ende des 20. Jahrhunderts zu bröckeln begann, legte eine Gruppe neokonservativer Vordenker frische Manifeste zur Wiederbelebung der globalen Führungsmacht auf. »Project for a New American Century« hieß der Kreis, dessen Mitglieder 2001 in etliche, zum Teil hochrangige Büros der Bush-Regierung einzogen.

Der Rest ist bekannt: 9/11, Afghanistan, Irak. Zehn Jahre später beginnt Amerika, sich auf sich selbst zu besinnen. Die Nation ist kriegsmüde. Bacevich, dem Renegaten, mag Amerikas Rückzug auf sich selbst nicht schnell genug gehen. Die Krieger aber kehren langsam heim: 180 000 US-Soldaten waren Ende 2008 im Irak und in Afghanistan stationiert, im Januar 2012 sind es noch 90 000.

Obama kultiviert inzwischen seine eigene Variante des »American Exceptionalism«. Diese Nation sei »nicht einfach ein Ort auf der Landkarte, sondern das Licht der Welt«, belehrte er in seiner Rede zur Lage der Nation im Januar 2011 den versammelten Kongress. »Wir sind die erste Nation, die um einer Idee willen gegründet wurde – die Idee, dass jeder von uns eine Chance verdient, seine eigene Zukunft zu gestalten.« Und dann präsentierte der Präsident ein umfangreiches Programm, mit dem sein Volk alle Konkurrenz auf Erden übertrumpfen werde. Nicht mit Panzern und Soldaten in fremden Ländern, sondern mit vielen Steuermilliarden für heimische Innovation, Erziehung und Infrastruktur. Obamas Slogan war uramerikanisch – und unübersetzbar: »We need to out-innovate, out-educate, and out-build the rest of the world.«

DIE ZERFALLENDE ZUKUNFT

MEDIALE SCHIZOPHRENIE

Wer wissen will, warum Amerika in Selbstblockade verfällt, muss sich nur vor den Fernseher setzen

Es gibt Momente, da Nationen innehalten. Da die Menschen sich kollektiv getroffen fühlen von einem Unglück, einem Anschlag, der nur wenige trifft, aber auf alle zielt.

Es geschah an einem sonnigen, fast schon frühlingshaften Samstagmorgen Anfang Januar 2011 in Tucson im weiten Westen der USA. Ein junger Mann namens Jared Loughner hatte sich mit dem Taxi auf den Parkplatz eines Safeway-Supermarktes kutschieren lassen, wo die demokratische Kongressabgeordnete Gabrielle Giffords zu einer Bürgersprechstunde unter freiem Himmel geladen hatte. Loughner zückte eine Pistole, eine halbautomatische Waffe, wie sie in den USA leicht zu erwerben ist, und leerte seelenruhig das ebenfalls problemlos erhältliche extragroße Magazin bis zur letzten Patrone. Erst als er nachladen wollte, konnte er überwältigt werden. Giffords brach, schwer am Kopf verletzt, zusammen, sie sollte aber überleben. Für sechs andere Menschen, unter ihnen ein neunjähriges Mädchen, kam jede Hilfe zu spät.

Weil es ein Samstagmorgen war, dauerte es eine Weile, ehe das Land in seiner Wochenendruhe das Ausmaß des Unheils erfasste. Die Medien berichteten zunächst einfach nur das Geschehen. Nicht mehr. Es war, als wollte die Nation sich wirklich besinnen. »Soul searching« heißt das im Amerikanischen, Gewissenserforschung. Jedes

Jahr ereignen sich in den USA Massaker wie in Tucson. Durchgedrehte Menschen schießen um sich, aus welchen Motiven auch immer. Doch diesmal hatte es eine Kongressabgeordnete getroffen, eine Vertreterin des Volkes. Es war ein Anschlag auf das demokratische Grundrecht, sich ohne Furcht versammeln zu können. Und die Fragen, die die Bluttat aufwarf, lagen auf der Hand: Sind Waffen in den USA nicht doch zu leicht zugänglich? Sollten wirklich Selbstladepistolen frei verkauft werden, die innerhalb weniger Sekunden zwanzig, dreißig Schuss abgeben? Hatten Parolen, die politische Gegner zu Jagdwild erklärten, den Schützen zu seiner Tat angestiftet?

Die Schockstarre nach dem Anschlag währte nur ein paar Stunden. Der Moment der sprachlosen kollektiven Bestürzung wich schnell der Frage nach der Schuld an dem Unheil. Vergeblich mahnte der Präsident der Vereinigten Staaten zum Innehalten. Im einsetzenden Getöse der Großmäuler und Kleingeister, in der Kakofonie auf den Kabelsendern und der Springflut der Spontan-Alleswisser in den Blogs ging seine Stimme unter. Barack Obama ersuchte schlicht um ein bisschen Stille: »Ich bitte alle Amerikaner um einen Augenblick des Schweigens zu Ehren der unschuldigen Opfer der sinnlosen Tragödie in Tucson, Arizona.«

Vergeblich.

Noch am Abend ging Keith Olbermann auf Sendung, damals der Vorzeigemoderator von MSNBC, dem Kabelsender, den vor allem die Linken im Lande schauen, und tat seine Abscheu kund. Nicht nur die blindwütige Tat beklagte er, sondern ebenso die, wie er schäumend formulierte, »immer weiter eskalierenden, grenzwertig ekstatischen Aufrufe zur Gewalt in unserem politischen Diskurs«. Und dann nannte er Namen. Sarah Palin, die Galionsfigur der aufmüpfigen Rechten, die Giffords' Wahlkreis per Fadenkreuz-Grafik auf ihrer Website bildlich ins Visier genommen hatte, klagte er an. Dann erinnerte er an Sharron Angle, die gescheiterte Senatskandidatin der Republikaner in Nevada und ebenfalls eine Heldin der Tea-Party-Bewegung, die Wochen zuvor über ein vermeintliches Recht der Amerikaner auf bewaffneten Widerstand gegen die Regierung schwadroniert hatte. Überhaupt, so Olbermann, hätten die Wortführer der Tea-Party-Bewegung allesamt mit Aufrufen zur Gewalt gespielt, insbesondere die TV-Moderatoren Glenn Beck und Bill O'Reilly vom rechten Kabelsender Fox News. Ihnen warf der MSNBC-Mann verbale Brandstiftung vor. Ihre Rhetorik habe ein Klima des Hasses in Amerika geschürt und »Todesfantasien und Träumen voller Blutdurst« in Bezug auf die verabscheuten Linken Vorschub geleistet. Alle müssten sie sich nun »feierlich entschuldigen« und Besserung geloben. Olbermann spielte den Scharfrichter: Er machte die rechten Vielschwätzer in Politik und Medien direkt für eine geistige Atmosphäre im Land verantwortlich, die Gewalt gebiert und Spinner zu gemeingefährlichen Attentätern mutieren lässt. Mit einem Wort: Er gab ihnen die Mitschuld am Blutbad von Tucson.

Die Gegenattacke ließ nicht lange auf sich warten. Bill O'Reilly, der Grande der konservativen TV-Moderatoren, revanchierte sich zwei Abende später auf dem Kabelsender, den vorzugsweise die Rechten im Land schauen, mit einer eigenen Tirade und beklagte seinerseits die »widerliche Ausbeutung sinnloser Gewalt durch politische Zeloten«. Womit er natürlich die Linken meinte. Die liberale *New York Times*, wahrlich kein Hetzblatt, machte er als eine der Hauptschuldigen aus. Ihre Berichterstattung kanzelte er als »schlicht widerwärtig« ab. Und bei MSNBC ritten sie seiner Meinung nach »fiese persönliche Attacken« auf all diejenigen, »die nicht mit ihrer linksextremen Meinung übereinstimmen«. Dann setzte er eine Bemerkung hinzu, die offenbarte, dass in der Tat verständnislose Sprachlosigkeit zwischen den Multiplikatoren von links und rechts herrscht. Denn O'Reillys auf MSNBC gemünzten Satz »Der Hass, den dieser Sender ausspuckt, ist ohne Beispiel in den Medien« hätte wortgleich sein Gegenspieler Olbermann auch über Fox News formulieren können.

Die mediale Lehre von Tucson lautete daher: Selbst eine nationale Tragödie bot keinen Anlass zur Einkehr und vermochte niemanden zur Besinnung zu bringen. Es war nur eine Gelegenheit mehr, das Niveau der wechselseitigen Beschuldigungen zu steigern und den Hass zu potenzieren. Der politische Stellvertreterkrieg zwischen links und rechts, der seit Jahren in den elektronischen und digitalen Medien Amerikas ausgefochten wird, war nur Stunden nach den Todesschüssen von Tucson wieder entbrannt. Genau genommen war er sogar in ein neues Stadium getreten: Diesmal ging es nämlich nicht mehr allein um die Widerwärtigkeit der Worte, die man sich in der Kunstwelt von TV-Shows und Blogosphäre gegenseitig an den Kopf wirft, sondern diesmal ging es um die gefährliche Macht dieser Worte in der Realität. Um den Tod im wirklichen Leben.

Keiner der Beteiligten ist ohne Schuld. Olbermanns Vorhaltungen waren übertrieben, sein Verlangen nach öffentlicher Bußfertigkeit wirkte inquisitorisch. In einem Punkt aber schien sein Zorn gerechtfertigt: Es waren die Konservativen, die den medial geführten Krieg der Worte angezettelt hatten. Die vergiftete Atmosphäre, die ständig verbreiteten Ressentiments und Gehässigkeiten sowie persönliche Ranküne gegenüber dem politischen Gegner wurden im Talkradio von dem Moderator Rush Limbaugh und im Kabelfernsehen erst von Fox News fest als Teil des US-Medienalltags etabliert - vielleicht auch nur deshalb, weil Limbaugh und Fox News von Anfang an damit Erfolg hatten.

Im Jahr 1996 ging Fox News, eine Gründung des konservativen Medienmoguls Rupert Murdoch, auf Sendung und machte rasch Quote: Fox News übertrug einfach die Bissigkeit und die Unversöhnlichkeit von Trash-Talkshows auf die Berichterstattung über Politik. Von Anfang an beschimpfte der Sender Konkurrenzmedien als linksextrem und camouflierte die eigene, eindeutig einseitige Berichterstattung als »fair und ausgewogen« (ein Slogan, den Fox News ebenfalls noch heute benutzt). Die anderen Kabelkanäle reagierten auf die erfolgreiche Konkurrenz mit Anpassung. MSNBC imitierte die Zanksucht der Rechten und etablierte sich als linkes Pendant zu Fox News. CNN, der älteste der Nachrichtensender im Kabel-TV, versucht den Mittelweg und hetzt seither linke und rechte Schwadroneure in seinen Polit-Talkshows aufeinander - Streit um des Streits willen.

Wer also wissen möchte, warum Amerika in Selbstblockade verfällt, braucht sich im Grunde nur eine Weile vor den Fernseher zu setzen. Früher hieß es, den ehernen Rassenkonflikt in den USA könne man nirgendwo besser beobachten als am Sonntagmorgen, wenn Weiße und Schwarze zur Kirche gehen - noch heute beten sie strikt nach Hautfarbe getrennt. Das Bild lässt sich übertragen: Nirgendwo sonst ist die politische Schizophrenie des Landes, die tiefe ideologische Polarisierung, besser zu beobachten als vor dem Bildschirm, wo Rechte und Linke zunehmend nur noch Kanäle einschalten, die ihrer politischen Einstellung entsprechen. Die Wirklichkeit wird nur noch selektiv wahrgenommen. Was stört, wird ausgeblendet. Oder weggezappt.

Das Schlimme ist, dass sich die Grenzen zwischen der Realität und ihrer medialen Abbildung in den letzten zwanzig Jahren zusehends verwischt haben. Die politische Soap Opera, die seit Jahren nonstop, quasi ohne Atempause, auf den Kabelkanälen der Nachrichtensender dargeboten wird, ist ebenso unmerklich wie unaufhaltsam aus dem virtuellen Bereich der reproduzierten Wirklichkeit, aus dem Reden über die Realität, ins wirkliche Leben hinübergeschwappt. Der ätzende Tonfall, vor allem aber die Unfähigkeit zum Kompromiss, wie sie auf dem Bildschirm Tag für Tag vorgeführt wird, sind heute Teil des tatsächlichen politischen Alltags in den USA geworden. Die Folge ist eine absolut unseriöse öffentliche Debattenkultur, die mitunter schrille, geradezu hysterische Töne annehmen kann.

Wohl niemand hat in der Ära Obama diese Vermischung der Ebenen besser durchschaut – und für sich genutzt – als die Mutter Courage der Tea-Party-Bewegung, die Vizepräsidentschaftskandidatin der Republikaner von 2008, Sarah Palin. Sie wechselte aus der Politik in die Medien und wurde für viel Geld (Jahresgehalt: eine Million Dollar) Fernsehkommentatorin bei – wie kann es auch anders sein – Fox News. Trotzdem macht sie weiter Politik. Sie personifiziert gekonnt die Vermischung der Sphären. Palin hat es verstanden, mit ihren TV-Auftritten, mit Facebook-Einträgen und Tweets, mit Botschaften also, die jeweils höchstens 140 Zeichen umfassen, die Debatte zu bestimmen – nicht nur in den Medien, sondern auch in der Politik.

Das war am eindrucksvollsten in der Diskussion über die Gesundheitsreform zu beobachten, die für Präsident Barack Obama im Sommer 2009 so schrecklich aus dem Ruder lief. Maßgeblich dazu beigetragen hatte Sarah Palin mit nur zwei Wörtern: *death panel,* Todesausschuss. Den brisanten Vorwurf hatte sie aus dem fernen Alaska über ihre Facebook-Seite in die Welt gesetzt: Als Folge der Gesundheitsreform würden künftig Regierungsbürokraten darüber entscheiden dürfen, ob jemand Zahlungen der Krankenversicherung erhalte und somit ärztlich behandelt werde – oder ob er eben sterben müsse. Das war völlig aus der Luft gegriffen. PolitiFact, ein anerkannter Recherchedienst der *St. Petersburg Times,* der Behauptungen in der US-Politik auf ihren Wahrheitsgehalt hin abklopft, machte Palins Unterstellung sogar zur »Lüge des Jahres«.

Die »Lüge« aber zeigte Wirkung. Aufgebrachte Bürger strömten in Scharen in die sogenannten Town Hall Meetings, die Bürgersprechstunden, zu denen die Kongressabgeordneten traditionell gerne während der sitzungsfreien Sommerzeit laden. Verunsichert, aufgeregt und empört fragten die Wähler immer nur nach einem: den *death panels,* von denen sie im Internet oder im Kabelfernsehen gelesen oder gehört hatten. Es spielte keine Rolle, dass es diese gar nicht gab und auch nie geben sollte. Allein diese beiden Wörter, so urteilte das Nachrichtenmagazin *Time,* hätten Obamas Reform »fast zum Entgleisen gebracht«.

Palin ist gleichwohl kein Einzelfall. Die Kongressabgeordnete Michele Bachmann, ebenfalls eine Heldin der Tea-Party-Bewegung, ist nicht minder bekannt für haltlose Behauptungen, die dennoch in den ihr politisch gewogenen Medien ohne viel Federlesens weiterverbreitet werden. So behauptete sie, Obamas Indien-Besuch im November 2010 koste die US-Steuerzahler nicht weniger als 200 Millionen Dollar und der Präsident habe 870 Zimmer in Fünf-Sterne-Hotels gemietet – Zahlen, die so offenkundig falsch waren, dass das Weiße Haus lediglich erklärte, sie entbehrten »jeder realen Grundlage«. Nichtsdestotrotz verbreitete der konservative Mediendienst Drudge Report sie unbesehen. Sie schadeten Bachmann auch nicht weiter, im Gegenteil: Ihr Wahlkampfkonto erhielt 2010 Rekordzuflüsse aus dem gesamten Land, und im Sommer 2011 brachte sie es wenigstens zeitweilig zu einer ernstzunehmenden Bewerberin um die Präsidentschaftskandidatur der Republikaner.

In den Medien bringt Konfrontation eben Quote: Die werktägliche Sendung des rechten Radiomoderators Rush Limbaugh fährt landesweit seit Jahren die höchsten Einschaltquoten im Talk-Radio ein, ein Hörfunkformat, das es in Deutschland so nicht gibt: Limbaugh monologisiert im Prinzip ohne Unterlass, lobt erzkonservative Gesprächspartner und macht alle Anrufer nieder, die er auch nur ansatzweise liberaler oder gar linker Ansichten verdächtigt. Die Sendung gleicht einer Drei-Stunden-Dauerindoktrination. Der Mann hat damit enormen Erfolg: 2008 schloss er einen Achtjahresvertrag mit seinen Radiosendern ab, der ihm 400 Millionen Dollar einbringt. Sein Einfluss unter Republikanern ist so groß, dass deren Chef im Repräsentantenhaus, John Boehner, den Radiomann regelmäßig anruft, um ihm persönlich sein Vorgehen zu erläutern. Im Sommer 2011 zum Beispiel informierte der ehrenwerte »Mister Speaker« Limbaugh über seine Strategie im Schuldenstreit mit dem Weißen Haus, noch ehe er seine Fraktion darüber unterrichtet hatte.

Unter den Kabelsendern war Fox News nie erfolgreicher als nach der Wahl Obamas. Damals machte Fox News, ohnehin schon kein Hort liberaler Freigeister, noch einmal einen »kräftigen Rechtsruck«, wie der bekannte Medienkritiker Howard Kurtz konstatiert, und verschärfte den Ton gegenüber dem neuen Präsidenten und den Demokraten. 2009, im ersten Jahr der Präsidentschaft Obamas, verzeichnete Fox News mehr Zuschauer denn je – weit mehr als die Konkurrenten CNN und MSNBC zusammen. Auch 2010 und 2011 dominierte Fox wie schon in den Jahren zuvor den Markt der Nachrichtensender. Zwar wies Senderchef Roger Ailes seine Truppe 2011 nach den Schüssen von Tucson an, »die Tonlage zu senken«, doch an der Grundausrichtung hat sich nichts geändert. Dazu ist das Senderkonzept des »kämpferischen Konservatismus« einfach zu erfolgreich.

Die Erkenntnis, dass die andere Seite unter Umständen auch gute Argumente vorzuweisen hat, bringt in politischen TV-Talkrunden nichts. Dort werden Teilnehmer eingeladen, damit sie polarisieren. Im politischen System Amerikas wirkt sich diese Haltung verheerend aus: Die Konfrontation um der Konfrontation willen lähmt alles. Unter dem Eindruck der Fernsehdebatten der Bewerber um die republikanische Präsidentschaftskandidatur schrieb der konservative (!) Kolumnist der *New York Times*, Ross Douthat, im Herbst 2011: »Fox News schafft eine so merkwürdige Promikultur um konservative Politiker herum, dass der ganze republikanische Präsidentschaftswahlkampf mittlerweile wie ein Casting für eine Show im Kabelfernsehen wirkt.«

Es gibt kein Entrinnen: Amerikas politischer Alltag und der Krieg der Worte in Blogs und Kabelsendern sind nicht mehr zu unterscheiden.

Freilich gab es polarisierende Medien schon immer. Die amerikanische Presse war bis weit ins 20. Jahrhundert hinein in der Regel genauso wenig »fair & balanced«, wie Fox News (oder auch MSNBC) heute zu sein vorgeben. Der Unterschied ist jedoch die ungleich höhere Durchschlagskraft der Medien heute.

Das war beispielsweise in der irren und völlig unnötigen politischen Krise im Zusammenhang mit der Anhebung der US-Verschuldungsgrenze im Sommer 2011 zu beobachten, in der sich die Akteure (vor allem aber die Republikaner) benahmen, als hätte ihr Handeln keine realen Konsequenzen und als müssten sie nur wie im Fernsehen ihr eigenes Publikum zufriedenstellen. »Wenn eine Phalanx konservativer Medien, von der Meinungsseite des *Wall Street Journal* bis hin zu den Talkshows im Radio und den Blogs, in den Chor einfällt, dass die Folgen einer Verweigerung der Anhebung im schlimmsten Fall vernachlässigenswert gering wären und sie in Wirklichkeit dem Land sogar guttäten und wenn dann auch noch Präsidentschaftskandidaten sich dieser Botschaft anschließen«, so schrieb der Politikwissenschaftler Norm Ornstein, ein langjähriger unbestechlicher Beobachter und inzwischen scharfer Kritiker des Kongresses auf dem Höhepunkt der Krise, »dann bestärkt es diejenigen, die ohnehin die Konfrontation suchen, weiterhin die Realität zu ignorieren. Die Realität nämlich, dass es lang anhaltende ökonomische Turbulenzen im In- und Ausland zur Folge haben wird, falls die Kreditwürdigkeit und das Vertrauen in die Vereinigten Staaten beschädigt werden.« Ornstein sollte Recht behalten. Nur wenige Tage später stufte die Ratingagentur Standard & Poor's tatsächlich die Bonität der Vereinigten Staaten herunter. Doch keine Spur von Ernüchterung oder gar von einem Moment der Besinnung. Wie auf den Kabelkanälen ging im Washingtoner Alltag der politische Streit munter weiter – jetzt eben mit gegenseitigen Schuldzuweisungen darüber, wer die politische Verantwortung für die Herabstufung der Kreditwürdigkeit zu tragen habe.

Dieses von den Medien nur verstärkte Klima der wechselseitigen Verständnislosigkeit ist keineswegs aus dem Nichts entstanden. Kulturkämpfe, die das Land tief entzweiten, hat es in der Geschichte der Vereinigten Staaten immer wieder gegeben. Anfang des vergangenen Jahrhunderts zogen die Anhänger des antikapitalistischen Progressive Movement in beiden großen Parteien, den Demokraten und den Republikanern, gegen die Rockefellers und andere »Räuberbarone« zu Felde. Präsident Franklin D. Roosevelt mobilisierte die Wähler in den dreißiger Jahren mit seinem Schlachtruf wider den »Eigennutz der Reichen«. Der 1935 ermordete populistische Gouverneur von Louisiana, Huey Long, genannt der »Kingfish«, versuchte sich sogar noch links von Roosevelt zu etablieren. Er propagierte in den Jahren nach der Depression unter dem Motto »Every man is a king« (Jeder ist ein König) die Umverteilung von oben nach unten – fast so wie jetzt, nach der Großen Rezession, die Occupy-Wall-Street-Bewegung eine stärkere Besteuerung der Superreichen fordert. In den ersten Jahren des Kalten Kriegs nutzten Konservative, angeführt vom reaktionären Senator Joseph McCarthy, die Furcht vor kommunistischer Unterwanderung zur Hexenjagd auf alle, die es wagten, anders zu denken und das auch noch kundzutun. In den achtziger Jahren machte die religiöse Rechte, die sich nach dem Wahlsieg Ronald Reagans 1980 im Aufwind sah, erneut Stimmung wider die Linken und ihre angebliche Vorherrschaft an den Universitäten und in den Medien des Landes. Sie brachte das ländliche Amerika und seine vermeintlich wohlgeordnete Welt als Gegenentwurf zur scheinbaren Zügellosigkeit in Hollywood und den großen Städten in Stellung. *Family values* war der Schlachtruf, die Kernwerte der (christlichen) Familie sollten restauriert werden. Das richtete sich gegen Sexualaufklärung und vorehelichen Geschlechtsverkehr, gegen Homosexualität und Abtreibung, gegen die angebliche Ausgrenzung der Religion aus der Gesellschaft und gegen alle Bestrebungen, dem Waffenwahn in den USA Einhalt zu gebieten.

Schon damals setzte die politische Polarisierung der Gesellschaft ein, die bis heute die Amerikaner in ideologische Lager auseinandertreibt: rechts gegen links, die Konservativen gegen die verhassten *liberals*. Es gab immer mehr scharf umrissene Streitpunkte, an denen sich klar schied, in wessen politisches Lager man gehörte: Man war entweder für oder gegen Abtreibung, für oder gegen gleichgeschlechtliche Ehen, für oder gegen die Freigabe von Waffen. Pat Buchanan, einer der Vordenker der religiösen Republikaner in den neunziger Jahren, sprach von einem »Kulturkampf um die Seele Amerikas«. Just der steckte auch hinter ihrem (1999 kläglich gescheiterten) Versuch, Bill Clinton per *Impeachment* aus dem Amt zu jagen. Clinton galt ihnen als Personifizierung linker Libertinage – moralisch und politisch verwerflich.

Diesen Kulturkampf führen die Konservativen nach wie vor. Allerdings kann die Rechte heute lauter trommeln denn je. Sie verfügt inzwischen über zwei enorme mediale Echokammern – ein Bild, das in Amerika gerne verwendet wird –, die ihre Parolen in einem Ausmaß widerhallen lassen, wie es zu Zeiten Ronald Reagans unvorstellbar gewesen wäre. Erstens hat sich das Kabelfernsehen als sogenanntes 24/7-Medium fest etabliert: Nachrichten sind rund um die Uhr verfügbar; Meinung wird ununterbrochen gemacht. Und zweitens hat das Internet im Grunde alle Grenzen und Standards in der Verbreitung von Wort, Ton und Bild aufgehoben. Wer nicht will, muss sich anderen Meinungen gar nicht mehr aussetzen. Die einseitige Weltsicht ist jederzeit abrufbar: morgens zum Frühstück im Fernsehen bei Fox and Friends, auf dem Computer im Büro beim Drudge Report, auf dem Weg nach Hause in Rush Limbaughs Talkshow im Autoradio oder abends in einem der unzähligen Blogs auf dem eigenen Laptop. Das gilt für die Linke entsprechend sehr ähnlich. Die *Huffington Post* oder der *DailyKos*-Blog sind für Demokraten Pflichtlektüre im Internet. Im Radio werden sie tagsüber die Ed-Schultz-Show einschalten. Und abends werden sie sich nicht die Lieblingsmoderatorin der Linken, die spitzzüngige Rachel Maddow, auf MSNBC entgehen lassen.

Die Polarisierung der Medien polarisiert die Gesellschaft, und die Polarisierung der Gesellschaft spiegelt sich ihrerseits in den Medien. Ein Teufelskreis, der die Fähigkeit zum Kompromiss lähmt. »Die gegenwärtige Medienkultur belohnt es nicht, wenn die Regierung Dinge geregelt bekommt«, urteilt Dan Pfeiffer, der Kommunikationsdirektor des Weißen Hauses. »Es belohnt vielmehr denjenigen, der die abstrusesten Behauptungen aufstellt.«

Das war einmal ganz anders. Damals, in den goldenen Zeiten der Networks – der drei großen Senderketten ABC,

CBS und NBC – in den sechziger und siebziger Jahren, als deren abendliche News-Shows den amerikanischen Nachrichtenmarkt dominierten. Wie in der Bundesrepublik einst die erste Meldung der *Tagesschau* definierte, was die wichtigste Nachricht des Tages war, gaben die *news anchors*, die Nachrichtenmoderatoren der großen drei Sender, vor, was den *news cycle* beherrschen sollte, also die Zeit, in der eine Nachricht relevant blieb. Der wurde damals im 24-Stunden-Rhythmus gemessen. Im Zeitalter der Online-Nachrichten sind es in der Regel nurmehr Stunden, dass sich eine Nachricht ganz oben auf dem Bildschirm hält. Nicht bloß ein aus heutiger Sicht fast gemächliches Tempo, das ein wenig mehr Zeit zum Nachdenken ließ, herrschte damals in den Medien, sondern auch ein geradezu naiv anmutender Glaube, dass Medien der Objektivität von Nachrichten verpflichtet sein müssten. Nichts war von der Atemlosigkeit oder der Einseitigkeit der 24/7-Kabelsender und Blogs zu ahnen.

Sozusagen den Goldstandard setzte damals der CBS-Anchor Walter Cronkite. Er war die Inkarnation journalistischer Unbestechlichkeit, eine lebende Institution. An ihn wandten sich die Amerikaner, wenn sie sich über das Geschehen in der Nation und in der Welt informieren wollten. In der Regel beendete Cronkite die Nachrichtensendungen mit dem Spruch: »Und so ist es gewesen.« Er war derjenige, der die Amerikaner durch die Höhen und vielen Tiefen jener Jahren führte, von den Morden an den Kennedy-Brüdern und an Martin Luther King bis zum Triumph der Mondlandung.

Cronkite galt als der, wie es immer wieder hieß, »am meisten respektierte Mann« in den US-Medien. In Umfragen nannten die Amerikaner »Uncle Walter« Jahr für

Jahr als die Persönlichkeit, der sie im Zweifel am ehesten vertrauten. Auch das dürfte heute eine kaum mehr nachvollziehbare Vorstellung sein: dass ein Medienmann das ungeteilte Vertrauen der Nation besitzt – und nicht nur das der Linken oder Rechten. Als Cronkite 1968 den Vietnamkrieg als »nicht zu gewinnen« bezeichnete, war es diese Einschätzung (und die Schockwellen, die sie durch die Nation sandte), die Präsident Lyndon B. Johnson zu der resignierenden Feststellung veranlasste: »Wenn ich Cronkite verloren habe, habe ich Amerika verloren.« Jedenfalls entschied sich Johnson danach, gar nicht erst seine Wiederwahl anzustreben. Natürlich gab es auch politisch motivierte Kritik an Cronkites Urteil zum Vietnamkrieg, vor allem vonseiten der Rechten. Seiner Autorität hat das jedoch nichts anhaben können.

Die Definitionsmacht über Stellenwert und Bedeutung einer Nachricht, welche die großen Fernsehsender und ein *news anchor* wie Cronkite besaßen, ist seither völlig verlorengegangen. Natürlich haben die großen Sender noch immer ihr Publikum. Aber zu Zeiten Ronald Reagans genügte es, dass der Pressesprecher des Präsidenten die Korrespondenten der drei großen Sender im Weißen Haus informierte, um 50 Millionen Fernsehzuschauer und mehr zu erreichen. Im Juli 2011, auf dem Höhepunkt der erbitterten Debatte über die Verschuldung der Nation, erreichte Präsident Obama bei einer Pressekonferenz zur besten abendlichen Sendezeit, die von den großen drei und von diversen Kabelkanälen live übertragen wurde, gerade einmal halb so viele Zuschauer wie Reagan.

Die Deutungshoheit über die Nachrichten hat sich aufgespalten – entsprechend den Fragmenten des politischen Spektrums. Wer konservativ denkt, schaut selbst bei einer live übertragenen Pressekonferenz des Präsidenten eher Fox News, linke Demokraten schalten eher MSNBC ein. Und dort wird in der Regel jeweils nicht einfach nur berichtet, sondern die Ereignisse werden sofort auch gedeutet. »Diese völlig partielle Wahrnehmung gab es früher nicht«, konstatiert der einstige Präsidentensprecher Robert Gibbs.

Nach der Ansprache Obamas vor beiden Häusern des Kongresses Anfang September 2011, bei der er um Unterstützung für sein zweites Konjunkturprogramm warb, war dieses Phänomen bestens zu beobachten. Wer Fox News einschaltete, wurde den ganzen Abend über indoktriniert, wie er die Rede zu beurteilen habe. Kaum hatte der Präsident geendet, stellte der Moderator Shepard Smith fest, dass Obama 43 Minuten anstatt der angekündigten 32 Minuten gesprochen habe. Das lasse den Republikanern nun keine Zeit mehr für das sogenannte *rebuttal* – die Erwiderung des politischen Gegners, die sonst gewöhnlich nach wichtigen Reden des Präsidenten von allen Sendern ebenfalls übertragen wird. Es tat nichts zur Sache, dass die Republikaner diesmal ohnehin nicht antworten wollten, weil kurz nach der Rede Obamas die Liveübertragung des Eröffnungsspiels der neuen Footballsaison auf NBC begann und weil sie – wohl zu Recht – bezweifelten, dass dies der richtige Moment für eine politische Debatte sei. Der Moderator raunte dennoch etwas von *stagecraft* – dramaturgischen Kunstgriffen. »Sie«, gemeint waren Obamas Leute, »haben den Abend manipuliert«, sagte Smith, ohne auch nur einen weiteren Anhaltspunkt dafür zu geben außer dem Umstand, dass Obama elf Minuten länger gesprochen hatte, als dem Fox-Mann aus dem Weißen Haus zunächst wohl avisiert worden war.

Danach bat Starmoderator Bill O'Reilly das Fox-Publikum in die »No-Spin-Zone« – eine Anspielung auf die sogenannten *spin rooms*, jene Räumlichkeiten, in denen nach Präsidentschaftsdebatten die Mitarbeiter der jeweiligen Kandidaten die versammelten Journalisten davon zu überzeugen suchen, dass ihr Mann (oder ihre Frau) in der Runde am besten abgeschnitten habe. Die Formulierung »no spin« sollte suggerieren, dass im Gegensatz dazu bei Fox News am Abend objektive Informationen feilgeboten würden.

Nichts läge einem Meinungsmacher wie O'Reilly freilich ferner. »Hört überhaupt noch jemand Obama zu?«, stimmte er seine Zuschauer ein und warf dem Präsidenten vor, die Amerikaner bewusst zu täuschen. Obamas Vorschläge nannte er schlicht »verrückt«. Auch in der nächsten Sendung des Abends mit Moderator Sean Hannity, ebenfalls ein Star des Senders, ging das Trommelfeuer weiter. »Mir fällt eigentlich nichts anderes ein, als dass es zum Gähnen war«, eröffnete Hannity seine Show und warf dem Präsidenten abwechselnd vor, »wie ein Gebrauchtwagenhändler« zu klingen oder lediglich die »typischen Stichwörter der Linken« vorzutragen. »Er betreibt Klassenkampf«, urteilte Hannity kurz und bündig – wortwörtlich derselbe Vorwurf, den republikanische Politiker dem Präsidenten in den Tagen zuvor gemacht hatten.

Nicht dass es auf MSNBC an dem Abend weniger einseitig zugegangen wäre. Moderator Ed Schultz, ein Liebling der Linken, lobte den Präsidenten für seine »harte Arbeit, den Menschen wieder Jobs zu verschaffen«, nur um sofort auf die Republikaner einzudreschen. Sie hätten mit ihren »radikalen Vorschlägen« ein Klima der »angst« – ein Lehnwort aus dem Deutschen – im ganzen Land verbreitet. Gemeint war die Einlassung des texanischen Gouverneurs Rick Perry, wonach die staatliche Rentenversicherung in den USA womöglich verfassungswidrig sei und wie ein Ponzi-Spiel auf keinen Fall funktionieren könne. Perry hatte die Frage aufgeworfen, ob die Rentenversicherung künftig nicht besser den Bundesstaaten überlassen werden sollte – und damit einen Sturm der Entrüstung geerntet. Kein Wort verlor Schultz darüber, dass Perry in der Runde der republikanischen Präsidentschaftsbewerber mit seiner Einschätzung allein dastand. Auch Rachel Maddow, die zur selben Zeit wie Sean Hannity am Abend auf den Bildschirm kommt, fand lobende Worte für den Präsidenten. Für die Republikaner wiederum hatte sie ausschließlich Hohn und Spott übrig.

Der Ton bei Fox News ist dennoch um einiges bitterer und aggressiver als bei der linken Konkurrenz. Fox News und seine Gift und Galle spuckenden Moderatoren würden »jeden wirklich verrückten, jeden nur ein bisschen verrückten oder auch nur der Sprache nicht mächtigen, verbitterten Amerikaner dazu bringen, in unüberlegter Wut Kraftausdrücke herauszuschleudern«, schreibt der Kolumnist John Doyle, ein Kanadier, über die merkwürdigen Nachbarn im Süden. »Und das ist bezeichnend für den gegenwärtigen Zustand der politischen Debatte und Kultur in den USA.«

Tatsächlich ist Fox News nur das Paradebeispiel für eine kaum zu überblickende Zahl politisch einseitiger, in ihrer Mehrheit rechts ausgerichteter Rundfunkstationen, Fernsehsendungen oder Blogs im Internet. Und es ist kaum noch zu unterscheiden, ob sich da nun ein konservativer Journalist oder ein konservativer Aktivist äußert. So hieß es in einem Blog der Tea Party Nation, einem der

Ableger der Tea-Party-Bewegung, nach der Rede Obamas, dass sie eine »verachtenswerte Anstachelung zum Klassenneid und eine Dämonisierung der Reichen« gewesen sei. Als hätte O'Reilly gesprochen.

Überhaupt sind die Grenzen zwischen Journalismus und politischem Aktivismus fließend geworden - und das in einem Land, in dem die Zeitungen noch immer so peinlich genau auf die strikte Trennung von Nachricht und Meinung achten, dass Reporter niemals Kommentare schreiben und Kommentatoren keine Berichte. Beide Bereiche sind - im Gegensatz etwa zu den deutschen Medien - auch personell getrennt. Das gilt aber eben nicht mehr in der neuen Generation rechter (und linker) Meinungsmacher, die hemmungslos journalistische Berichterstattung, politisches Sendungsbewusstsein und merkantilistisches Eigeninteresse vermengen.

Zur Perfektion getrieben hatte das in den vergangenen Jahren der Radio- und Fernsehmoderator Glenn Beck, dessen Fernsehshow bei Fox News in den ersten beiden Jahren der Obama-Regierung höchste Einschaltquoten erzielte: Jeden Nachmittag schauten ihm zwischen zwei und drei Millionen Menschen zu. Inzwischen tritt Beck regelmäßig auch bei politischen Veranstaltungen der Rechten auf, 2010 beispielsweise als Starredner - und politischer Agitator - bei der Conservative Political Action Conference, einem jährlichen Treffen vor allem junger Konservativer in Washington. Auf eine Tafel schrieb er dabei das Wort *progressivism* - Progressivismus - und bezeichnete es als »amerikanische Krankheit«. Gemeint war die angeblich von den Linken dominierte politische Kultur in den USA. »Progessivismus wirkt wie ein Krebs in Amerika und frisst unsere Verfassung auf.«

Sätze wie diese bleiben nicht folgenlos. Im selben Jahr organisierte Beck eine Massendemonstration auf der Mall, dem Park vor dem Weißen Haus, und zwar vor dem Lincoln Memorial. Es war, wie bereits erwähnt, am 28. August 2010, dem Jahrestag der berühmtesten Rede Martin Luther Kings. Der große Bürgerrechtler hatte vom Ausgleich der Rassen gesprochen: »I have a dream.« Auch wenn Beck das öffentlich bestritt und die Wahl von Ort und Datum als Zufall bezeichnete, die Absicht lag auf der Hand: Beck wollte den Bürgerrechtlern (und Linken) den Ort streitig machen. Damals, 1963, war von diesen Stufen ein Aufbruch ausgegangen, der das Land verändert hatte. Das sollte sich nun symbolisch wiederholen, indem Beck an derselben Stelle ein Treffen der Tea-Party-Anhänger organisierte, der neuen Bewegung, die die Nation dazu bringen wollte, sich auf ihre angeblich verlorenen Werte zu besinnen. (Und ganz nebenbei hat Beck mit solchen Auftritten natürlich seine inzwischen mehr als ein Dutzend Bücher beworben, von denen nicht weniger als vier Platz 1 auf den Bestsellerlisten der *New York Times* eroberten.)

Die *Washington Post* befragte Teilnehmer, warum sie gekommen seien. Ryan Townsend, ein 35 Jahre alter Mann aus West-Virginia, antwortete: »Ich kann doch nicht einfach nur faul herumsitzen und zuschauen, wenn Tyrannei und Sozialismus unsere Verfassung ersetzen.« Er war mit dieser Einstellung nicht allein. Greg Orth, ein älterer Herr aus Charlotte in Virginia, stellte mit donnernder Stimme fest, dass die USA auf bestem Wege seien, zu einem »marxistischen Staat« zu verkommen. Warum? Der Präsident habe sich mit Beratern umgeben, die Marxisten seien. Das habe Glenn Beck doch herausgefunden. Und Ronald Stone, ein Rentner, der aus El Paso in Texas eingeflogen war, sagte, dass er nicht länger mitanschauen könne, wie der Rechtsstaat zersetzt werde. Letzteres machte er an der Gesundheitsreform fest – die sei verfassungswidrig. Habe Beck schließlich auch gesagt.

Fast so berühmt und als Vertreter dieser neuen amerikanischen Variante des Aktivistenjournalismus noch ein wenig berüchtigter ist wiederum Andrew Breitbart. Er hat auf seiner Website *breitbart.com* bereits mehrmals jeweils stark bearbeitete Videos veröffentlicht, mit denen er angeblich sinistre Machenschaften der Linken aufdecken wollte. Und das mit durchschlagendem Erfolg: Acorn, eine linke Hilfsorganisation zur Armutsbekämpfung in den USA, ging bankrott, nachdem Breitbart Videos ins Netz gestellt hatte, auf denen Acorn-Mitarbeiter jungen konservativen Aktivisten, die vorgaben, Prostituierte und Zuhälter zu sein, Ratschläge erteilten, wie sie der Polizei entgehen könnten. Die Staatsanwaltschaft stellte später zwar alle deswegen gegen Acorn eingeleiteten Ermittlungen ein, weil sie keine strafbaren Handlungen entdecken konnte – doch da war es für die Organisation schon zu spät. Spektakulär war auch der Fall von Shirley Sherrod. Sherrod, eine schwarze Mitarbeiterin im Mittelbau des US-Landwirtschaftsministeriums, wurde vom Weißen Haus zum Rücktritt gezwungen, weil sie laut Breitbart angeblich rassistische Äußerungen gegen Weiße gemacht hatte. Das Ganze wuchs sich zu einer peinlichen Affäre für die Obama-Regierung aus. Der Landwirtschaftsminister persönlich musste sich am Ende bei Sherrod entschuldigen, weil die Vorwürfe sich als haltlos erwiesen – die Videos waren nämlich manipulativ und sinnentstellend geschnitten worden. Breitbarts größter Coup waren die Unterhosen-Fotos des damaligen demokratischen Kongressabgeordneten Anthony Weiner, bis dahin eine große Hoffnung der Linken in den USA. Weiner hatte die Fotos an Frauen verschickt, doch Breitbart bekam sie über konservative Zulieferer in die Finger und veröffentlichte sie. Weiner musste zurücktreten, und sein Sitz fiel in einer Nachwahl im Sommer 2011 an einen Republikaner.

Breitbart versteht sein kleines Medienimperium im Web als Gegengewicht zu den Mainstreammedien, wie er sagt, also den traditionell tonangebenden Medien wie der *New York Times* bei den Zeitungen, den drei Sendern ABC, CBS und NBC oder den öffentlich-rechtlichen Rundfunkkanälen von NPR (National Public Radio). Sie alle sind für ihn Vertreter des politischen Feindes, deren »Füße man ans Feuer halten« müsse. Dieselben Mainstreammedien, die überall McCarthy-Praktiken vermuteten, also gezielte Einschüchterung und Verfolgung linksstehender Amerikaner wie in den fünfziger Jahren unter dem berüchtigten republikanischen Senator Joseph McCarthy, praktizierten diese »in heftigster Form«, schimpfte Breitbart auf einem großen Tea-Party-Treffen im Februar 2010 in Nashville und versprach: »Wir schaffen unsere eigenen Medien.« Breitbart versteht es, die Zuhörer in Bann zu schlagen. Am Ende seiner verbalen Kanonade gegen die Medien wandten sich Hunderte Tea-Party-Aktivisten plötzlich der Pressetribüne hinten im Saal zu und schrien die dort versammelten Journalisten hasserfüllt an: »USA, USA, USA!«

Die Verachtung der politischen Rechten in den USA für die traditionellen Medien hat am eindringlichsten wiederum Sarah Palin auf eine Formel gebracht: Sie spricht konsequent von den *»lamestream media«*, den lahmen Medien. Damit hat sie nur das kollektive Empfinden der Konservativen auf den Punkt gebracht, die sich in der Berichterstattung der traditionellen Medien nicht recht gewürdigt fühlen und ihnen Einseitigkeit vorwerfen. Palin hat den denunziatorischen Stil, der lange nur Domäne der rechten Radio- und TV-Moderatoren war, mit ihrer ungeheuren Popularität weiter salonfähig gemacht. Auch das trug zu einem politischen Klima bei, das die Zusammenarbeit im Kongress praktisch nicht mehr erlaubt.

Diese Unfähigkeit zur Zusammenarbeit liegt nicht nur an der spürbaren persönlichen Animosität der Spitzenleute. Vielmehr haben die Parteien die Grabenkampfmentalität der politischen Talkshows nahezu nahtlos auf den gesamten politischen Alltag übertragen. Das fängt an mit den Primaries, den Vorwahlen, die auf beiden Seiten des politischen Spektrums die Extreme begünstigen. Was eigentlich der parteiinternen Demokratisierung dienen sollte, hat zu einer Radikalisierung beider Lager geführt.

Zudem pflegen Amerikas Parteien ihre politische Landschaft nach Gutdünken selbst zu gestalten – per sogenanntem Gerrymandering: Diese manipulative Praxis wurde nach dem früheren Gouverneur von Massachusetts, Elbridge Gerry, benannt, unter dessen Herrschaft (und gegen dessen persönlichen Willen) das Regionalparlament in dem Bundesstaat schon Anfang des 19. Jahrhunderts einen so absurd verzerrten Wahlkreis schnitt, dass ein Karikaturist sich an einen Salamander erinnert fühlte: Gerry und Salamander wurden zum neuen Begriff »Gerrymandering« verballhornt.

Die US-Verfassung gibt den Mehrheiten in den Parlamenten der Bundesstaaten das Recht, alle zehn Jahre auf Grundlage der jeweils aktuellsten Volkszählung die Grenzen der Wahlkreise für das US-Repräsentantenhaus neu zu ziehen. Das und die Neigung vieler Amerikaner, sich in Nachbarschaften Gleichgesinnter anzusiedeln, haben im Laufe der Jahre dazu geführt, dass es immer mehr »sichere« Wahlbezirke gibt, in denen eine einseitig konservative oder liberale Einwohnerstruktur den Kandidaten einer Partei klar begünstigt. Immer seltener sind die Rennen zwischen Demokraten und Republikanern wirklich noch offen. Das wiederum hat zur Folge, dass die wichtigsten personellen Entscheidungen eigentlich in den Vorwahlen der beiden Parteien fallen. Entsprechend zurechtgeschneiderte Kongressbezirke gibt es inzwischen überall, mit Ausnahme einiger weniger Bundesstaaten wie Alaska oder Idaho – sie haben aufgrund ihrer geringen Einwohnerzahl sowieso nur einen oder zwei Kongressabgeordnete.

Dieses Vorwahlsystem bringt die radikaleren Kandidaten hervor – je nach politischer Couleur. Denn es sind in erster Linie die radikalen Aktivisten der Parteien, die an den Vorwahlen teilnehmen. Die anderen Wähler interessieren sich in der Regel erst bei den eigentlichen Wahlen fürs Geschehen. Die meisten Bundesstaaten haben zudem keine offenen Primaries; es können also nur Wähler mitmachen, die sich vorher zu einer Partei bekannt haben. So haben die Radikalen bei Demokraten und Republikanern zumindest bei den Vorwahlen einen enormen Einfluss: Die Kandidaten stehen unter gewaltigem Druck, extremere Positionen einzunehmen, um ihnen zu gefallen. Das gilt für Kongresswahlen im Prinzip genauso wie für Präsidentschaftswahlen. So siegte zum Beispiel im US-Bundesstaat Iowa in der ersten Abstimmung über den republikanischen Präsidentschaftskandidaten im Jahr 2008 der erzkonservative Baptistenprediger und Exgouverneur von Arkansas, Mike Huckabee (er hatte in anderen Bundesstaaten dann aber keine Chance). Und in Delaware genügten in den Vorwahlen der Republikaner 30 000 Stimmen rechter Aktivisten, um dem populären moderaten Kongressabgeordneten Mike Castle die Kandidatur für das 2010 neu zu besetzende Senatsmandat zu verweigern. Castle, ein Republikaner, wäre ein Bewerber gewesen, für den laut Umfragen bei der eigentlichen Wahl auch viele Demokraten gestimmt hätten. Delaware hat eine Million Einwohner; aber an der Vorwahl nahmen so wenige teil, dass die Stimmen von drei Prozent der Bevölkerung reichten, statt Castle die unbedarfte Favoritin der Tea-Party-Bewegung, Christine O'Donnell, für die Grand Old Party antreten zu lassen. Später verlor O'Donnell dann prompt haushoch gegen einen blassen Demokraten.

»Diese Tendenz zu politischer Rigidität«, schrieb Mickey Edwards, ein ehemaliger republikanischer Kongressabgeordneter, der auf eine Reform des Kongresses drängt, 2011 im Magazin *The Atlantic,* »ist die Wurzel der Dysfunktion unseres heutigen politischen Systems.« Die Abgeordneten, die sich vor jeder Kongresswahl erneut dem Primary-Prozess in ihrer Partei unterziehen müssen, fürchten den Zorn ihrer widerspenstigen Basis. »Wenn du Kompromisse machst, wenn du auf den politischen Gegner zugehst, werden wir dich bei der Vorwahl bestrafen«, zitiert Edwards die Drohungen der Aktivisten an die Adresse ihrer Abgeordneten. »Das macht eine Zusammenarbeit im Kongress praktisch unmöglich und Unhöflichkeit fast unvermeidlich.«

Tatsächlich zieht sich die Radikalisierung mittlerweile durch das gesamte politische System des Landes. Das *National Journal,* ein Washingtoner Insiderblatt, hat das Abstimmungsverhalten im Kongress in den ersten beiden

Jahren der Präsidentschaft Obamas analysiert und herausgefunden, dass im Repräsentantenhaus nur ein einziger republikanischer Abgeordneter liberalere Positionen vertreten hatte als die neun konservativsten demokratischen Abgeordneten, und der ist inzwischen ausgeschieden. Früher war die ideologische Schnittmenge zwischen beiden Parteien wesentlich größer.

Im Senat gab es zudem in den ersten beiden Jahren der Ära Obama so viele Filibuster wie noch nie. So nennt sich das parlamentarische Manöver, mit dem eine Sperrminorität von 41 Stimmen alle Entscheidungen blockieren kann, die in dem Hohen Haus eigentlich nur die einfache Mehrheit von 51 zu 49 Stimmen benötigen. Der Senat lebt im Dauerkonflikt und fortwährender Selbstblockade – und ein Grund dafür ist das, was die Republikaner bereits kurz nach der Wahl Obamas als ihr strategisches Ziel vorgaben: Man werde, so sprach der Vormann der Republikaner im Senat, Mitch McConnell, alles dafür tun, dass der Demokrat »nur eine Amtszeit als Präsident« erlebe. Viel anders hatte auch Nancy Pelosi nicht geredet, die linksliberale Chefin der Demokraten im Repräsentantenhaus, als ihre Partei dort 2007 die Mehrheit zurückerobert hatte. Oberste Priorität sei es nun, so sagte Pelosi damals, die Mehrheit der Demokraten noch auszubauen – und die Bush-Präsidentschaft zu stoppen. Das klang, als sei ihr die Bekämpfung des verhassten Texaners wichtiger als die Lösung der Probleme der Nation. Immerhin war Amerika damals in zwei Kriege verstrickt, und Ende 2007 sollte die Große Rezession beginnen, an deren Folgen das Land bis heute leidet.

Erst kommt die Partei, das eigene Lager – dann das Land. Deshalb regieren Obstruktion und Verweigerung in Washingtons parlamentarischer Arbeit.

Die Bereitschaft zum Kompromiss sank auf einen Tiefpunkt, nachdem bei den Kongresswahlen im November 2010 aufseiten der Republikaner so viele Tea-Party-Anhänger ins Parlament einzogen, dass sie den Kurs der neuen Mehrheitsfraktion inzwischen oft vorprägen. Diese politische Kultur verwandelt Politik in einen Kulturkampf, mit Strategien, die kaum mehr als verbrannte Erde zurücklassen. Das Land ist praktisch unregierbar geworden, weil insbesondere die Republikaner auf die Kapitulation des politischen Gegners setzen und nicht darauf, einen Kompromiss mit ihm zu erzielen. Es ist in der Tat so, als habe sich die Medienwelt mit ihrer publikumswirksamen Polarisierung der Realität bemächtigt: Konfrontation ist das Mittel der Wahl, und Konsens und Kompromiss sind Schimpfworte.

All das hat nun, da die USA so tief in der Misere stecken, fatale Folgen. Immer wieder haben es die Amerikaner verstanden, in Krisenzeiten zusammenzurücken. Auf die Herausforderung durch die Sowjetunion in der Hochphase des Kalten Kriegs reagierten sie mit dem Mondprogramm und triumphierten dank einer großen nationalen Kraftanstrengung. Auf den Druck der Bürgerrechtsbewegung hin räumten sie, hundert Jahre nach dem Bürgerkrieg, endlich mit der Schande der Rassentrennung auf. Das war so ein Moment, da die Nation innehielt und sich zu einem großen Kompromiss durchrang. In der Ära Obama steht Amerika nun wieder vor einem Wendepunkt: Die gigantische Verschuldung bedroht die Zukunft des Landes. Doch die zerstrittene politische Klasse des Landes kann sich auf eine Lösung nicht einigen.

Als wäre die Wirklichkeit eine große Talkshow.

IN DEN SCHLUCHTEN VON AMERIKAS BALKAN

Gleichgesinnte bleiben immer mehr nur unter sich – eine neue Segregation teilt das Wahlvolk

Jerry ist gerüstet. Für alle Unbill. Und für die beiden Katastrophen, die hereinbrechen könnten über ihn und seine Frau Linda und über ihr trautes Heim am Old Hickory Lake von Tennessee. Draußen, ein paar Meter unterhalb der Terrasse, steht ein Reiher im Wasser, und die Abendsonne hüllt eine Idylle in warmes Licht. Drinnen jedoch, bei Käse und Wein im eleganten Wohnzimmer der Brewingtons, herrscht Untergangsstimmung.

Dabei hat Jerry vorgesorgt, so gut er eben kann. Schwere Kartons stapeln sich neuerdings unten im Keller, in der Abstellkammer neben dem Fitnessraum. »Das sind unsere Notrationen«, sagt Jerry. »MRE« steht in winzigen Buchstaben auf der obersten Box, das Kürzel für *Meal Ready-To-Eat*: meist breiige, in Plastikbeuteln versiegelte Fertignahrung, wie sie US-Kampftruppen im Irak oder in Afghanistan im Einsatz verzehren. Knapp 3000 Dollar hat Jerry für die Reserven ausgegeben. »Das reicht für sechs Monate«, erklärt der Hausherr, »für den Fall, dass bei uns bald griechische Verhältnisse einziehen.« Im Fernsehen hat Jerry live mitangesehen, wie die Bürger im bankrotten Athen sich in blutigen Demonstrationen gegen Sparmaßnahmen und Sozialkürzungen wehren: »Solche Aufstände können uns auch drohen, wenn die Typen in Washington uns weiterhin so in den Ruin treiben.« Er tippt mit dem Fuß gegen den hüfthohen Berg verpackter Plastikflaschen vor ihm und nickt wissend: »Nach drei Tagen ohne Wasser ist jeder Mensch bereit, Gewalt anzuwenden.«

Amok à la Athen – das ist Jerrys erstes Horrorszenario. Das andere, die zweite Katastrophe, droht am 6. November 2012. Dann ist Amerikas Wahltag. Am ersten Dienstag jenes elften Kalendermonats wird die Nation entscheiden, ob sie ihrem 44. Präsidenten eine zweite Amtsperiode gewährt. Nicht nur für Barack Obama, auch für Jerry und Linda Brewington, die beiden Aktivisten der konservativen Tea-Party-Bewegung, steht dann alles auf dem Spiel – Haus und Heimat, Beruf und Betrieb. Denn Jerry hat bereits im Frühjahr 2010, nach nur einem Jahr demokratischer Regentschaft, einen Schwur geleistet: »Falls Obama wiedergewählt wird, wandern wir aus!«

Die Brewingtons kennen ihre Optionen. Ein Haus in der Dominikanischen Republik zum Beispiel. »Da kriegst du am meisten für dein Geld – ganz eindeutig«, grinst Jerry. Stundenlang hat er abends im Keller vor seinem Computer gesessen und im Internet recherchiert. Er hat Preise verglichen, das tropische Mikroklima studiert, lokale Gesetze ausgewertet. »Panama bietet Zuwanderern mehrere Jahre Steuerfreiheit«, sagt er und streicht sich über die weißgrauen Haare, »aber Costa Rica hat die besten Krankenhäuser.« Das ist seiner Frau besonders wichtig. Aus dem Augenwinkel blickt Jerry unsicher über den Esstisch zu ihr. Linda hat ihre Arme verschränkt, sie schaut ins Leere. Nein, sie will nicht weg aus Hendersonville, dem gepflegten Suburb vor den Toren von Nashville. Sie will nicht aus Tennessee fliehen – schon gar nicht nach Übersee.

Also hat Jerry einen Kompromiss gesucht – und »Utopia« gefunden. So nennt er jenen noch strikt geheimen Ort, in den er mit Linda notfalls umsiedeln will, um Obama und dessen Schuldenstaat zu entkommen. Nur so viel geben die beiden preis: Ein paar Hundert Meilen von Hendersonville entfernt liege dieses Anderswo, irgendwo einsam zwischen Wiesen und Wäldern – und weil Utopia sich als christliche Gemeinschaft gründen würde, wären die Brewingtons laut US-Gesetzen obendrein von sämtlichen Bundessteuern befreit. Linda wäre die Flucht nach Utopia allemal lieber als der Ausbruch in die Tropen. Sie ist erleichtert. Wie sie sich überhaupt zuversichtlich gibt, dass ihr jedes Exil – ob außer Landes oder in Form von innerer Emigration – erspart bleiben wird. »Nein, Obama wird nicht noch mal gewählt, so weit wird es nicht kommen«, sagt sie trotzig. Sie ringt sich ein Lächeln ab und legt plötzlich Pathos in ihre Stimme: »Ich vertraue auf das amerikanische Volk.«

Denn das Volk werde sich erheben. Linda ist sich da ganz sicher: »Die Leute haben die Nase voll.« Unter den Kollegen im Büro, im Freundeskreis, in der Familie – »überall gärt die Wut«. Über den Kongress in Washington, der immer mehr Schulden anhäufe. Und über den Präsidenten, der die Nation ins Verderben führe. »Obama ist ein Sozialist«, schimpft sie. Soll heißen: im Kern un-amerikanisch. Die Republikanerin war von Anfang an skeptisch, schon beim Amtsantritt des Demokraten im Januar 2009 schwante ihr Böses. Jerry fühlte vor dreißig Jahren mal demokratisch und war sogar Gewerkschaftsmitglied. Heute ist er libertärer Gesinnung, also Anhänger einer Weltanschauung, für die Freiheit der absolut höchste moralische Wert ist und die jeder Einmischung der Regierung ins Leben der Bürger misstraut. Libertäre wie Jerry dulden nicht mehr als einen Nachtwächterstaat, sie denken und fühlen streng marktliberal und strikt anti-etatistisch. »Die Regierung ist nicht die Lösung, die Regierung ist das Problem«, zitiert Jerry sein Idol Ronald Reagan. Der hat ihn damals so beeindruckt, dass er auf die rechte Seite wechselte. »*Reagan Democrat*« nennen Wahlforscher diesen Typus bis heute.

Soziologen zeichnen mittlerweile ein recht präzises Bild von den neurechten Revoluzzern. Der typische Tea-Party-Aktivist ist ein weißer Republikaner, verheiratet und älter als 45 Jahre, mit solider Ausbildung und überdurchschnittlichem Einkommen. 90 Prozent von ihnen sehen ihre Nation auf der falschen Bahn, sechs von zehn befürchten, dass »Amerikas beste Jahre hinter uns liegen«. An drei Themen reiben sich die Tea-Party-Anhänger wund: an der immensen Staatsverschuldung, an Obamas umstrittener Gesundheitsreform und an dem Gefühl, dass »die da in Washington« sich einen Teufel um die Sorgen im Volk scherten. Anders gesagt: Der typische Tea-Party-Aktivist sieht exakt so aus wie Jerry. Oder wie Linda.

Seit Obamas Amtsantritt wähnen sich die Brewingtons im Kampf um ihre Existenz. Sie führen ihn mit heißem Eifer, als Biederleute im Widerstand. Linda politisiert mit Stil. Zum Abendessen erscheint die 62-jährige Buchhalterin einer Baptistenkirche im apricotfarbenen Hosenanzug, mit feuerrot lackierten Fingerspitzen zupft sie ihre Locken zurecht. Jerry, der drei Jahre ältere Gatte, nickt ihr wohlgefällig zu. Der Kleinunternehmer in Shorts und schwarzem Hemd ist stolz – darauf, wie er aus dem Nichts seinen Reinigungsbetrieb mit achtzehn Angestellten aufgebaut hat, und noch mehr auf Lindsey und Brandy, seine beiden Töchter, die immer fleißig studiert haben und längst glücklich verheiratet sind. Sie alle leben gottesfürchtig, fühlen rechts, denken konservativ. Sie halten in der Bedrängnis zusammen: Als Linda und Jerry zum Beispiel im Herbst 2010 durch die Straßen von Washington marschierten und mit Zehntausenden Gleichgesinnten aus der Tea-Party-Bewegung den Aufstand gegen ihren Präsidenten Obama probten, da hatten sie Töchter, Schwiegersöhne und sogar zwei Enkel an ihrer Seite. Ein Stamm, ein Blut, eine Weltanschauung. Flug und Hotel allein kosteten Jerry damals 6500 Dollar. Aber, so sagt er: »Das war mir mein Land allemal wert.« Seine blauen Augen leuchten, als er erzählt, was sein Enkel Cameron, der damals gerade neunjährige Aufständische, ganz allein auf sein Plakat gepinselt hatte: »No more Obama!«

Ein Jahr zuvor, beim ersten landesweiten »Steuerzahler-Marsch auf Washington« im Herbst 2009, hatte die nationale Protestkarriere der Brewingtons ihren Anfang genommen. »Dass wir mal vorm Kapitol demonstrieren, hätten wir uns nie träumen lassen«, erinnert sich Linda stolz. Jener 12. September 2009 war die Feuertaufe der Tea Party, der bunten, chaotischen, stramm rechten Sammlungsbewegung, die in der US-Regierung eine so finstere und fremde Despotie ausmacht, wie es einst die britischen Kolonialherren waren.

Aus Protest gegen Londons Herrschaft und Tributansprüche hatten Siedler 1773 drei Schiffsladungen Tee in den Hafen von Boston geworfen. Auf das Vorbild dieser historischen »Tea Party«, die heute jedes US-Schulbuch zum Urereignis des amerikanischen Unabhängigkeitskriegs und der Gründung der Vereinigten Staaten mystifiziert, berufen sich die Konservativen. Und sie rezitieren lustvoll das Wort von Gründervater Thomas Jefferson, wonach »der Baum der Freiheit ab und zu mit dem Blut von Patrioten und Tyrannen gestärkt werden« müsse.

Auch Jerry kennt den Satz. Und er räumt ein, bisweilen hege er »das Gefühl, dass uns ein Feind regiert«. In Umfragen bekunden im Sommer 2010 immerhin 31 Prozent, also fast ein Drittel aller Amerikaner, sie unterstützten die Tea Party; gegen Jahresende 2011 sind es laut *New York Times* weiterhin 24 Prozent. Unter parteiunabhängigen und unter konservativen Wählern genoss diese Bewegung im Jahr 2010 sogar mehr Sympathien als die republikanische Partei. Gelitten hat der Zuspruch in der breiten Bevölkerung seit der heißen Debatte im Sommer 2011: Der kompromisslose Kurs der Tea Party, der im Streit über die nötige Erhöhung der US-Schuldenobergrenze das Land an den Rand des Staatsbankrotts trieb und dazu beitrug, dass die Ratingagentur Standard & Poor's die Kreditwürdigkeit der Weltmacht herabstufte, hat viele Landsleute abgeschreckt. Vor allem moderate Wähler betrachten die Tea Party seither mit neuen, kritischeren Augen.

Dennoch ist die Tea Party nun eine Macht. Bei den Zwischenwahlen zum Kongress im November 2010 hat sie es geschafft, einen Erdrutsch nach rechts loszutreten. In den parteiinternen Vorwahlen der Republikaner gelang es der Tea Party häufig, ihre munter drauflos schwadronierenden Kandidaten gegen das Parteiestablishment durchzusetzen. Auch die neugewählte Volksvertreterin der Brewingtons, die republikanische Kongressabgeordnete Diane Black, trat in Washington prompt dem »Tea Party Caucus« bei, also jener parlamentarischen Gesinnungstruppe, die so gut wie jeden Kompromiss mit Obama als Verrat ablehnt. Black ist eine der 87 republikanischen Mitglieder der »Class of 2010« – jener parlamentarischen

Neulinge, die der Parteiführung der »Grand Old Party« in Washington scharf auf die Finger schauen. Sie misstrauen dem »Establishment« der Hauptstadt zutiefst – auch dem der eigenen Partei. Jerry und Linda sind mit ihrer neuen Abgeordneten zufrieden. Denn Diane Black betreibt Fundamentalopposition – gegen Barack Obama. »Sie leistet gute Arbeit«, lobt Jerry, und Linda nickt beifällig. Nur wenige Sekunden später beklagt derselbe Jerry, der Kongress in Washington sei »noch schlimmer als der Präsident – denn die kriegen nichts auf die Reihe!« Tatsächlich bringt das Zwei-Kammer-Parlament seit der Wahl 2010 nur wenige Gesetzeswerke zustande. Seither kontrollieren die Republikaner das Repräsentantenhaus, während im Senat die Demokraten eine knappe Mehrheit von 53 zu 47 Stimmen halten, mit der sie wiederum wenig anfangen können, weil die Republikaner dank Sperrminorität und »Filibustern« in der Lage sind, jedes Votum zu blockieren. In Kraft treten nur Gesetzesentwürfe oder Haushaltspläne, die beide Häuser haargleich billigen (und die der Präsident hernach unterschreibt). Ohne allseitigen Willen zu kreativen Kompromissen kann ein solch verschränktes Regierungssystem keinerlei Taten vollbringen – weshalb Jerrys widersprüchliches Verlangen nach knallhartem Anti-Obama-Kurs einerseits *und* nach Ergebnissen aus Washington andererseits niemals zufriedengestellt werden kann. Den Hinweis auf diesen Widerspruch wischt Jerry gleichwohl flink beiseite: »Wir haben so oft Kompromisse gemacht – jetzt müssen mal die anderen nachgeben.«

So ähnlich wie Jerry Brewington denken die meisten Amerikaner. Neun von zehn Landsleuten äußern sich ein Jahr vor der Wahl 2012 unzufrieden mit dem Kongress, das ist die miserabelste Zustimmungsrate seit dem Bürgerkrieg vor 150 Jahren. Und zugleich bekunden regelmäßig 60 bis 70 Prozent aller US-Bürger in Umfragen, beide Großparteien sollten mehr aufeinander zugehen und gefälligst Kompromisse schmieden. Merkwürdig ist nur: Dieselben Amerikaner schicken per Stimmzettel ständig Politiker an den Potomac, die laut eigenen Brandreden unwillig oder gemäß sakrosankten, per Ehrenwort und Unterschrift besiegelten Wahlversprechen zu Kompromissen sogar schlicht unfähig sind: Demokraten schwören gegenüber linken Gruppen, niemals Kürzungen der Renten- oder Krankenversicherung für Senioren zuzustimmen, Republikaner beeiden, niemals irgendeine Steuererhöhung zu dulden. Da ist der Spielraum für Verhandlungen und Interessenausgleich – also für das, was Politik im Kern leisten muss – dann gleich null.

Seit dem Ende des Kalten Krieges vor mehr als zwei Jahrzehnten schwillt unter politischen Beobachtern in der Hauptstadt die Klage an, die tradierte überparteiliche Parlamentskultur sei zerrüttet. Amerikas aktuelle politische Klasse, so das nostalgische Lamento, renne nur noch den Launen der eigenen Parteibasis oder den Spenden reicher Gönner hinterher, statt (wie angeblich früher) als Staatsmänner der Nation als Ganzer zu dienen. Früher lebten Bundespolitiker mitsamt ihren Familien in Washington, und die Hauptstadt war ein Ort, an dem Freundschaften über Parteigrenzen hinweg wuchsen. Wer von den Volksvertretern hingegen heute zu oft und zu lang in der Hauptstadt verweilt, der läuft Gefahr, vor dem nächsten Urnengang in den Medien als arrogant, elitär und von den eigenen Wählern entfremdet karikiert zu werden. Heute pflegen Vertreter beider Lager kaum noch Umgang mit »der anderen Seite«: Gemeinsame Mittagessen, Dinner oder Cocktails gelten als Zeitverschwendung, ja als potenziell korrupt. Man kennt den Gegner persönlich kaum – was es leichter macht, ihn zu verabscheuen.

Und so ist der parteipolitische Graben tiefer denn je. »Der aktuelle Kongress ist das ideologisch am meisten polarisierte Parlament in der modernen US-Geschichte«, urteilt William A. Galston, einst innenpolitischer Berater von Präsident Bill Clinton und heute Senior Fellow an der Brookings Institution, einem der ehrwürdigsten Think-Tanks in Washington. Galston hat das Abstimmungsverhalten der 435 Kongressabgeordneten sowie der hundert Senatoren analysiert und kommt zu dem Ergebnis, unter dem marmornen Kuppeldom des Kapitols sei das politische Zentrum abhandengekommen: »Sowohl im Repräsentantenhaus wie im Senat ist der konservativste Demokrat allemal linker als der liberalste Republikaner. Wenn man ›die Mitte‹ des Kongresses als die Stelle definiert, an der sich beide Fraktionen überlappen, dann ist diese Mitte verschwunden.« Und doch warnt Galston vor der Versuchung, allein den Politikern in Washington die Schuld für dieses Systemversagen in die Schuhe zu schieben. Die Männer und Frauen spiegelten nur wider, was sich überall im Land vollziehe: Polarisierung und verschärftes Lagerdenken hätten längst die gesamte Gesellschaft durchdrungen.

Der Frust über das Gezänk in Washington lässt viele Amerikaner angewidert auf Distanz gehen zu den beiden Großparteien: Jeder dritte Wähler stuft sich selbst mittlerweile als »Independent« ein, als Unabhängigen (weshalb alle Jahre wieder Spekulationen ins Kraut schießen, ein parteiloser, aus der Mitte emporsteigender Präsidentschaftskandidat könne das Zwei-Lager-System aufbrechen). Ein zweiter Blick auf die angeblich große, breite

Mitte offenbart jedoch: So unabhängig, wie sie gern tut, ist diese parteilose Wählerschaft nicht. Analysen des renommierten Pew Research Centers in 2011 offenbaren, dass 36 Prozent dieser vorgeblich freien Wähler stets den Republikanern und 32 Prozent immer den Demokraten zuneigen. Unabhängig im eigentlichen Wortsinne ist also nur ein Drittel dieser »Independents« – und weil Unabhängige seltener zur Wahlurne marschieren als enthusiasmierte Parteigänger, liegt ihr Anteil an der tatsächlichen Wählerschaft bei nur mageren sieben Prozent. Bei so wenig Stimmpotenzial im Zentrum wenden die Wahlkampfstrategen sich von der Mitte ab. Sie konzentrieren sich darauf, die eigene Basis – gern auch durch Verleumdung des Gegners – so aufzuheizen, dass nur ja jeder Anhänger zur Wahl geht. Mit dieser Art Lagerkampagne hat George W. Bush 2004 die Wiederwahl gewonnen, und es mehren sich zu Beginn des Wahljahres 2012 die Stimmen unter demokratischen Beratern, die Barack Obama dieselbe Strategie empfehlen: Statt mit maßvoller Vernunft eines Moderators die Mitte zu umgarnen, solle er wieder *community organizer* sein, die ermatteten Demokraten reanimieren – und »dem linken Affen Zucker geben«.

Es scheint, als habe das amerikanische Volk ziemlich genau die Parteien und Volksvertreter, die es verdient. Nicht nur für die 535 Kongresspolitiker, auch für das gesamte Wahlvolk gilt: Die Mitte schmilzt ab, die Ränder schwellen an. Dem Politikwissenschaftler Alan Abramowitz zufolge ließen sich 1984 noch 41 Prozent aller US-Wähler weltanschaulich im Zentrum verorten. Seit 2004 jedoch sei die Zahl auf nur noch 28 Prozent gesunken, wohingegen sich fast doppelt so viele inzwischen ideologisch stramm links oder rechts einordnen, nämlich jeweils 23 Prozent. Diese

Radikalisierung, so Abramowitz, habe das Wahlvolk an der Basis mehr ergriffen als die gewählten Eliten. Der renommierte Parteienforscher von der Emory-Universität in Atlanta im US-Bundesstaat Georgia kennt Jerry und Linda nicht, aber seine abstrakte Analyse beschreibt den konkreten Werdegang der Brewingtons von der »schweigenden Mehrheit« zu Aktivisten der schrillen Tea Party.

Ein zweiter, geradezu epochaler Trend sorgt zusätzlich dafür, dass die scharfe Ideologisierung großer Bevölkerungsgruppen direkt bis nach Washington durchschlägt: Amerika sortiert sich, das Land ordnet sich innerlich neu entlang religiöser, kultureller und weltanschaulicher Trennlinien. Die alte Metapher von Amerika als »Melting Pot«, von dem alle Menschen, Rassen und Ethnien gleichmachenden Schmelztiegel – vorbei! »E Pluribus Unum« (»Aus vielen Eines«), das von Barack Obama so gern zitierte Motto im Staatswappen, galt für die fünfziger, sechziger und noch für die frühen siebziger Jahre, da die Nation ihre Rassenschranken niederriss und auch sozial, wirtschaftlich und politisch ihre schärfsten Gegensätze und Brüche überwand. Diese innere Angleichung endete freilich Mitte der siebziger Jahre. Seither, so warnen Soziologen, verwandelt sich diese riesige und vielfältige Nation immer mehr in einen Flickenteppich, wo Gleichgesinnte unter sich bleiben und der politisch jeweils Andersdenkende in fremden, kilometerweit entfernten Vierteln und Subkulturen lebt. »Die Vereinigten Staaten entwickeln sich zu einem Land politischer Segregation«, schreibt der Sozialwissenschaftler und Publizist Bill Bishop. »Wir werden zu einem Land von politischen Stämmen, die sich immer weniger begegnen und deshalb immer hemmungsloser bekämpfen.« Bishop macht sich Sorgen um die Zukunft seiner Nation: »Das Zusammenscharen politisch Gleichgesinnter reißt unser Land auseinander.«

Ausführlich beschrieben und empirisch belegt hat Bishop seine These von der politisch-geografischen Umwälzung des Landes in seinem Buch *The Big Sort* (zu Deutsch etwa: »Die große Sortierung«). Ausgangspunkt ist der Trend zu »postmaterialistischen Gesellschaften«, wie sie auch in den reichen Ländern Europas zu beobachten sind: Mit zunehmendem Wohlstand verlieren traditionelle Faktoren wie soziale Klasse, Wirtschaftswachstum oder militärische Sicherheit an politischer Bedeutung. Stattdessen werden Aspekte wie persönliche Selbstentfaltung, kulturelle Sinnfragen (in den USA etwa die Debatten um die Abtreibung oder die Rechte Homosexueller) sowie der Schutz der Umwelt zunehmend wichtiger. Dieser Wandel ging und geht einher mit einem generellen Verlust an Vertrauen in etablierte Institutionen wie Großverbände, Gewerkschaften, Massenmedien und – allen voran – die Regierung.

Bishop behauptet nicht, die Menschen würden sich plötzlich aus rein parteipolitischen Motiven lokal zusammenrotten. Amerika sortiert sich subtiler. Menschen finden sich in zunehmend harmonischeren Vierteln wieder, weil sie etwa in dieselbe Kirche gehen (evangelikale Mega-Church oder linke Solidaritätsgemeinde), ähnliche Hobbys pflegen (Schießstand oder Yoga-Gruppe), gleiche Kost bevorzugen (T-Bone-Steak oder Sojaburger) oder ähnliche Musik hören (Country oder Blues).

Amerikaner müssen nicht erst nachsehen, ob an der Stoßstange »Romney – Believe in America« oder »2012 – BarackObama.com« prangt. Schon am Typ des Autos, das in der Auffahrt des Nachbarbungalows parkt, können sie oft die politische Einstellung des Hausherrn erahnen: Demokraten fahren gern Volvo oder Toyota Prius, das Hybridauto. Derweil bevorzugen Republikaner laut Wahlforschung BMW oder wuchtige Pick-ups, egal welcher Marke. Die Wahlforscher des unabhängigen *Cook Political Report* fanden heraus, dass 90 Prozent der insgesamt 300 Filialen von Whole Foods – Amerikas edelster Supermarktkette – ihr organisch angebautes Gemüse sowie besten Käse und Wein aus Frankreich in Wahlbezirken feilbieten, die 2008 für Barack Obama gestimmt haben. Dagegen stehen 62 Prozent der über 600 auf Cowboy-Nostalgie getrimmten Restaurants und Shops von Cracker Barrel in Countys, die McCain den Vorzug gaben. »Wenn die Wähler wirklich eine Erklärung für übertriebenen Parteienkampf und Systemversagen suchen, dann sollten sie einfach nur die eigene Straße entlangschauen«, glaubt Cook-Demoskop David Wasserman.

Dass diese Veränderungen in den Vereinigten Staaten drastischer auf das politische System durchschlugen als in Deutschland, Frankreich oder den Benelux-Ländern, liegt an drei amerikanischen Besonderheiten. Zum einen erschütterten Mitte der sechziger Jahre politische Ereignisse das Staatsvertrauen konservativer wie liberaler Bürger gleichermaßen: Libertäre und rechte Geister deuteten die massive Ausweitung des Wohlfahrtsstaats unter Präsident Lyndon B. Johnson (»The Great Society«) als Bedrohung ihres Lebensstils, während Amerikas Linke die Eskalation des Vietnamkriegs (sowie später Richard Nixons Watergate-Skandal) zum Anlass für ihr Misstrauen gegenüber »Uncle Sam« in Washington nahm. Die Zustimmung zur Regierung sank von rund 80 Prozent Ende der fünfziger Jahre auf nur noch 33 Prozent im Jahr 1976.

Zum anderen zogen der grandiose Sieg der Bürgerrechtsbewegung und die vom Demokraten Johnson durchgefochtenen Gesetze zur Gleichstellung der Afroamerikaner eine fundamentale Neuordnung des Parteiensystems nach sich: Der Süden wechselte die Seite. Binnen einer Generation konvertierten die konservativen Weißen in den Südstaaten, die seit Ende des Bürgerkriegs treu demokratisch und trotzig gegen die »Grand Old Party« von Yankee-Präsident Abraham Lincoln gestimmt hatten (»We vote like we shot!«), zu den Republikanern. Das wiederum veränderte die Gemengelage im Kongress dramatisch. An die Stelle des komplexen Spiels dreier Gruppen – progressiver Nord-Demokraten, konservativer Süd-Demokraten sowie dazwischen wirtschaftsliberaler, aber freisinniger Republikaner – mit wechselnden Koalitionen trat mehr und mehr ein simples Links-rechts-Schema: liberale Demokraten contra konservative Republikaner. Elende Lager-Demokratie.

Der dritte Faktor, der Amerikas politische Ordnung regelrecht umpflügt, ist schlicht die hohe Mobilität der US-Bürger. Sie ziehen weitaus häufiger um als Europäer; 35 Millionen Amerikaner verändern jährlich ihre Adresse, dreieinhalb bis sechs Prozent der Bevölkerung wechseln jedes Jahr den Landkreis (knapp die Hälfte davon wiederum siedelt gar in einen anderen Bundesstaat über). Innerhalb der vergangenen zehn Jahre, so eine sehr vorsichtige Schätzung von Sozialforscher Bill Bishop, seien hundert Millionen Amerikaner mindestens einmal umgezogen. Die Rastlosigkeit begünstigt die Neigung, sich einen Mikrokosmos gemäß der eigenen Weltanschauung zu suchen. Gleiches gesellt sich zu Gleichem, und so sortiert sich das Land in »harmonische« Lebensräume, die Parteistrategen dann in ihren bunten Karten vor dem nächsten Wahlkampf als rote (republikanische) und blaue (demokratische) Zonen kennzeichnen. Der Trend ist eindeutig: Noch 1976 wohnte nur jeder vierte US-Bürger (26 Prozent) in einem County, den eine Partei regelmäßig mit mindestens 20 Prozentpunkten Vorsprung gewann. Inzwischen jedoch leben beinahe doppelt so viele Amerikaner – knapp die Hälfte aller Wähler – in Landstrichen, die eine Partei fest im Griff hat.

Alle drei Präsidentschaftswahlen dieses Jahrhunderts erzählen von diesem Zerfall in ein blaues und ein rotes Amerika. Die legendäre Präsidentschaftswahl zwischen George W. Bush und Al Gore im Jahr 2000, die nach allerlei Ungereimtheiten in Florida erst per Richterspruch des Supreme Court entschieden wurde, fiel zwar extrem knapp aus – und doch erlebten 45,3 Prozent aller Bürger den Urnengang in ihrem County als eine völlig einseitige Veranstaltung: Daheim in ihrem Landkreis gewann eine der beiden Parteien mit mehr als 20 Prozent Vorsprung. Noch krasser war es 2004. George W. Bush besiegte John Kerry national mit einem Vorsprung von nur 2,5 Prozent der Wählerstimmen, aber nun erlebten schon 48,3 Prozent aller Bürger die Wahl vor Ort als Erdrutschsieg der einen oder anderen Partei. Viele Kerry-Anhänger in blauen Hochburgen wie New York oder Los Angeles waren fassungslos, als der Demokrat in Hochrechnungen der Wahlnacht zurückfiel. »Wie können die Umfragen so knapp sein«, rief der Dramatiker und Schriftsteller Arthur Miller aus, »wenn ich doch nicht einen einzigen Bush-Unterstützer kenne?«

Die Lösung von Millers Rätsel ist Amerikas politische Segregation. Diese Balkanisierung der parteipolitischen Landkarte wirkte fort, auch 2008, als Barack Obama mit immerhin sieben Prozentpunkten Vorsprung zum 44. Staatsoberhaupt gewählt wurde und dabei neun bislang rote Bundesstaaten blau einfärbte. Der Anteil derjenigen, die in Landkreisen mit einer alles beherrschenden Partei leben, blieb dennoch mit 47,6 Prozent fast unverändert. Da ist es kein Wunder, dass der Kulturkampf nach Obamas Wahl im Kongress unvermindert weitertobte, ja sogar eskalierte.

In Hendersonville, der Heimat der Brewingtons, lässt sich exemplarisch nachvollziehen, wie der »Big Sort« wirkt. Auf den ersten Blick scheint Tennessees Wahlkreis Nummer 6 nicht ins Muster zu passen, denn bis zur Kongresswahl 2010 haben die über 600 000 Bürger dreizehnmal hintereinander ein und denselben Demokraten nach Washington geschickt. Jener Bart Gordon war ein Relikt aus den Zeiten, da Amerikas Süden noch demokratisch fühlte – und weil Gordon regelmäßig gegen seine linke Parteiführung votierte und obendrein im Rufe stand, als raffinierter Strippenzieher viele Millionen Dollar Subventionen aus der Hauptstadt nach Hause schaufeln zu können, haben sie ihn immer wiedergewählt, wenn auch zähneknirschend. Dann aber wagte es der amtsmüde Gordon 2009, für Obamas Gesundheitsreform, für dessen »Stimulus« – das 787 Milliarden Dollar teure Konjunkturprogramm – und sogar für ein Klimaschutzgesetz zu votieren. Das waren, aus konservativer Sicht, drei Todsünden. Jerry Brewington reagierte wie viele Wähler aus Tennessee und schickte wütende Protestbriefe und E-Mails an das Büro des Abgeordneten. Gordon resignierte, trat ab – und machte endgültig den Weg für die Republikaner frei.

Ansonsten hatte die »Grand Old Party« in Hendersonville und Umgebung ja bereits alle Posten erobert. Wie dieser Wahlkreis binnen eines Jahrzehnts zu rotem Territorium wurde, zeigt der Blick auf die Ergebnisse der vergangenen drei Präsidentschaftswahlen. Beim Bush-Sieg im Jahr 2000 lagen Demokraten und Republikaner ein letztes Mal gleichauf (mit jeweils 49 Prozent), 2004 gewann George W. Bush dann bereits mit 20 Prozentpunkten Vorsprung, und selbst bei der Obama-Wahl 2008 trotzten die Republikaner in Zentral-Tennessee dem nationalen Trend und legten nochmals zu (62 Prozent).

Jedermann in Hendersonville wusste deshalb, dass die Republikaner die Wahl im November 2010 gewonnen hatten, noch ehe die erste Stimme ausgezählt war. Spannend und hart umkämpft war hingegen die parteiinterne Vorwahl, die Primary. Diane Black, selbst Tea-Party-Vorkämpferin, musste sich einer bärbeißigen Konkurrentin erwehren, die mit populistischen Sprüchen gegen den geplanten Bau einer Moschee im Nachbarort wetterte. Auch Black war dem Projekt nicht sonderlich gewogen; weil die US-Verfassung aber nun mal Religionsfreiheit garantiert, wollte sie die Muslime gewähren lassen.

Im lokalen Vorwahlkampf bewahrheitete sich, was Sozialpsychologen als »Gesetz der Gruppenpolarisierung« kennen: Ansammlungen gleichgesinnter Menschen neigen dazu, innere Widersprüche und Zweifel wegzubügeln – und sich gegenüber der Außenwelt zu radikalisieren. Die schrillere Stimme, der extremere Standpunkt obsiegt. Wochenlang wetteiferten deshalb die beiden Republikanerinnen in Tennessee darum, wer von beiden wohl »die wahre Konservative« und »die härtere Obama-Bekämpferin« sei. Am Ende setzte sich Black mit knappen 300 Stimmen gegen die Parteifreundin durch. Im Vergleich dazu geriet der

Urnengang im November zum Spaziergang: Ihren demokratischen Herausforderer bezwang Black mit 72 000 Stimmen Vorsprung.

Treibende Kraft hinter dem republikanischen Kantersieg waren die vielen Zuwanderer, meist vermögende, ausschließlich weiße Stadtmenschen, die im Suburb ein behaglicheres Leben suchen. Der Wahlkreis umfasst all die neuen, boomenden Vorstädte im Norden und Westen von Nashville, wohin in den vergangenen 15 bis 20 Jahren die Besserverdienenden aus der Großstadt zogen, wo die Bessergebildeten ihre Reihenhäuser und Bungalows bauten, wo neun von zehn Nachbarn Weiße sind, die ihre Kinder auf bessere Schulen schicken und häufiger als anderswo zur Kirche gehen. Als *monied burbs*, als »mit Geld gesegnete Vororte«, charakterisiert »Patchwork Nation«, ein von Sozialwissenschaftlern des unabhängigen Jefferson-Instituts in Washington betriebenes Forschungsprojekt, solche aufstrebenden Mittelstädte mit gut gebildeten Bewohnern, die im Schnitt satte 15 000 Dollar mehr verdienen als im Mittel der Nation.

Amerikaner leben anders als früher – und anderswo. Diese Selbstsortierung der Wähler in »zwei politische Stämme«, die in jeweils segregierten Nachbarschaften leben, erleichtert es den Parteien, die politische Landschaft neu zu vermessen: Alle zehn Jahre, jeweils nach einer Volkszählung, machen sich die Bundesstaaten daran, die Kongresswahlkreise neu zu ordnen. Und regelmäßig versucht die im Bundesstaat dominante Partei – in Texas die Republikaner, in Maryland die Demokraten – die Grenzen dabei so zu schneidern, dass die eigene Seite maximal viele Kongressmandate ergattern kann. Dieses sogenannte Gerrymandering ist hochgradig willkürlich, weil es versucht, die Minderheitspartei auszutricksen. Der Mythos, wonach diese Falschspielerei dafür verantwortlich sei, dass immer mehr US-Wähler in einseitig ausgerichteten Stimmbezirken leben, ist dennoch falsch. Das belegen empirische Studien, das lehrt aber schon der gesunde Menschenverstand: Wähler umverteilen und mit Mandatsgewinn einem anderen Wahlkreis zuschlagen kann nur, wer bis dahin in Distrikt A eine so erdrückende Mehrheit hatte, dass die Dauersiegerpartei mehrere Straßenzüge mit ein paar Tausend getreuen Wählern an Distrikt B abtreten kann, ohne den erneuten Sieg in Distrikt A zu gefährden. »Gerrymandering« ist unfair - doch es funktioniert nur, wo *zuvor* der »Big Sort« per Wählerwanderung für übermäßig klare Verhältnisse gesorgt hat. Anders gesagt: Die Strippenzieher der Parteien nutzen nur aus, was das Volk ihnen - per Umzug und politischer Stammesbildung in gleichgesinnten Nachbarschaften - an Möglichkeiten zur legalen Machtmanipulation offeriert hat.

In Hendersonville sind die Verhältnisse stabil. Stabil rechts. Der Ort gedeiht. Die Vorstadt hat keinen Kern, aber sie wuchert. Binnen zehn Jahren ist die Bevölkerungszahl um ein Viertel gestiegen, und Sumner County, der Landkreis drum herum, wächst eifrig mit, seit vor vier Jahrzehnten die Großstadtflucht der Weißen aus Nashville begann. Manchen Star der Countrymusic zog es hierher: Johnny Cash zum Beispiel oder auch Taylor Swift, das blonde Country-Pop-Idol, das hier auf die Highschool ging. Sechzig protestantische Gotteshäuser laden zum Gebet. Nicht eine Synagoge, nicht eine Moschee.

Ja, auch in Hendersonville hat die Wirtschaftskrise zugeschlagen. Neun Prozent der Menschen sind arbeitslos, etliche Häuser sind überschuldet, das beste Restaurant im Ort musste schließen. Und doch heben Bagger weiterhin Baugruben aus, jede Woche öffnen ein, zwei neue Geschäfte. »Andere Gemeinden träumen von unseren Problemen«, sagt die Frau von der Handelskammer. Die agile Managerin gesteht im Gespräch, sie sei eigentlich Demokratin. Aber einen Obama-Sticker an die Stoßstange ihres Pkws zu kleben, das traut sie sich dann doch nicht: »Das würde mir hier mancher Geschäftsmann übel nehmen.«

Auch Eric Stamper, der junge Optiker, der hier 2009 einen Ableger der Tea Party gründete und mit kalter Wut über Obama und Washington herzieht, verfällt bei der Frage, was Hendersonvilles größtes Problem sei, ins Grübeln. »Mir fällt keines ein«, sagt er schließlich. Niemand kann sich erinnern, wann hier der letzte Mord passiert ist. Eine Zeitschrift wählte den Ort 2009 zu einer der zehn »familienfreundlichsten Städte Amerikas«. Und auf der örtlichen Homepage rief der Bürgermeister neulich dazu auf, sich zum Casting für eine TV-Serie über »Die strengsten Eltern der Welt« zu melden.

Keine Frage, Hendersonville ist ein für alle Mal republikanisches Kernland. Vor Demokraten muss Diane Black, die es als sechzigjährige Großmutter zur Abgeordneten in Washington gebracht hat, sich nicht mehr fürchten. In den Hallen der Macht der Hauptstadt fühlt sich die Frau mit den blondierten Locken und der steten Perlenkette um den Hals zunehmend sicher. Und daheim in Tennessee genießt sie Respekt, als Krankenschwester und als Gattin eines Unternehmers, der mit Hochtechnologie für forensische Untersuchungen zum Multimillionär geworden ist.

Sorgen macht Diane Black nur das eigene Lager. Die erzkonservative Konkurrentin aus der republikanischen Vorwahl sitzt ihr nach wie vor im Nacken. Deshalb stimmt die Abgeordnete Diane Black strikt nach Partei- und Tea-Party-Linie ab, deshalb riskierte sie im Zank um Amerikas Schuldendeckel lieber die Zahlungsunfähigkeit ihrer gesamten Nation, als sich irgendeine Kritik vom äußersten rechten Rand in der Provinz einzuhandeln. Jeder Kompromiss mit dem Präsidenten hat in diesem Milieu einen Hautgout von Verrat. Würde Diane Black bei einem derartigen Frevel ertappt, ihr drohte der Aufstand der Basis. Sie hat die braven Menschen von Hendersonville und Tea-Party-Kämpen wie Jerry und Linda Brewington vor Augen, wenn sie im Interview für den konservativen TV-Kanal Fox News sagt, sie wolle »unser Land von Obama zurückerobern«. Oder wenn sie vom »amerikanischen Volk« und dessen Sehnsucht nach weniger Steuern, weniger Schulden und weniger Staat redet.

Nur, es gibt noch ein anderes amerikanisches Volk. Eines, das Diane Black eher vom Hörensagen kennt. Oder aus dem Fernsehen. Und auch dieses so andere, weil linke, Amerika formiert sich, hat sich während der vergangenen drei Jahrzehnte in eigenen Lebenswelten, eigenen Vierteln und Nachbarschaften sortiert.

Man muss da nur den Mission District in San Francisco besuchen – mit dem Oberleitungsbus sind es ein paar Haltestellen jenseits von Downtown. Viele Immigranten aus Lateinamerika leben hier; die Werbung in den kleinen Läden ist handgeschrieben, auf Spanisch. Die Regenbogenfahne der Schwulen- und Lesbenbewegung klebt in den Fenstern neben dem Friedenszeichen. Punks fühlen sich in dem Viertel ebenso zu Hause wie politische Aktivisten. Die Grateful Dead haben »The Mission«, wie das Viertel genannt wird, einst einen Song gewidmet. Das ist urlinkes amerikanisches Milieu. Selbst gemessen an den

Verhältnissen in San Francisco, wo sie ihre Kongressabgeordnete (die Chefin der Demokraten im Repräsentantenhaus, die streitbare Nancy Pelosi) regelmäßig mit 80 Prozent der Stimmen wählen, ist the Mission noch einmal einen Tick linker. Der Republikaner John McCain erhielt hier bei der Präsidentschaftswahl 2008 gerade einmal sechs Prozent der Stimmen. Der Rest ging fast vollständig an Barack Obama.

Auch die Frauen von Code Pink haben hier ihr Hauptquartier: eine fensterlose, weißgetünchte einstige Abstellkammer zur Untermiete in einer Büroetage einer Dritte-Welt-Organisation. Code Pink wurde Ende 2002 in San Francisco als Frauengruppe gegen den drohenden Krieg im Irak gegründet. Seither machen sie mit spektakulären Aktionen auf sich aufmerksam: Sie störten Präsident George W. Bush bei seiner zweiten Inaugurationsrede, rollten Protestplakate aus, als sein Nachfolger in der Universität von Kairo sprach. Sie wurden vor dem Kongressbüro von Nancy Pelosi in Washington festgenommen und sie verfolgten die frühere Außenministerin Condoleezza Rice – bei Anhörungen im Kongress wie an ihrem alten Arbeitsplatz an der Universität von Stanford – mit in rote Farbe getauchten Händen.

Janet Weil hat fast von Anfang an bei Code Pink mitgemacht. Seit Jahren steht sie jeden Donnerstagmittag vor dem Federal Building in San Francisco, um gegen Amerikas Kriege zu protestieren. In jeder größeren amerikanischen Stadt gibt es ein Federal Building, den Sitz der lokalen Ableger der Bundesbehörden. Es sind immer dieselben, die zur Mahnwache kommen: radikale Pazifisten wie Janet Weil, christliche Friedensaktivisten, Quäker und Katholiken, New-Age-Inspirierte und Yoga-Anhänger. Ein

Musterbeispiel für die Regenbogenkoalition der Linken ist es, wie sie sich wohl nur in Städten wie San Francisco zusammenfinden kann.

Mit Vorliebe trägt die 57-Jährige pinkfarbene T-Shirts oder Steppjacken. Bekenntnis sind auch ihre Buttons am Revers mit Aufschriften wie »Stop These Wars« oder »Make Out, Not War«, mach herum, statt Krieg zu machen – die etwas derbere Version des alten Slogans der Hippiebewegung: »Make Love, Not War«. Ehe sie sich voll und ganz ihrer Friedensarbeit verschrieb, unterrichtete Janet Weil Einwanderern Englisch und veröffentlichte Gedichte (»Gewidmet all denen, die in den Kriegen im ersten Jahrzehnt des 21. Jahrhunderts ermordet wurden«). Sie hilft Veteranen, sich in Workshops ihre Kriegserlebnisse von der Seele zu schreiben, oder sammelt Lebensmittelspenden für Bedürftige in Contra Costa, auf der anderen Seite der Bucht von San Francisco.

Wie die Brewingtons demonstriert die 57-Jährige geradezu exemplarisch die Sprachlosigkeit, die sich zwischen den politischen Lagern aufgetan hat. »Ich muss leider zugeben, dass mein Neffe Hauptmann im Marine Corps ist und gerade in Afghanistan dient«, sagt sie, als habe sie eine Familienschande zu beichten. Dass Patriotismus Leute wie ihren Neffen ins Militär treibt, ist ihr eine vollkommen unverständliche Vorstellung.

Janet Weil bereut es inzwischen, 2008 für Barack Obama gestimmt zu haben. Schon damals hatte sie »ernsthafte Zweifel«, wie sie zugibt, weil er nicht den sofortigen Abzug aus Afghanistan versprochen hatte. Seine Präsidentschaft habe sich aber »noch viel enttäuschender entwickelt«, als sie gedacht habe. Enttäuscht ist sie auch darüber, dass ihre Gesinnungsgenossinnen – zwanzig Frauen bilden den harten Kern von Code Pink in San Francisco – selbst in der Stadt der einstigen Hippiebewegung nicht größeren Zulauf finden. Aber sie lässt sich nicht entmutigen, denn sie glaubt zu wissen, woran es liegt: »Es ist einfach schwierig, Leute gegen den Krieg zu organisieren, wenn alles, was sie im Moment suchen, ein ordentlicher Job ist.« Eines jedoch verspricht sie bis zur Wahl: »Wir werden Obama die Hölle heißmachen.«

Solche linken und (am Ende doch) demokratisch wählenden Biotope findet man nicht nur in den alten Großstädten an der Ost- und Westküste oder in den etablierten Machtzentren der Partei im Mittleren Westen, wie Chicago, Cleveland oder Pittsburgh. In Treue blau wählen nicht bloß die von Afroamerikanern oder Hispanics bewohnten Slums der Bronx in New York, die Elendsquartiere in Nord-Philadelphia oder im Südosten Washingtons. Oder jene traditionell demokratischen, inzwischen verödeten Landstriche wie im Nordwesten Mississippis, wo die Baumwollfelder brachliegen, wo jedes Jahr mehr Weiße abwandern und die Nachfahren der Sklaven sich mit Gelegenheitsjobs durchschlagen.

Nein, per Wählerwanderung wachsen auch neue blaue Hochburgen heran. Dort nämlich, wo sich Besserverdienende, mit Collegediplomen ausgestattete Demokraten aller Hautfarben seit den neunziger Jahren ihre urbanen Lebenswelten schaffen. Es zieht sie in Hightech-Citys wie Portland, Oregon, nach Denver, Colorado, oder nach Minneapolis, Minnesota. Die junge Linke strebt in trendige Städte, und im Gegenzug wandern die Republikaner ab in die Vororte. Hier findet eine Art Selbstsäuberung statt – mit der bekannten Folge, dass beide Lager am Ende in den (de facto entscheidenden) Vorwahlen radikale Vertreter der jeweiligen reinen Parteilehre als Kandidaten für Washington nominieren.

Beispiel Minneapolis. Michele Bachmann, die erzkonservative Anführerin des Tea-Party-Caucus im US-Kongress und vorübergehende Präsidentschaftskandidatin, fand ihre rechte Basis in den neuen, fast ausschließlich von Weißen besiedelten Suburbs im Norden von Minneapolis. Die Metropole selbst hingegen gehört mehr denn je dem anderen Lager. Minneapolis rühmt sich, die belesenste Großstadt Amerikas zu sein, und mit demselben Bürgerstolz verkündet das Rathaus, man sei (mit einem Anteil von 12,5 Prozent) die viertschwulste Stadt Amerikas. Der örtliche Abgeordnete, gewählt mit 35 Prozentpunkten Vorsprung, ist selbstverständlich Demokrat: Keith Ellison, der erste und einzige Muslim im Kongress, führt zugleich den Gesinnungskreis linker Abgeordneter an, den »Progressive Caucus«. Auch er beschwört, wie Diane Black in Hendersonville, gern »den Willen des amerikanischen Volkes«. Seines Volkes: Im Namen von Multikulti-Minneapolis verlangt Ellison drastische Sondersteuern für Millionäre, erklärt er jede Kürzung von Sozialleistungen zum Tabu.

Anders als die Republikaner jedoch, die überproportional weiß sind und die zu 71 Prozent von sich sagen, sie seien konservativ, wirken die Demokraten bunter – und schwerer organisierbar. Die »Obama-Koalition« von 2008 kannte keine absolute Mehrheit; weiße Wähler waren nur eine (wenn auch die größte) Minderheit unter Afroamerikanern, Latinos und Asiaten. Jede dieser Gruppen verfolgt ihre eigenen Sonderinteressen, lebt in ihrem eigenen Milieu. Auch ideologisch sind Demokraten diffuser. Jeweils vier von zehn Demokraten stufen sich selbst als »links«

oder als »moderat« ein, immerhin 21 Prozent nennen sich »konservativ«. William Galston, der Parteienforscher bei Brookings, sagt deshalb, Amerikas politische Umwälzung der vergangenen Generation habe für »eine asymmetrische Polarisierung« gesorgt. Republikaner halten Linie, derweil schwarze, braune und weiße Demokraten miteinander hadern, ob sie ganz, halb oder vielleicht gar nicht links sind.

All diese Milieus der Demokraten lassen sich in einem Radius von nur 15 Kilometern rund um den US-Kongress vermessen. Im Südosten des Districts of Columbia herrscht bitterste schwarze Armut, viele Bürger leben von Sozialhilfe, Drogenhändler und Gewalt regieren dort ganze Straßenzüge. Im Nordosten der Hauptstadt wiederum lebt die *middle class* – überwiegend schwarze und hispanische Arbeiterfamilien, die wenig haben und doch davon träumen, dass ihre Kinder es aufs College schaffen und es einmal besser haben. Diese beiden Teile des Distrikts sind alter, blauer Boden, Demokraten erobern hier 90 Prozent aller Stimmen. Immer schon.

Jünger – und spannender – ist hingegen die Entwicklung in Washingtons vermögendem, weißem Nordwesten. Dort sowie in den angrenzenden Suburbs von Bethesda (im Staate Maryland) und McLean (in Virginia) sortiert sich das Volk getreu der politischen Farbenlehre: Vermögende Anwälte, gutsituierte Beamte, linke Lobbyisten, Kongressmitarbeiter, Journalisten und Professoren leben im »Ward 3«, im dritten Bezirk der Hauptstadt, oder unmittelbar hinter der Stadtgrenze in Bethesda. Die vermögende republikanische Diaspora zog über den Potomac und siedelt nun in Virginia. Seit den achtziger Jahren schießen in den Wäldern von McLean immer neue, ständig größere

Villen mit zwei, drei Garagen aus dem Boden. Konservative Geister mit kleinerem Geldbeutel finden Unterschlupf in gepflegten Reihenhäusern.

David Brooks, der originellste Kopf unter den Kolumnisten der *New York Times*, hat kurz nach Obamas Amtsantritt die Bildungsbürger von »Ward 3« als neue herrschende Klasse Amerikas karikiert. Vorbei sei die protzige Regentschaft der Bush-Adlaten aus Texas, fortan bestimme dieser gediegene Nordwesten Washington. Nur, niemandem müsse vor dieser Staatselite bange sein: »Die Leute in dieser Gegend sind sehr nett und sehr kopfgesteuert. Jeden Samstag ist eine Hälfte der Menschen in ›Ward 3‹ damit beschäftigt, für die andere Hälfte irgendeine Diskussion zu organisieren. Sie leben in bescheidenen Heimen, mit frisch renovierten Küchen und einem Fitnessgerät im Keller.« Diese wohlmeinenden Vernunftmenschen verdienten zwar gutes Geld. Weil davon aber das meiste für die teure Privatschule der Kinder oder die internationalen Bildungsreisen draufgehe, diagnostiziert Brooks unter den Bewohnern des Bezirks ein »Status-Einkommens-Ungleichgewicht«, das chronischen Frust schüre: »Auf der Arbeit werden sie bewundert und gefürchtet, aber daheim müssen sie selbst die Regenrinne säubern, weil sie sich keine vollwertige Haushaltshilfe leisten können.« Drei Dinge, so fügt der Kolumnist, der selbst in diesem Milieu zu Hause ist, sarkastisch hinzu, seien unter Obamas so puritanischen wie friedfertigen Leistungsträgern verpönt: »tiefe Ausschnitte, Jäger – und Dummköpfe, die reicher sind als sie selbst.«

Wie selbstverständlich regiert in Washingtons »Ward 3« der progressive Konsens. Die Demokraten in den Nachbarschaften von Cleveland Park, Palisades oder Spring

Valley schalten den Fernseher um (oder ab), sobald CNN die TV-Debatte republikanischer Präsidentschaftsbewerber überträgt. Oder sie erleben die Diskussion kopfschüttelnd als Realsatire. Viele im »Ward 3« sind zwar durchaus unzufrieden mit Obama (»Er kneift, er kämpft zu wenig«, schimpft eine Nachbarin, eine Bildungsberaterin mit Expertise in Armenien wie Ägypten), und doch stößt der Präsident hier nach wie vor auf Sympathie. Oder auf Mitleid.

Früher, so erzählt ein hier aufgewachsener Bewohner, sei das Ambiente anders gewesen. »Ich erinnere mich, dass ich als Junge die Erwachsenen an der Bushaltestelle über Politik habe streiten hören. Das ist lange er.« Heute sei der Graben so breit, dass niemand mehr über Parteigrenzen hinweg reden wolle. Und überhaupt hätten sich die Republikaner »fast alle über den Fluss verzogen. Wer bleibt, der schweigt.« Der Mann, ein selbstständiger Medien- und Politberater, muss es wissen: Er outet sich, streng anonym, im Gespräch als »der Vertreter einer seltenen Spezies – ich bin ein gemäßigter Republikaner und obendrein im Feindesland zu Hause«.

Amerikaner, so hat die Politikwissenschaftlerin Diana Mutz in einer vergleichenden Studie analysiert, reden zwar generell genauso gern über Politik wie andere Völker. Die Professorin an der University of Philadelphia hat allerdings zugleich festgestellt: Wortschwall und Redefluss ihrer Landsleute versiegen abrupt, sobald sie sich jemandem gegenüber wähnen, der andere Meinungen hegen könnte als sie. Trotz verfassungsmäßig garantierter Meinungsfreiheit und gelebter Vielfalt im Land: Nur 23 Prozent der Amerikaner geben an, sie unterhielten sich regelmäßig mit Mitmenschen, die andere politische Überzeugungen hegten. Die anderen elf untersuchten Nationen waren allesamt konfliktfreudiger.

Diana Mutz glaubt, Amerikas Selbstsortierung in homogene Nachbarschaften sei ein Grund dafür, dass sich mehr Bürger engagierten: »Politischer Aktivismus fällt leichter, wenn man von Menschen gleicher Meinung umgeben ist.« Das habe jedoch seinen Preis: Eine Nation von Menschen, die immer seltener die andere Seite wahrnehmen und im Alltag jede Kontroverse meiden, verliere die Fähigkeit, Kompromisse zu finden und mitzutragen. Dies sei ein »Paradoxon der Demokratie«: Leidenschaftlich begeisterte Parteigänger und zugleich eine Gesellschaft, die besonnen nach ausgewogenen Lösungen suche, das schließe sich offenbar aus.

Der Versuchung, sich in Kokons widerspruchsfreier Milieus einzuspinnen, geben vor allem die vermeintlich stärksten Amerikaner nach: Je gebildeter oder reicher US-Bürger sind, so fand Mutz heraus, desto seltener reden sie mit Andersdenkenden über Politik. Höhere Stände suchen und finden leichter ihresgleichen – denn sie haben die nötigen Mittel, sich ihre Lebenswelt auszusuchen.

Genau das haben auch Linda und Jerry Brewington getan. Sie haben sich ihr Paradies geschaffen. Abends stehen sie auf ihrer Terrasse, tauchen am Old Hickory Lake in eine Postkartenidylle ein: Drüben, hinter den Wipfeln der Ahornbäume auf dem anderen Ufer, versinkt die Abendsonne. Der See verwandelt sich in ein orangerotes Meer, während unter der Trauerweide am Ufer der Graureiher fischt. Jerry tritt vor die Tür, in der rechten Hand hält er ein Glas Rotwein. Lohn des Lebens, den die Brewingtons gern mit Freunden teilen. Einen einzigen Demokraten zählt das Tea-Party-Paar zum engeren Bekanntenkreis.

Der sei obendrein schwul – »und auch der kommt allmählich zur Besinnung, weil die Krise sein Geschäft in den Ruin treibt«, sagt Jerry und grinst. »Obama sei Dank!«

Nichts ist den Brewingtons in den Schoß gefallen. Jerry und Linda haben geschuftet, oft bis in die Nacht. Nach der täglichen Buchhalterei tippte sie jahrelang abends Gerichtsprotokolle ab. Er schob jeden Tag die Spätschicht als Verkäufer für Herrenbekleidung im Warenhaus, nachdem er zuvor acht Stunden als Schichtleiter im Fastfood-Restaurant gearbeitet hatte. Alles für sieben Dollar die Stunde. Dann folgte die Abenduni mit der Ausbildung zum Personalmanager. Diplom 1993, mit 48 Jahren. Die Firmengründung, es ging bergauf. Sie konnten das Haus renovieren: neue Küche, größeres Bad, das Schlafzimmer vom Designer. Linda führt stolz durch die Zimmer, ehe sie kurz auf der Treppe zum Untergeschoss verweilt. An der Wand über ihr hängt das anonyme Ölgemälde von einer sehr gelbbraunen Seine in Paris. Und neben ihr in der Ecke steht die marmorne Büste, der die Hausherrin nun versonnen über das gemeißelte Haar streicht: Es ist Michelangelos *David*. Originalkopie aus Florenz – »eine wunderschöne Reise!« Dies ist ihr Reich, alles bezahlt, bis auf den letzten Cent. Jerry sagt es auf seine Weise: »Wir sind keine typischen Amerikaner, wir schulden niemandem etwas. Und anders als die Regierung habe ich meine Hypotheken immer getilgt.«

Inzwischen sind sie wohlhabend. Wie hoch ihr Verdienst ist, wollen die Brewingtons nicht sagen. Nur so viel: Als anständige Baptisten spenden sie ein Zehntel ihres Einkommens an die Kirche, »und das sind, sagen wir mal, mehr als 15 000 Dollar im Jahr«. Sie sparen, ihre beiden Autos kaufen sie immer gebraucht. Aber sie geizen nicht.

Seit einer Reise in die Ukraine fördern sie ein Waisenhaus bei Kiew. Erst kürzlich haben sie wieder 25 000 Dollar zugesagt, zahlbar in zwei Jahresraten. Und außerdem pflegt Jerry die nette Angewohnheit, die ganze Familie am Weihnachtsabend in irgendein Restaurant auszuführen. Am Ende steckt er der Kellnerin jedes Jahr eine 100-Dollar-Note zu. Während Linda die Anekdote erzählt, bekommt Jerry einen roten Kopf. »Es ist von Gott«, sagt er, »ich bin nur sein Werkzeug.«

All diese Großzügigkeit verfliegt indes, sobald das Gespräch auf Obama kommt. Oder auf den Kongress, auf Washington, überhaupt auf die Politik. Jerry nennt seinen Präsidenten »einen Rassisten«, der »alle Weißen hasst«. Linda nickt, während Jerry seine Indizien aufzählt. So habe Obama anno 2009 einen weißen Polizisten gescholten, weil der einen renitenten schwarzen Harvard-Professor (in dessen eigener Wohnung) mit einem Einbrecher verwechselt hatte. Oder die Sache mit der »Tan Tax«, der Bräunungssteuer. Per Gesundheitsreform beschlossen die Demokraten einen Preisaufschlag von zehn Prozent für alle (potenziell Hautkrebs erregenden) Besuche auf einer Sonnenbank. »Auch das ist Rassismus«, tobt Jerry, »denn Schwarze gehen nicht ins Sonnenstudio.«

Die Tea Party kultiviert ihre eigene Öffentlichkeit und hat sich von CNN oder *New York Times* abgekoppelt. Widerspruch bleibt außen vor – als Quellen dienen verlässlich rechte Websites oder Hinweise auf mutmaßlich brisante Enthüllungen in E-Mails gleichgesinnter Freunde. Keine Parteiführung sagt, was gilt. Und niemand prüft, was stimmt.

So glaubt Jerry – wie Millionen konservativer Amerikaner – fest jener Verschwörungstheorie, die als »Cloward/

Piven-Strategie« in der rechten Szene kursiert. Richard Cloward und Frances Fox Piven, zwei linke Professoren der Columbia University, hatten während der wilden sechziger Jahre einen vorrevolutionären Plan zum gezielten Staatsbankrott ausgeheckt. Genau dieser Strategie, argwöhnt Jerry, gehorche nun Obama: Eine Überlastung des Sozialstaats solle direkt zum Ruin der US-Wirtschaft führen, um eine soziale Explosion samt linker Aufstände zu provozieren, die die Nation am Ende dem Sozialismus ausliefern.

Zwischen gelben Aktendeckeln hält Jerry mehrere Artikel parat, die diese Marschroute in die Tyrannei ausmalen. Neulich hat er den Zerfall der Weimarer Republik im Internet studiert. Seither befürchtet er eine US-Hyperinflation und sieht »den Tag kommen, da jeder Dollar nur noch zehn Cent wert ist«. In Hendersonville glauben das viele. Und viele glauben noch viel mehr: Laut einer Umfrage mutmaßte 2010 jeder vierte Republikaner in den US-Südstaaten, Obama sympathisiere mit islamischen Terroristen. Gar 40 Prozent wünschen sich wieder die Sezession vom Norden.

Die Brewingtons denken nicht so. Sie wagen Realpolitik nach Tea-Party-Muster. Aufmerksam verfolgten sie 2011 den republikanischen Vorwahlkampf, und sie sahen mit Freude, wie sich sämtliche Anwärter regelmäßig vor ihrer Bewegung verneigten. Michele Bachmann, die Fundi-Frau aus Minnesota, hat ihnen gefallen; noch mehr Eindruck machte Rick Perry auf sie, der forsche Gouverneur von Texas. Nur für Mitt Romney, den Exgouverneur von Massachusetts, haben sie wenig übrig. Der hatte 2006 seinem neuenglischen Bundesstaat nämlich eine Gesundheitsreform verschrieben, die Obama später zum Modell für seine Großreform samt obligatorischer Krankenversicherung machte. »Romney ist ein Rino«, schimpft Jerry. Die vier Buchstaben sind ein giftiger Fluch für jeden Präsidentschaftskandidaten, denn Rino steht für *Republican in name only*. Ein Rino ist folglich ein verkappter Demokrat.

Bis November 2012 geht der Kampf weiter. Bis dahin steht alles auf dem Spiel. Barack Obama will im Weißen Haus bleiben. Und Linda und Jerry ringen um Heim und Heimat in Tennessee. Sonst lauert Utopia.

DER MODERNISIERUNGSSTAU

Erziehung, Infrastruktur, Klimaschutz – wie ein Land seinem eigenen Fortschritt im Wege steht

Keishars Beruf ist die Zukunft. Träume will sie wahr werden lassen. Das, so sagt die junge Frau mit den großen dunklen Augen und der Reibeisenstimme, sei ihre »Mission«, dafür arbeitet sie rund um die Uhr. Zwölf, oft vierzehn Stunden am Tag. Drüben an der Wand, gleich links vom Fenster über dem Holzregal, prangt ein rot-weiß gestreiftes Plakat. Darauf steht groß und schwarz das Ziel für Ariyanna und James, für Monique, Gregory und die anderen 21 *Red Kangaroos:* »Class of 2025«.

Traumjahr 2025. Das ist noch lange hin. Dreizehn Jahre. Zukunftsmusik sozusagen. »Aber genau hier machen wir den Anfang«, sagt Keishar Wilkerson energisch, »jeden Tag und jetzt!« Die 26-jährige Lehrerin hat aufgeräumt, die Ärmel der schwarzen Strickjacke bleiben hochgekrempelt. Ihr Blick schweift durch den Klassenraum: Der bunte Spielteppich ist sauber, alle Jacken und Anoraks ihrer Schüler hängen an Haken, in jeder Box steht wieder die Liegematte vom Mittagsschlaf, und vor jedem der 25 Stühle liegen nun eine Tüte Bio-Chips und eine Nektarine auf dem Pult. In zehn Minuten, wenn ihre Schützlinge vom Musikunterricht zurückkommen, ist *Snack-Time.* So lange hat Keishar noch Zeit, von ihrem Traum zu erzählen. Und davon, was in dreizehn Jahren ansteht. »2025 ist das entscheidende Jahr, dann werden meine Kinder den großen Schritt von der Highschool aufs College machen«, sagt sie und lässt keinen Zweifel daran, dass all ihre vier- und fünfjährigen Kängurus den Sprung schaffen werden. Schaffen *müssen*: »Das ist der American Dream. Dass du aufs College gehst und die Chance bekommst, danach nicht nur einen Job zu kriegen – sondern wirklich Karriere zu machen.«

Doch das wird nicht nur von der energischen, hochengagierten jungen Lehrerin abhängen. Nicht nur von Fleiß und Begabung ihrer Schützlinge. Mindestens genauso entscheidend wird sein, wie ihr Land sich auf die Zukunft vorbereitet. Das war früher nie die Frage – Amerika war die Zukunft. *War*, denn inzwischen lebt das Land von Substanz und Nimbus seiner Vergangenheit. In beinahe jeder Studie, die die künftige Leistungsfähigkeit von Nationen im globalen Wettlauf um Wohlstand und Jobs zu messen versucht, fallen die Vereinigten Staaten zurück. Innovationskraft und Effizienz der Privatwirtschaft beeindrucken zwar nach wie vor, aber die Zweifel wachsen, ob Washingtons Politik zukunftsfähig ist. Die beiden großen Parteien ringen nicht bloß darum, *wie* die Probleme zu lösen wären – sie eint nicht einmal mehr ein Minimalkonsens darüber, *was* diese Probleme sind. Drei Herausforderungen illustrieren dasselbe Dilemma: Bildung, Bauen, Umbauen.

Bildung. Amerikas Spitzenuniversitäten locken zwar noch immer die brillantesten Talente aus aller Welt an. In der Breite aber versagt das Land. Ein marodes Bildungssystem untergräbt die Wettbewerbsfähigkeit der US-Wirtschaft und verspielt die Träume Millionen junger Menschen. Plätze an guten Schulen werden per Lotterie vergeben, und Auswege wie etwa Keishars Schule bleiben die Ausnahme.

Bauen. Keine Nation dachte größer, projektierte gigantischer. Erst durchmaßen Eisenbahnen den Kontinent, dann verband ein gigantisches Netz exzellenter Autobahnen die Küsten. Heute bröckelt der Beton weithin. Die US-Infrastruktur zerfällt, für Zukunftsinvestitionen in Straße, Schiene oder Luftverkehr fehlt das Geld. Und der Mut.

Umbauen. Das ist vielleicht das größte Versagen des Landes – und des Präsidenten: Die Klimawende, die Obama seinem Land und der Welt verheißen hatte, ist jämmerlich gescheitert. Amerika scheint innerlich unfähig, durch Energiesparen seinen Teil im Kampf gegen die Erwärmung des Planeten beizutragen. Weil Glauben wichtiger ist als Wissen oder Wissenschaft, weil Interessen mächtiger Industrien schwerer wiegen als das Allgemeinwohl, verspielt das Land Zukunftschancen.

Bildung. Keishar Wilkerson weiß, wie wichtig es ist, überhaupt eine Chance zu bekommen. Es ist ja ihre eigene Geschichte. Damals in den neunziger Jahren, als das schwarze Mädchen aus der Bronx in New York City gerade auf die Middle School wechseln sollte, die Mittelschule für die sechste bis achte Klasse, schienen die Karten für sie schlecht gemischt zu sein. »Ein einziger meiner Freunde aus dem Viertel hat es ebenfalls aufs College geschafft«, erzählt sie. Aber Keishar hatte Glück. Ihre Eltern förderten sie, und als dann unverhofft diese neue Schule in die Gegend zog, da hat die Mutter ihre 12-jährige Tochter bei KIPP angemeldet, beim »Knowledge is Power Program« (»Wissen ist Macht«). KIPP ist eine von 5000 *charter schools,* wie sie in Amerika inzwischen überall und für alle Altersstufen – von der Vorschule bis zur 12. Klasse – aus dem Boden geschossen sind: Diese *charter schools* dürfen, anders als die meist elitären *private schools* mit horrenden Schulgeldern von 20000 oder 30000 Dollar pro Jahr, keinerlei Gebühren erheben; sie werden öffentlich gefördert wie die herkömmlichen 94000 *public schools* auch, dürfen aber ihr eigenes pädagogisches Konzept verfolgen. Regelmäßig werden ihre Absolventen denselben Tests der Schulbehörde unterworfen, und zumindest für KIPP-Kids gilt: Obwohl sie alle aus armen, sozial benachteiligten Vierteln stammen, schneiden sie weitaus besser ab als der (oft mangelhafte) nationale Durchschnitt.

Hinweise auf das Erfolgsrezept von KIPP finden sich in Keishars rotem Klassenzimmer überall. »Be nice, work hard«, das simple Motto des 1994 gegründeten Reformschulnetzwerks, klebt umrankt von einer Papiergirlande an der Stirnwand. Laut rosa Stundenplan an der Zimmertür beginnt die Schule morgens um halb acht (»Ankunft, Frühstück«), eineinhalb Stunden früher als in der *public school* drüben auf der anderen Straßenseite. Und während gegenüber schon um 15:15 Uhr die Schulglocke das letzte Mal läutet, büffeln KIPP-Schüler bis fünf. Plus Sonderstunden einmal monatlich am Samstag, plus jeden Juli einen vollen Monat extra, wenn ihre Freunde Sommerferien haben. Das summiert sich übers Jahr auf 40 Prozent mehr Unterrichtszeit, mit meist zwei Lehrern statt nur einem im Raum. Mehr Input, mehr Output? »Stimmt, aber das ist nicht das ganze Geheimnis«, wendet Keishar ein, »wir wollen nicht nur Wissen vermitteln und die Kids fit machen für den nächsten Test. Uns geht es um das ganze Kind, um den Charakter.« Vorn in der Ecke steht die »Tabelle der guten Wahl«: Wer nett ist, wer gehorcht, sammelt Smiley-Punkte; wer stört, kriegt den gelben Griesgram. Draußen vor der Glastür zieht eine Schar Fünfjähriger über den Gang – händchenhaltend, in Zweierreihe, ohne Mucks. KIPP verlangt Disziplin, Fleiß, Respekt. Der Dresscode schreibt Keishars 25 *Kangaroos* vor, tagtäglich ihr rotes Schulshirt zu tragen und allzeit in die Hose zu stecken (»Gürtel sichtbar«). Hosen müssen braun und khakifarben sein (»No Jeans«), ebenso Röcke (»nicht kürzer als fünf Zentimeter über Knie«). Und später, in den höheren Klassen, gilt: kein buntes Make-up, keine Halsketten, keine Tattoos. Wer flucht oder lügt, wird suspendiert. Und wer zehn Tage lang unentschuldigt fehlt, der fliegt.

All dieser Drill soll den Kindern Halt geben. »Struktur«, sagen Pädagogen. KIPP platziert seine landesweit inzwischen über hundert Schulen immer mitten in sozialen Brennpunkten. »Im Ghetto«, wie die Menschen, die hier an der Benning Road im Südosten der US-Hauptstadt leben, mit trotzigem Stolz sagen. Der »Southeast« ist jener Teil Washingtons, den Weiße meiden. In den schäbig grauweißen Holzhäusern und den dunkelroten Apartmentblocks leben fast nur Afroamerikaner. Und ein paar Latinos. Aber überall haust das Elend, in manchen Straßenzügen muss jeder Zweite mit *food stamps* über die Runden kommen, der staatlichen Lebensmittelhilfe im Wert von drei Dollar pro Tag. Drogenhandel und Waffengewalt regieren, 40 Prozent aller Familien mit Kindern schlagen sich unterhalb der Armutsgrenze durch. Und ohne Vater. Wer hier landet, kommt selten weit.

Das sind die Verhältnisse, gegen die Keishar ankämpft. Und in die sie ihre Kids täglich entlässt. »Niedriges Einkommen, kein Daddy, und Mama ist arbeitslos«, beschreibt die Lehrerin die typische Familie. Die alleinerziehenden Mütter seien meist jünger als sie, »ab 18, höchstens 28, dann mit drei oder vier Kids«. Beinahe beiläufig fügt sie hinzu: »Ich unterrichte auch die Eltern.« Hausbesuche am Abend sind Teil des Jobs, aber dorthin darf Keishar keinen Journalisten mitnehmen. Eltern von KIPP-Vorschülern lernen, den Kindern daheim bei den Hausaufgaben beizustehen. Darauf leisten sie sogar einen Eid, samt feierlicher Unterschrift. Sie halten sich dran, niemand riskiert, dass Sohn oder Tochter von der Schule verwiesen wird. Das wäre eine Katastrophe angesichts des Glücks, das es brauchte, um überhaupt bei KIPP aufgenommen zu werden.

Denn das Ticket zum amerikanischen Traum gibt's in Southeast nur per Lotterie. Einmal im Jahr wird Schicksal gespielt, per Tombola – nicht nur in der Hauptstadt, sondern in den Armen- und Arbeitervierteln aller US-Metropolen. Weil Amerikas *public schools* im Ghetto versagen, versuchen Millionen Kinder und Jugendliche die Flucht: Sie streben auf bessere Schulen außerhalb ihres Bezirks, oder sie klopfen bei Charter-Schulen wie KIPP an. Nie sind genügend Plätze frei, bei KIPP in Washington zum Beispiel konkurrierten 2011 knapp 6000 Bewerber um 700 Plätze an neun Schulen. Also entscheidet der Zufall, wie überall im Land: Mal rollen Kugeln in einer Lottotrommel, mal zieht jemand lose Zettel aus einem Karton, mal entscheidet ein Computer. Und immer fließen Tränen. Denn denjenigen, der in Amerikas Glücksspiel namens Erziehung Pech hat, erwarten Zustände, die in der Regel keine Chance für ein halbwegs anständiges Leben lassen.

Knapp 50 Millionen Kids besuchen jährlich eine von Amerikas 99 000 staatlich geförderten Schulen. Gediegene Gegenden oder die behüteten Suburbs der Weißen melden selten außergewöhnliche Probleme. Beispiel Washington Northwest, Ward 3: Im reichsten der acht Bezirke der

Hauptstadt gehen viele Kids ohnehin auf eine der teuren *private schools*. So wie Malia und Sasha, die Präsidententöchter, für die Barack Obama im Jahr jeweils 32 960 Dollar Schulgebühr bezahlt, plus Büchergeld und Laptop-Gebühr (452 Dollar). Und auch die Kinder, die auf öffentliche Schulen im Nordwesten der Kapitale besuchen, kommen voran; 70 bis 90 Prozent aller Schüler absolvieren erfolgreich die schulbehördlichen Tests. Ganz anders Southeast: Dort fallen die Kids schon in der Grundschule zurück, und am Ende der achten Klasse können acht von zehn Schülern weder altersgerecht lesen noch schreiben.

Beim Start als *freshmen* in der neunten Klasse auf der Highschool liegen viele schon drei, manche sogar fünf Jahre zurück. Dann landen sie auf Lehranstalten wie Anacostia, Ballou oder Woodson High School, und dort leistet das bankrotte Bildungssystem dann seinen endgültigen Offenbarungseid. Nur 8 bis 13 Prozent der Absolventen, so muss die Stadtbehörde einräumen, können angemessen rechnen, lesen und schreiben. Noch schlimmer aber ist das Gefühl der Resignation, welches diese Schulen verbreiten: Mindestens ein Drittel, nach neueren Berechnungen sogar mehr als die Hälfte der Jugendlichen, die hier die neunte Klasse beginnen, hält nicht bis zum Ende der zwölften Klasse durch. Sie geben auf und gehen ohne Schulabschluss ab: *Dropout-Factories* hat der Sozialforscher und Schulreformer Bob Balfanz diese Anstalten getauft, die weniger als 60 Prozent ihrer Schüler zum Examen bringen und stattdessen wie am Fließband junge Menschen ohne Qualifikation produzieren. 1634 solcher Skandalschulen mit insgesamt mehr als zwei Millionen Schülern zählt das Erziehungsministerium im ganzen Land, und diese Fabriken des Scheiterns stehen immer wieder in denselben Gegenden: in den Elendsquartieren großer Städte und in ärmlichen Landstrichen im Süden und Südwesten der Nation. Dort, wo Minderheiten in der Mehrheit sind, die Afroamerikaner und die Latinos. Die Dropout-Factories verewigen das Ghetto, den Slum: Wer arm ist, geht hier rein – und kommt ungebildet wieder heraus. Weshalb er arm bleibt.

1,3 Millionen Schulkinder beenden jährlich ihre Highschool ohne Examen. Anders gesagt: An jedem Schultag verlieren Amerikas Lehranstalten rechnerisch gesehen 7200 Schüler. Im Übrigen schafft jeder zweite Latino oder Afroamerikaner sein Examen nicht in den üblichen vier Highschooljahren, sondern erst nach fünf Jahren oder sehr viel später in Sondertests. Oder nie. Insgesamt jeder dritte US-Schüler verlässt seine staatliche Penne für immer durch die Hintertür. Dieser Massenexodus, diese Bildungskatastrophe eskaliert seit den siebziger Jahren. Bis dahin hatte die *public school* als Schule der Demokratie gegolten, *public education* verhieß (zunächst nur Weißen, später dann allen Rassen) Chancengleichheit. Seit 1900 hatten öffentliche Schulen immerhin zehn US-Präsidenten und über hundert Nobelpreisträger hervorgebracht. Doch die sich verschärfende soziale Spaltung und die »weiße Flucht« aus den Innenstädten überforderten viele Stadtschulen; zudem verschliefen Amerikas Bildungsanstalten die Globalisierung. US-Pennäler landeten in der Pisa-Studie 2009 in Mathematik und Naturwissenschaften unter 32 Nationen abgeschlagen auf den Plätzen 31 und 23. Weshalb Microsoft-Gründer Bill Gates vor einem schleichenden, langfristigen Niedergang der Vereinigten Staaten warnt: Nichts sei im 21. Jahrhundert so wichtig wie gut ausgebildete Arbeitskräfte: »Wir können eine Wirtschaft, die auf Innovation gründet, nicht bewahren, wenn wir keine Bürger haben, die gut ausgebildet sind in Mathematik, Naturwissenschaften und Technik. Wenn wir da scheitern, werden wir in der globalisierten Wirtschaft nicht mithalten können.«

Schon heute geht der volkswirtschaftliche Schaden in die Milliarden. Wäre die Weltmacht in der Lage, wenigstens in den fünfzig größten Städten die Hälfte ihrer Schulabbrecher aufzufangen und doch noch bis zum Examen zu führen, würde dies laut Modellrechnungen der Alliance for Excellent Education 30 000 zusätzliche Jobs und 4,1 Milliarden Dollar zusätzliches Volkseinkommen schaffen. Auch der Präsident zitiert gern solche Zahlen: Etwa dass das Diplom von der Highschool am Arbeitsmarkt einen durchschnittlichen Unterschied von jährlich 10 000 Dollar Gehalt ausmacht – und dass in Amerikas »Großer Rezession« jemand ohne Schulabschluss dreimal häufiger ohne Job dasteht als ein Collegeabsolvent. Gleich zu Beginn seiner Amtszeit gab Barack Obama das Ziel vor, bis zum Jahr 2020 die nationale Quote erfolgreicher Highschoolabsolventen von 72 auf 90 Prozent zu steigern. Obama kannte das Schulelend aus alten Tagen. »Dies ist ein Problem, mit dem ich mich seit Jahren herumschlage – schon damals, als ich noch ein *community organizer* in Chicago war«, erzählte er im März 2009 einer Versammlung von Bildungspolitikern in Washington. Als Sozialarbeiter in der South Side hatte der junge Obama mitangesehen, wie schlechte öffentliche Schulen die Träume vor allem schwarzer und hispanischer Kinder zerstörten. »Dieses Anliegen habe ich ins Oval Office mitgenommen«, sagte er, um dann eine Kampfansage folgen zu lassen: Innerhalb von fünf Jahre werde seine Regierung mit viel Geld den Bundesstaaten helfen, die 5000 schlechtesten Schulen

Amerikas zu erneuern. Der Präsident meinte nicht nur frische Tünche oder neue Möbel. Viele Dropout-Factories müssten schließen und dürften erst wieder öffnen, wenn der alte Direktor und mindestens die Hälfte der bisherigen Lehrer entlassen worden seien. »Es muss hier ein Bewusstsein für Verantwortung geben. Unsere Kinder bekommen einmal im Leben eine Chance für eine gute Erziehung, das müssen wir richtig hinkriegen!«

Das war, zumindest für einen Demokraten, ein Tabubruch. Solche Töne schlagen üblicherweise nur Republikaner an; progressive Politiker stehen meist in fester Treue zu ihren *public schools* – und zu den mächtigen Lehrergewerkschaften, die sich dafür in jedem Wahlkampf mit großzügigen Spenden revanchieren. Mit Arne Duncan beförderte Obama einen Mann zum Erziehungsminister, der sich in Chicago als Mitgründer einer *charter school* und später als Leiter der Schulbehörde den Ruf eines Erneuerers erworben hatte. Duncan kennt Amerikas Bildungsmisere aus nächster Nähe. Er weiß, dass ohne drastische Reformen auch mehr Geld nichts nützt: Von 1970 bis 2011 hat sich die Summe, die Amerika pro Jahr für jeden seiner Schüler auf einer *public school* aufwendet, real mehr als verdoppelt – auf exakt 10591 Dollar. Doch jedes Jahr beschert dieses Bildungssystem der Nation eine Million junger Staatsbürger ohne Abschluss, ohne Zukunft. Duncan zitiert, um die düsteren Zustände zu illustrieren, gern eine Zahl, die ihm ein General im Pentagon gesteckt hat: »75 Prozent der jungen Amerikaner im Alter von 17 bis 24 sind nicht in der Lage, sich beim Militär einzuschreiben – weil sie entweder keinen Abschluss von der Highschool haben, weil sie bereits kriminell geworden sind oder weil sie körperlich nicht fit sind.«

Duncan hat, auch dank des »Stimulus« zur Belebung von Amerikas Konjunktur, sehr viel Geld. Also Macht: Mit vier Milliarden Dollar Fördermitteln lockt Washington in Zeiten, da lokale Schulbehörden kaum mehr die Gehälter ihrer Lehrer zahlen können. (Amerikas Schulen finanzieren sich vorrangig durch die örtliche »Property Tax«, eine Art Grundsteuer, und deren Ertrag war mit dem Immobilienmarkt eingebrochen.) Im Gegenzug verlangt Duncan drastische Veränderungen, vor allem mehr freie *charter schools* und strengere Qualitätskontrollen für Lehrer (durch regelmäßige Tests ihrer Schüler). Und, wenn nötig, Entlassungen sogar von Lehrern, die in vielen Bundesstaaten bisher das in den USA äußerst seltene Privileg einer Anstellung auf Lebenszeit genießen.

Das hat in manchen US-Städten regelrechte »Schulkriege« ausgelöst. Auch in Washington, wo eine rabiate Chefin der Schulbehörde ein Dutzend *public schools* schloss, jeden zweiten Direktor seines Amtes enthob und auf einen Schlag über 500 Lehrer rauswarf. Es bewegt sich etwas. Langsam, sehr langsam zeigen die Leistungstests an öffentlichen Grund- und Mittelschulen einen Trend zum Besseren, und die Highschools melden mehr Examen: Beinahe drei von vier Zwölftklässlern schaffen den Abschluss; damit erreicht die Hauptstadt wenigstens den nationalen Durchschnitt. Sogar in Southeast sind kleine Zeichen des Wandels zu erkennen, auch an der Benning Road. Die graue Woodson High School hat weniger Dropouts zu verzeichnen als im Vorjahr, und gegenüber bei KIPP planen sie bereits die Gründung einer weiteren Schule. Zum ersten Mal bereitet sich auf dem noch jungen Campus ein Jahrgang aufs Examen vor, der nur aus dem benachteiligten Südosten stammt. Vorläufige Tests zeigen, dass sie besser lesen und rechnen als ihre Altersgenossen an der Public High School im privilegierten Nordwesten. Das wäre dann KIPPs »Class of 2012«. In deren Fußstapfen sollen in dreizehn Jahren dann Keishars rote Kängurus treten, als »Class of 2025«.

Nur, sicher ist das nicht. Denn ausgerechnet jetzt, da sich nach elf Jahren ehrgeiziger Anstrengungen und Förderprogramme unter George W. Bush (»No Child Left Behind«) wie unter Barack Obama (»Race to the Top«) endlich Verbesserungen zeigen, droht Washingtons Bildungsoffensive das Aus. Sämtliche republikanischen Bewerber verkünden im Wahlkampf, sie wollten Schluss machen mit Uncle Sams Einmischung in Schulen und Kindergärten. Manche, wie der texanische Gouverneur Rick Perry, wollen das gesamte Erziehungsministerium schließen und sämtliche Programme aus dem Haushalt streichen. Newt Gingrich, der frühere »Mr Speaker« des Repräsentantenhauses und republikanische Oppositionschef während der Clinton-Ära, würde das Ministerium zwar bestehen lassen – aber zu einer Art Bundesbehörde für Bildungsstatistik degradieren. Selbst Mitt Romney, der Obamas Reformen lange gelobt hatte und gern das Image eines moderaten Politikers pflegt, will einen klaren Schnitt machen: »Wir müssen die Bundesregierung raushalten aus der Erziehung.«

Fließt also bald kein Geld mehr aus Washington? Oder fließt es – aber ohne jede pädagogischen Standards und ohne Qualitätskontrolle? Beides wäre in den Augen von Experten ein enormer Rückschlag für alle Bemühungen, Kindern armer Familien einen Pfad zum amerikanischen Traum zu ebnen. Ohne Rechenschaftspflicht der Schulen und Lehrer dürfe es keine Subventionen mehr geben. »Das haben wir vierzig Jahre lang versucht, und die Ergebnisse waren nicht gerade herausragend«, warnt Margaret Spellings, die konservative Erziehungsministerin unter George W. Bush. Genau deshalb habe Bush, der sich gern den »Erziehungs-Präsidenten« nannte, 2001 die goldenen Zügel angezogen und mit strengen Kriterien Schulen wie Lehrer in die Verantwortung genommen.

Ein Rückfall ins vorige Jahrhundert würde nicht nur den Fortschritt an Washingtons Benning Road gefährden. Er würde zurückführen zu Zuständen, wie sie in South Carolina herrschen, beispielsweise in Summerton, einer Kleinstadt im platten Hinterland, wo alles verarmt, seit es nicht mehr lohnt, die weiten Bauwollfelder zu bestellen. Obendrein hat eine jahrelange Dürre diesen Landstrich ausgezehrt. Es scheint, alles wäre in Summerton alles so geblieben, wie es immer war. »Korridor der Schande« heißt dieser Armutsgürtel entlang der Autobahn I-95. Die Wohnwagen und windschiefen Hütten der Schwarzen links der Landstraße verfallen, die Weißen wohnen rechts, also dort, wo vor jedem Bungalow der Rasen wöchentlich gemäht wird und wo die wenigen Mansions stehen, die mächtigen Herrenhäuser. Neun von zehn Schwarzen können Milch und Maismehl nur mit ihren *food stamps* bezahlen, den Gutscheinen staatlicher Armenhilfe. Und die Söhne und Töchter der Weißen fliehen den Ort, sobald sie die Highschool hinter sich haben.

Sechzig Jahre ist es her, da erschütterte dieses Kaff die ganze Nation. Damals zettelten schwarze Landarbeiter und Pächter eine Klage gegen die Schulbehörde an, die ihren Kindern den Zugang zur besseren, rein weißen Oberschule verwehrte. Nicht mal das Benzin für den Bus ins Dorf wollten die Landeigentümer zahlen. Der Prozess endete vor dem Supreme Court, als ältester Teil der legendären Sammelklage *Brown versus Board of Education.* 1954 verfügten die obersten Richter, jede Form der Rassentrennung an Amerikas Lehranstalten sei verfassungswidrig. In Summerton und Umgebung brannten daraufhin die Häuser der Schwarzen, sogar eine Kirche ging in Flammen auf. Binnen weniger Wochen hatten die Weißen die Rädelsführer vertrieben.

Und heute? »Im Grunde ist die Lage wie damals«, sagt Marguirite De Laine, die pensionierte Lehrerin und Nichte jenes schwarzen Pfarrers, der seinerzeit den Widerstand anführte. Die Frau wirkt resigniert. Formal habe die Bürgerrechtsbewegung zwar ihr Ziel erreicht, die bis dahin getrennten öffentlichen Schulen wurden integriert. Und doch bleiben die Nachfahren der Sklaven weiterhin unter sich: 96 Prozent aller Kids, die den hässlichen Neubau am Stadtrand täglich besuchen, sind afroamerikanischer Abstammung. Und ihre Scott's Branch High School ist eine typische Dropout-Factory: Nicht einmal die Hälfte der *freshmen*, die in der neunten Klasse hier anfangen, schafft es bis in die 12. Klasse.

Die weißen Schüler haben sich derweil nach Clarendon Hall geflüchtet, in die Privatschule der Baptisten. »Heimat der Heiligen, gegründet 1965«, lautet der stolze Schriftzug draußen an der Einfahrt. Drinnen gelobt die blonde Direktorin Besserung. Stolz erzählt sie von gemeinsamen Computerkursen mit Scott's Branch und vom jährlichen Duell der beiden Basketballteams (das leider immer »die anderen« gewännen). Immerhin, zwölf ihrer 262 Pennäler sind inzwischen »Students of Color«, also schwarzer und brauner Hautfarbe. Vor vier Jahren waren es nur sechs. Ja, sie nehme gern mehr Schwarze auf: »Wenn ihre Eltern denn jährlich die 3725 Dollar Schulgeld zahlen.«

Auch Clarendon Hall produziert keineswegs überragende Ergebnisse. In den obligatorischen Tests erreichen die weißen Kids zwar den Durchschnitt von South Carolina. Aber der liegt weit unter dem nationalen Mittel. Beide Schulen müssen sparen, wegen der Wirtschaftskrise haben die Menschen weniger übrig für großzügige Schulspenden, und der Staat kassiert weniger Steuern. Zwar lockt Washington mit ein paar Sonderzuschüssen, um Lehrer vor der Entlassung zu bewahren. Aber die republikanische Landesregierung von South Carolina weigert sich aus Prinzip, das Geld aus dem Budget von Arne Duncan abzurufen. Ungefähr 300 000 Erzieher, so schätzt das Bildungsministerium, haben landesweit seit 2008 ihre Arbeit verloren, weil die Bundesstaaten sie nicht mehr bezahlen konnten; und weil 2012 kein Geld mehr aus dem »Stimulus« fließt, droht weiteren 280 000 Lehrern an öffentlichen Schulen die Entlassung. In ihrer Not beschließen erste Schuldistrikte, künftig nur noch an vier Tagen in der Woche zu unterrichten.

Keishar Wilkerson, die KIPP-Lehrerin, schiebt derweil Überstunden. Weil es ihr Spaß macht, »und weil ich weiß, dass es meine Lehrer in der Bronx damals auch so gemacht haben. Das will ich zurückgeben.« Sie glaubt fest an den amerikanischen Traum. Und daran, dass ihre Ghetto-Kids bei KIPP so viel lernen, dass sie es nach 2025 auch durchs College bis zum Bachelor schaffen. Bisher, so warnt die Statistik, gelingt das nur jedem elften Absolventen von Washingtons öffentlichen Schulen. Dem sprichwörtlichen Tellerwäscher, der es in den USA zum Millionär schafft, ist auch sie noch nie begegnet. Das gibt sie zu und grinst, während ihre Kängurus leise die Klasse betreten: »Aber wo, wenn nicht hier, würde er anfangen?«

Bauen. Die Brücke hatte keinen Namen. Eine Zahl musste genügen. Brücke 9340, eine dreibogige Konstruktion aus Stahl und Beton 35 Meter hoch über dem Mississippi, nicht elegant, aber funktional. 581 Meter lang, acht Fahrspuren und 34,5 Meter breit. Über sie verlief Highway I-35W, die westliche Verzweigung der US-Autobahn Nummer 35 mitten durch Minneapolis, die Metropole des Bundesstaates Minnesota. Vierzig Jahre alt war die Brücke, jeden Tag rollten 140 000 Autos und Lkws über sie hinweg. Bis zum 1. August 2007, genau fünf Minuten nach sechs Uhr Ortszeit. Da brach Brücke 9340 plötzlich weg, einfach so, und beinahe hundert Fahrzeuge stürzten mit ihr in die Tiefe. Das Ereignis hat sich vielen Amerikanern tief eingebrannt. Minneapolis verbinden sie seither fest mit dem Brückeneinsturz. Denn er stand für mehr: für den Verfall ihres Landes, dessen Substanz buchstäblich wegbröckelt.

Den Horror jenes Augenblicks kann man bis heute im Internet nacherleben, eine Sicherheitskamera hatte den Kollaps aufgezeichnet. Das Video währt elf Sekunden. Erst zuckt der mittlere Brückenbogen, dann gibt die ganze Konstruktion nach. Wie in Zeitlupe beginnt die 9340 zusammenzusacken, stecknadelgroß sind ein paar Autos auf der Fahrbahn auszumachen. Dann ist sie plötzlich weg. Beton und Stahl schlagen ins Wasser, eine weiße Gischtwolke steigt auf. Schließlich bricht auch der nördliche Brückenbogen ein – und das Video beginnt von vorn. Wieder und immer wieder.

Wie durch ein Wunder sind an jenem Augusttag lediglich dreizehn Menschen ums Leben gekommen. 145 wurden verletzt. Nach monatelangen Untersuchungen identifizierten die Behörden die Ursache des Unglücks: Schon beim Bau Mitte der sechziger Jahre habe man zu schwache sogenannte Knotenbleche an den Stahlträgern verschweißt; zudem sei die Brücke aufgrund immer neuer Betonschichten auf der Fahrbahn um 20 Prozent schwerer geworden. Letzter Auslöser des Einsturzes waren dann Reparaturen am Unglückstag selbst: 261 Tonnen schweres Baugerät plus der dichte Feierabendverkehr überforderten die 9340.

Zur ganzen Wahrheit der Katastrophe von Minneapolis gehört aber auch dies: Seit 1990, 17 Jahre lang, stand die 9340 in einem Mängelregister des Transportministeriums in Washington. Die Brücke firmierte als »strukturell unzulänglich«, seitdem Korrosion die Brückenlager angefressen hatte. 2001 entdeckte man obendrein Materialermüdung und Risse in den stählernen Kreuzbalken. Die bürokratische Einstufung, so versichern Ingenieure, besagt allerdings nicht, dass eine Brücke unsicher oder gar gefährlich sei. In aller Regel genügten Reparaturen – oder es sei Ersatz fällig. Der Brückenbogen über dem Mississippi stand auf der Warteliste, für 2020 war der Abriss avisiert.

Millionen US-Bürger müssen jeden Tag auf dem Weg zur Arbeit oder zum Einkauf eine Brücke wie die 9340 überqueren. Laut offizieller Statistik der Bundesstraßenverwaltung NHA war 2010 beinahe jede vierte von exakt 604 474 Brücken im reichsten Land der Welt entweder »strukturell unzulänglich« (69 223) oder sogar »funktional veraltet« (77 410) – also ungenügend. Alle paar Jahre stellt die Gesellschaft amerikanischer Bauingenieure (ASCE) Amerikas Infrastruktur ihr Zeugnis aus. Und es fällt jedes Mal noch ein bisschen miserabler aus: Ob Abwasserentsorgung oder Straßen, ob Wasserwege, Dämme oder Deiche – stets lautet die Note »ungenügend«. Am besten schneiden noch Müllentsorgung, Eisenbahnen und – trotz »Minneapolis« – die Brücken ab: »mittelmäßig« lautet da das Urteil der Experten. Um Flughäfen und Highways, um Schienennetze, Stromleitungen oder Kanalisationen in einen guten Zustand zu versetzen, müsste die Nation innerhalb von fünf Jahren unvorstellbare 2,2 Billionen Dollar investieren. Geplant sei gerade mal die Hälfte. 2,2 Billionen, das ist in etwa die Summe, die das Pentagon in vier Jahren für Amerikas nationale Sicherheit ausgibt – ohne die Kosten für den Krieg in Afghanistan.

Zu fast allen Zeiten haben die Vereinigten Staaten der Welt wie auch sich selbst ihre Stärke bewiesen, indem sie Großes bauten: die transkontinentale Eisenbahn im 19. Jahrhundert, den Hoover-Damm und die Golden Gate Bridge in den dreißiger Jahren, das 75000 Kilometer lange Netzwerk nationaler Autobahnen. Das waren imposante Investitionen in die eigene Zukunft – aber heute reicht es nicht einmal mehr, die alte Substanz in Schuss zu halten. Straßen, Schienen und Flughäfen sind völlig überlastet. Obendrein wird die Bevölkerung bis Mitte des Jahrhunderts um weitere hundert auf dann 400 Millionen Menschen anwachsen. Es droht der Verkehrsinfarkt, weil die USA nur 2,4 Prozent des Bruttoinlandsprodukts für ihre Infrastruktur ausgeben. Die Europäer investieren doppelt, China sogar viermal so viel. Weshalb das »Land der unbegrenzten Möglichkeiten« an seine inneren Grenzen stößt – und international zurückfällt: Im *Global Competitiveness Report* des Weltwirtschaftsforums rangiert Amerika in der Rubrik Infrastruktur unter ferner liefen – auf Rang 23 zwischen Spanien und Chile. Besonders schlecht schneiden die Häfen, die Flughäfen und die Stromversorgung ab. »Die USA werden ohne angemessene Infrastruktur nicht mit der Welt mithalten können«, warnt Scott Davis, der Chef des Logistikkonzerns UPS. Wirtschaftswachstum und Exporte würden leiden, prognostiziert Davis und fügt hinzu: »Es ist frustrierend.«

Weil selbst achtspurige Highways zwischen Innenstädten und Suburbs völlig überlastet sind, steht der typische amerikanische Pendler laut Berechnungen des *Economist* jeden Tag knapp 50 Minuten im Stau - 8 Minuten länger als der Deutsche, 12 bis 20 Minuten länger als Spanier, Briten oder Italiener. Die schlechte Straßenqualität gilt als Todesfaktor: In den USA verlieren (mit 15 Toten auf 100 000 Einwohner pro Jahr) 60 Prozent mehr Menschen im Verkehr ihr Leben als im Durchschnitt der OECD-Länder. Auf Amerikas Schienen reist man zwar sicherer als auf den Straßen des Landes - aber auch nur langsam. Der schnellste Passagierzug, der *Acela* von Boston über New York nach Washington, schafft (selten) eine Durchschnittsgeschwindigkeit von 70 Meilen (110 km/h); der *Hayabusa* in Japan, der *CRH380* in China, der *TGV* in Frankreich und der *ICE* in der Bundesrepublik rasen mehr als doppelt so schnell zum Ziel. Pläne der Obama-Regierung, mit teuren Bundeszuschüssen echte Hochgeschwindigkeitszüge im Land zu etablieren, drohen an Widerständen der Republikaner und an Sparzwängen zu scheitern. Fliegen ist in den USA nur zu oft eine Plage, weil die meist überalterten Flughäfen chronisch überlastet sind. Der Kongress jenes Landes, das 1969 den ersten Menschen auf den Mond schickte, stritt fünf Jahre lang darum, wie es ein modernes, von Satelliten statt von alten Radars gestütztes Flugleitsystem finanziert, damit Passagierjets sicherer und auf kürzeren Strecken zum Ziel geführt werden könnten.

Es ist das bekannte Muster: Der Politikstau in Washington bremst alles, auch den technischen Fortschritt und das Wirtschaftswachstum der Nation. Um den Parteienzwist zu überwinden, setzte der Kongress 2005 eine unabhängige Kommission mit einem schier endlosen Namen ein: National Surface Transportation Policy and Revenue Study Commission. Drei Jahre später hatten die Verkehrsweisen einen dicken Report produziert, samt Rechnung: Um Amerikas Infrastruktur zu reparieren, instand zu halten und zudem die Daseinsversorgung von dann 400 Millionen Bürgern sicherzustellen, müsse die Nation bis 2050 *jedes Jahr* mindestens 255 Milliarden Dollar investieren. Das wären satte 60 Prozent mehr, als bisher aus allen Quellen – Bundesregierung, Staaten und Gemeinden – fließen. Doch auch dieser Report landete wieder nur im Regal. Manchen Experten schwant, das Ausmaß der schleichenden Verrottung Amerikas überfordere mittlerweile die menschliche Vorstellungskraft. »All diese Zahlen sind so gigantisch – sie sind nutzlos, um sie überhaupt noch der Öffentlichkeit zu vermitteln«, sagt Roy Kienitz, der stellvertretende Verkehrsminister, resigniert. Prompt antwortete die ASCE, die Ingenieursvereinigung, mit neuen Modellrechnungen: Falls die Nation ihre Verkehrsinfrastruktur bis zum Jahr 2020 nicht instand setze, habe jede US-Familie 1060 Dollar pro Jahr weniger in der Haushaltskasse und die Volkswirtschaft verliere 877 000 Jobs.

Es half nichts. Die Verhandlungen im Kongress drehten sich Ende 2011 fast nur darum, wie und wo man den Verkehrshaushalt kürzen könne. Die Auswüchse parteipolitischer Konfrontation in Washington stellen mittlerweile jede Gewissheit in Frage. Bisher hatte es im Parlament als lästige Pflichtübung gegolten, regelmäßig die nationale

Benzinsteuer von 18,4 Cent je Gallone (ganze 4,86 Cent je Liter) zu bestätigen. Vorbei. Prominente Anti-Steuer-Aktivisten wie Grover Norquist von der konservativen Organisation Americans for Tax Reform mit Einfluss auf viele republikanische Parlamentarier haben es sich zum Ziel gesetzt, die Benzinsteuer demnächst abzuschaffen. Damit würde freilich jener Highway Trust Fund austrocken, in den die Einnahmen aus der Benzinsteuer fließen – und aus dem bisher die Regierung die nötigen Mittel nahm, um Straßen und Brücken leidlich instand zu halten. Experten fordern seit langem, die Benzinsteuer drastisch zu erhöhen. Denn seit 1993, dem Jahr ihrer letzten Anpassung, ist der reale, inflationsbereinigte Wert der 18,4 Cent je Gallone um ein Drittel gesunken. Und weil Amerikas Autos – dank stetig strengerer Verbrauchsvorschriften – obendrein weniger Benzin für mehr Kilometer tanken, sinkt der Steuerertrag je gefahrenem Kilometer. Nur traut sich niemand, die *Gas Tax* anzuheben. Amerikaner zahlen im Vergleich zu Europäern und Kanadiern den niedrigsten Benzinpreis von ungefähr einem Dollar pro Liter – aber *the price at the pump* ist in den USA ungefähr das, was im Frankreich des späten 18. Jahrhunderts der Brotpreis war: Wer Benzin und Diesel verteuert, riskiert demnach einen Volksaufstand, eine neue amerikanische Revolution.

So bleibt Washington nichts anderes übrig, als die Löcher im Highway Trust Fund und insgesamt im Verkehrsbudget immer wieder mit Zusatztransfers und Sondertöpfen zu stopfen. Einen dieser Versuche unternahm im Herbst 2011 auch Barack Obama. Der Präsident suchte sich dazu Verbündete auf beiden Seiten des politischen Spektrums: Gewerkschaften, die mächtige Handelskammer und sogar einige Umweltschutzgruppen unterstützten seinen Vorstoß, kurzfristig mit 60 Milliarden Dollar ein infrastrukturelles Notprogramm aufzulegen. 50 Milliarden sollten direkt in den Bau neuer Straßen, Brücken und Schienen fließen, die restlichen 10 Milliarden hätten als Startkapital gedient, um nach dem groben Vorbild der Europäischen Investitionsbank in Luxemburg einen Fonds zu gründen, der Privatinvestitionen für Großprojekte gefördert hätte. Allerdings war Obamas Vorstoß von vornherein zum Scheitern verurteilt. Das politische Klima in Washington war ein Jahr vor der Wahl zu sehr vergiftet; zudem koppelte der Präsident seinen Investitionsplan an eine Sondersteuer für Millionäre: Die 345 000 Amerikaner mit dem höchsten Jahreseinkommen sollten – per 0,7 Prozent Steueraufschlag – die Zeche zahlen. Das half zwar, die Demokraten für die Idee und für Obamas Wahlkampf 2012 zu begeistern. Aber bei der Opposition im Kongress hatte der Vorstoß nie eine Chance. Nicht ein einziger republikanischer Senator stimmte dafür. Noch ein Modernisierungsstau.

Vorangekommen sind sie dagegen in Minneapolis. Nach dem Schock vom 1. August 2007 mobilisierten Politiker beider Großparteien binnen Wochen die nötigen 234 Millionen Dollar, um einen Ersatz für die 9340 zu schaffen. Das hochmoderne Bauwerk hat zehn Fahrspuren und sogar Platz für eine Straßenbahn, die irgendwann kommen soll. Die neue Brücke wurde als Beispiel dafür gefeiert, zu welchen Leistungen Amerika fähig ist, wenn es denn will. Nur 14 Monate nach dem Unglück rollte der Verkehr wieder über den Mississippi, und mit Blick auf die nahen Wasserfälle bekam die Brücke endlich einen Namen: *St. Anthony Falls Bridge.*

Umbauen. Barack Obama war bester Laune. Er fühlte sich wohl und unter Freunden an diesem sonnigen Morgen im Mai 2010 im kalifornischen Fremont. Er geriet ins Schwelgen. Als seine schwarze Limousine an der San Francisco Bay entlang zu diesem Ortstermin gebraust sei, so erzählte er, da habe er sich »ein wenig den Erinnerungen hingegeben: Michelle und ich waren in Napa Valley auf Honeymoon.« Beinahe siebzehn Jahre sei die Hochzeitsreise durch Kaliforniens Weinberge ganz in der Nähe mittlerweile her, und für einen Moment habe er überlegt, einfach einen Leihwagen zu mieten und abzuhauen. Wenigstens für ein paar Stunden: »Aber man hat mir gesagt, das würde einen gewissen Aufruhr verursachen. Also – nächstes Mal!«

Da haben sie alle gelacht in der Fabrikhalle von Solyndra: die Manager, die eine völlig neue, überaus profitable Solartechnik versprachen, die ersten hundert der später mehr als tausend Angestellten, die in dieser hochmodernen Werkshalle ihre Zukunft suchten, und ebenso ein paar Dutzend der gut 3000 Bauarbeiter, die hier monatelang Akkord geschuftet hatten, damit die Firmenanlage auch etwas hermachte beim Präsidentenbesuch. Der Gast dankte für den freundlichen Empfang, lobte Projekt wie Publikum überschwänglich: »Dies ist ein Zeugnis für Amerikas Erfindergeist und Dynamik – und dafür, dass wir die besten Arbeiter der Welt haben.«

Gekommen war Obama, weil seine Regierung hier, am äußersten Rande des Silicon Valley, glaubte Gutes zu tun. Also redete er davon. Mit einer Staatsbürgschaft von nicht weniger als 535 Millionen Dollar half Washington Solyndra auf die Beine. Der Hersteller von Solar-Paneelen galt im Weißen Haus als Musterbeispiel für Obamas Vision einer neuen »grünen Wirtschaft«. Obama lobte die Firma – und sich selbst. Denn seine Regierung trage Sorge dafür, »dass neue Industrien Wurzeln schlagen können. Rund um die Welt, von China bis Deutschland, unternehmen unsere Konkurrenten eine historische Anstrengung, um bei der Entwicklung neuer Energietechnologien in Führung zu gehen. Diese Länder begreifen, dass die Nation, die auf dem Feld sauberer Energiewirtschaft vorneweg ist, wahrscheinlich auch die globale Wirtschaft anführen wird. Wenn wir das nicht begreifen, fallen wir zurück.« Fünfzehn Jahre zuvor hätten die USA noch 40 Prozent aller Solarpanelen weltweit hergestellt. Und 2010? »Gerade mal gut fünf Prozent.«

Obama glaubte fest, Solyndra sei eine neue Antwort auf diese Herausforderung. Das Unternehmen versprach, Solarenergie revolutionär anders herstellen zu können – nämlich ohne das damals teure Silizium. Wieder geriet der Präsident ins Schwärmen: Solyndra werde im Lauf der nächsten Jahre so viele Sonnenkollektoren herstellen, dass deren Energie »um die acht Kohlekraftwerke« ersetzen werde. Der Präsident war sich vollkommen sicher: »Das Versprechen sauberer Energie ist keine Glaubenssache mehr, keine abstrakte Möglichkeit aus Science-Fiction-Filmen. Es passiert jetzt, die Zukunft ist hier!«

Fünfzehn Monate später war die Zukunft schon wieder passé. Pleite. Solyndra meldete Ende August 2011 Konkurs an. 1100 Mitarbeiter standen auf der Straße – und Amerikas Steuerzahler müssen eine halbe Milliarde Dollar berappen, um den Schuldenberg des Solardebakels abzutragen. Das Werk war ins Taumeln geraten, als der Siliziumpreis auf dem Weltmarkt einbrach und billige Solarpaneele aus China (mit Silizium) den US-Markt überschwemmten. Eine seither von den Republikanern im Kongress vorangetriebene Untersuchung kehrte immer neue Indizien dafür hervor, dass Obamas Regierung sich von allzu optimistischen Voraussagen der Firma blenden ließ und dass das Förderprojekt ohne eingehende Prüfung einfach durchgeboxt wurde.

Schließlich hatten die Demokraten 2009 ein Programm von insgesamt 38,6 Milliarden Dollar zur Förderung sauberer Energien aufgelegt, als Teil von Obamas 787 Milliarden schwerem »Stimulus« zur Ankurbelung der brachliegenden Wirtschaft. »Grüne Jobs« sollten unterstützt werden. Die Republikaner witterten Skandal: Aus Sicht der Opposition war die Causa Solyndra das Paradebeispiel für *crony capitalism* (Klientelkapitalismus) – jene Mischpoke aus Politik und Geschäft, bei der nicht der freie Markt regiert, sondern eine Günstlingswirtschaft, die Freunde und Gönner mit staatlichen Aufträgen belohnt und im Gegenzug Spenden oder Wählerstimmen ihrer Klientel einstreicht.

Zwar war der größte Solyndra-Investor tatsächlich ein Großspender Obamas im Wahlkampf 2008, der Milliardär und Philantrop George Kaiser, der noch 2011 ein und aus ging im Weißen Haus. Aber Beweise, dass der Kredit für Solyndra vergeben wurde, um ihm oder anderen demokratischen Gönnern einen Gefallen zu tun, gibt es nicht. Tatsächlich dürfte die ganze Sache eher ein Zeugnis politbürokratischer Schlamperei im Energieministerium sein. Dessen Chef Steven Chu, ein so brillanter Nobelpreisträger für Physik wie überforderter Manager, genehmigte neue Kredite selbst dann noch, als die Pleite längst absehbar war.

Im Wahlkampf für 2012 bemühte jeder der republikanischen Präsidentschaftskandidaten das Fiasko in Fremont als vermeintlichen Beweis für den Konkurs der Energie- und Wirtschaftspolitik Obamas. Mitt Romney etwa erwähnte den Bankrott gern gleich am Anfang seiner Standardrede, da er sein Publikum mit schwarzem Humor übers Weiße Haus aufheitern wollte. Dieser Präsident, ätzte Romney, habe die Nation in den doppelten Abgrund von Rezession und Verschuldung getrieben: »Wir brauchten Stabilität und Zahlungsfähigkeit – gekriegt haben wir Solyndra!« Der Kalauer kam an, das konservative Publikum lachte.

Der Fall zeigt einmal mehr, wie in den Vereinigten Staaten der politische Kulturkampf entfacht und befeuert wird. »Solyndra« zündete 2012 unter Republikanern als Reizwort beinahe so wie »Obamacare«, der Schmähbegriff für die Gesundheitsreform. Fox News, der rechte Kabelsender, verbreitete »Special Reports«, und schon im Oktober 2011 überschrieb die konservative Meinungsseite des *Wall Street Journal* einen Leitartikel so: »The Solyndra Economy«. Da wurden nicht nur offenkundige Fehler der Regierung bei der Vergabe von Fördermillionen gegeißelt, sondern jedweder Markteingriff per Subvention als »politische Investition« und *crony capitalism* denunziert.

Amerikas Rechte, so argwöhnt der Öko-Blogger David Roberts, treibe diesen Frontalangriff voran, um künftig alle Staatshilfen für grüne Technologien unmöglich zu machen. »Solyndra ist das nächste Climategate«, sagt Roberts. Damit spielt er auf die Affäre um E-Mails von Klimaforschern an, die US-Konservativen seit November 2009 als Beweis dafür dienen, dass der weltweite Klimawandel nur eine Erfindung der Linken sei. Unmittelbar vor der UN-Klimakonferenz in Kopenhagen hatten Hacker mehr als tausend E-Mails britischer Forscher gestohlen und allerlei flapsige, zum Teil peinliche Zitate veröffentlicht. Unter konservativen Bloggern und bei Fox News in den USA wuchs sich die Affäre schnell zum finalen Beleg dafür aus, dass die menschengemachte globale Erwärmung des Erdballs eine reine Schimäre sei. Die Obama-Regierung, die UN und die EU, die etablierten Massenmedien und die Öko-Bewegung hielten die Anwürfe zu Recht für absurd (was später auch sechs Untersuchungskommissionen bestätigten) - aber sie alle reagierten zu lau und zu spät. Weshalb Blogger Roberts mahnt, diesmal dürfe man nicht wieder falsche Mythen aufkommen lassen: Obamas Regierung müsse den Fall Solyndra schnell aufarbeiten und sich wehren - sonst werde die rechte Kampagne erneut obsiegen.

Klimawandel und *global warming* sind in den USA nicht länger Fragen für die Wissenschaft. Es sind Glaubensfragen. Umfragen des Pew Research Center offenbaren zweierlei: Von Juli 2006, als das allgemeine Ökobewusstsein in den USA einen Höchstwert erreicht hatte, bis zum Oktober 2010 ist der Anteil der Amerikaner, die von der Existenz der Erderwärmung überzeugt sind, von 79 auf 59 Prozent zurückgegangen. Nirgendwo sonst auf der Welt haben Demoskopen eine so massive Rückentwicklung gemessen. Der Grund für diesen exzeptionellen Trend ist Amerikas ideologische Spaltung: Während 2010 weiterhin 79 Prozent aller Demokraten vom Klimawandel überzeugt waren, glaubten dies nur 38 Prozent aller Republikaner und 56 Prozent aller Unabhängigen. Dieselbe Spaltung des Bewusstseins lässt sich bei Antworten auf fast alle Nachfragen beobachten: Demokraten sind sich in ihrer Mehrheit sicher, dass der Klimawandel »vom Menschen verursacht« werde und »dringendes Handeln der Regierung« geboten sei. Hingegen sieht nur jeder vierte Republikaner das Problem so, und 59 Prozent der rechten Wähler mutmaßen, die Wissenschaft sei sich in ihrem Urteil über die (anthropogenen) Ursachen des Klimawandels *nicht* einig.

Je rechter, desto skeptischer seien seine Landsleute, sagt Pew-Direktor Andrew Kohut: »Dies ist bei uns eine parteipolitische Frage geworden wie nirgendwo sonst auf der Welt.« In einer Umfrage seines Instituts im Jahr 2010 erklärten sich 70 Prozent aller Chinesen und Inder bereit, für den Klimaschutz höhere Energiepreise zu bezahlen. Die Vergleichszahl unter US-Bürgern, die mit ihrem energieverschwenderischen Lebensstil dreimal so hohe CO_2-Emissionen pro Kopf produzieren wie die Chinesen und sogar zwölfmal so hohe wie die Inder, ist dagegen lächerlich niedrig: Nur 38 Prozent der Amerikaner sind bereit, fürs Weltklima höhere Strom- oder Benzinpreise hinzunehmen. Die Sozialwissenschaftler Aaron McCright und Riley Dunlap sehen in Amerikas heißem Streit über die Erderwärmung inzwischen »eine neue Dimension der Kulturkriege« zwischen rechts und links – so wie die unversöhnlichen Kämpfe um Waffenbesitz, Abtreibung oder Homoehe. Nur dass die Folgen dieser neuen Auseinandersetzung die ganze Welt zu spüren bekommt – in Form von ungezügeltem CO_2-Ausstoß *made in USA*.

Wer nicht leugnet, verstößt gegen den rechten Glaubenskanon und überlebt die republikanischen Vorwahlen nicht: Bei den Zwischenwahlen für den US-Senat im November 2010 stellten die Republikaner nicht einen einzigen Kandidaten auf, der den Klimawandel als menschengemacht bezeichnet hätte. Unter den anfänglich acht Anwärtern auf die republikanische Präsidentschaftskandidatur 2012 fand sich nur ein einziger, der Außenseiter John Huntsman, der eindeutig für mehr Klimaschutz warb. Die meisten Aspiranten hatten zwar nur drei, vier Jahre zuvor für ein Gesetz zum Handel mit Emissionsrechten geworben. Sie alle widerriefen aber und entschuldigten sich beim konservativen Fußvolk für ihre »Verirrung« oder für »das Dümmste, was ich je getan habe«. Oder sie verdrängten geflissentlich früher gewonnene Einsichten. »Meine Ansicht ist, dass wir nicht wissen, was den Klimawandel auf diesem Planeten verursacht«, erklärte Mitt Romney im Oktober 2011 einem Kreis von Großspendern seiner Partei. Nur ein gutes Jahr zuvor hatte er in seinem Buch *No Apology* (»Keine Entschuldigung«) diese Zeilen geschrieben: »Ich glaube, dass es Klimawandel gibt. Und ich glaube auch, dass menschliches Handeln ein Faktor ist, der dazu beiträgt.«

Barack Obama hatte demgegenüber zu Beginn seiner Amtszeit wie keiner seiner Vorgänger eine ökologische Modernisierung Amerikas propagiert. Im Wahlkampf 2008 hatte der Kandidat versprochen, er wolle binnen zehn Jahren 150 Milliarden Dollar zur Schaffung von fünf Millionen grünen Jobs investieren. Übertroffen wurde diese kühne Ambition nur von Obamas messianischer Rhetorik. Als er im Juni 2008 nach zähem Kampf mit Hillary Clinton endlich die Präsidentschaftskandidatur gewonnen hatte, trug ihn die Euphorie davon. In St. Paul, Minnesota, prophezeite er einer Menge jubelnder Anhänger, sie würden eines Tages noch ihren Kinder von diesem Augenblick erzählen, denn: »Dies war der Moment, da der Anstieg der Ozeane sich verlangsamte und unser Planet zu heilen begann.«

Zum ersten Mal schienen die USA wirklich die Zeichen der Zeit erkannt zu haben, bald zwei Jahrzehnte nach dem Umweltgipfel der Vereinten Nationen in Rio de Janeiro 1992, wo die US-Regierung von Präsident Bush senior zu den Blockierern gezählt und ein gewisser Al Gore als Vizepräsidentschaftskandidat der Demokraten den Umweltgruppen eine Umkehr Amerikas für den Fall versprochen hatte, dass Bill Clinton ins Weiße Haus einziehen würde. Doch Clinton und Gore konnten ihre Zusagen zum Klimaschutz nicht einhalten; sie wurden im Kongress von Republikanern *und* den eigenen Demokraten ausgebremst. Dann kamen die bleiernen Bush-Jahre, in denen beim Umwelt- und Klimaschutz nichts geschah, ja vielfach das Rad sogar zurückgedreht wurde. Jetzt aber versprach ein Präsident, alle Versäumnisse aufzuholen. Der Klimaschutz schien zum Exempel für die nachholende Entwicklung und die Anpassungsfähigkeit der größten Volkswirtschaft der Welt zu werden. Mit einem gewaltigen Sprung, so sah es aus, würden die USA den Modernisierungsstau von zwanzig Jahren wettmachen können und sich, wie Obama versprach, an die Spitze der Bewegung setzen.

Das war grünes Wunschdenken. Im vierten Jahr seiner Präsidentschaft liest sich Obamas Klimabilanz tiefgrau: Zwar sank Amerikas Ausstoß an Klimagasen 2008 und 2009 gegenüber 2007 um ein Zehntel, aber das war allein eine Folge des ökonomischen Einbruchs. Viele Schornsteine rauchten schlicht nicht mehr. 2010 dagegen nahmen die CO_2-Emissionen wieder leicht zu. Der Präsident entwarf ambitionierte Energiepläne, und in kaum einer längeren Rede fehlte sein Hinweis auf Amerikas Abhängigkeit von Ölimporten aus dem unsicheren Nahen Osten oder auf den Fluch der globalen Erwärmung. Doch erreicht hat er am Ende – fast nichts: Im Kongress scheiterte sein Vorstoß, die reichste und dreckigste Volkswirtschaft auf Erden ökologisch »umzusteuern« und per Energie- und Emissionshandelsgesetz auf einen nachhaltigen Pfad zu bringen.

Obama hatte starke Gegner. Und zwar viele: die meisten Republikaner, die konservativen Medien, die Lobby der kohlereichen US-Bundesstaaten im Mittleren Westen, die großen Ölkonzerne und allen voran die Koch-Brüder, die Eigentümer des riesigen Mischkonzerns Koch Industries, Milliardäre, die seit Jahren mit Millionenspenden konservative Aktionsgruppen, Klima-Leugner und neuerdings Tea-Party-Gruppen sponsern. Obamas Traum, die Ozeane zu bändigen, platzte allerdings auch deshalb, weil ihm erstens andere Gesetzesprojekte wie die Gesundheitsreform oder die Neuregulierung der Finanzmärkte wichtiger waren. Und zweitens verfolgte er eine Strategie, die ihn und seine Agenda des »Wandels, an den wir glauben können«, ruinierte. Es war gleichsam ein »grüner« Ansatz: Obamas Berater glaubten, ihr Präsident könne mit dem Rückhalt seines überwältigenden Wahlsieges eine Serie gewagter Reformen zügig vorantreiben; das zur Durchsetzung eines jeweiligen Gesetzes »verbrauchte politische Kapital« werde, so erklärte ein Insider, anschließend binnen weniger Wochen »recycelt und zurückfließen« und dann für das nächste Großprojekt bereitstehen – »denn ein Erfolg nährt den nächsten«. In Wirklichkeit kam es anders. Der parteipolitische Grabenkampf im Kongress sowie der außerparlamentarische Widerstand der Tea-Party-Bewegung gegen die Gesundheitsreform raubte der Regierung so viel Kraft, dass ihr Klimaschutzgesetz im Sommer 2010 jämmerlich im Kongress verkümmerte.

Im Repräsentantenhaus wie im Senat waren es fast ausschließlich Demokraten, die sich für eine Energiewende einsetzten. Im Vergleich zum Jahr 2005 sollte Amerikas CO_2-Ausstoß bis 2050 um bis zu 80 Prozent sinken. Eine ökonometrische Studie des angesehenen Peterson Institute for International Economics in Washington prophezeite enorme Effekte: jährlich 41 Milliarden Dollar Investitionen vor allem für modernste Kraftwerke, jährlich 200000 zusätzliche Jobs sowie eine Reduktion der US-Ölimporte um ein Drittel. Für das Gesetz warben nicht nur Ökoverbände, auch Großkonzerne wollten klare, verlässliche Regeln für ihre unternehmerische Planung. Als das Gesetz dann 2010 scheiterte, zogen viele Unternehmen ihre Unterstützung für ein bahnbrechendes Klimagesetz zurück. Obama hatte auf einen Schlag zwei Pfeiler seiner Modernisierungsstrategie verloren: Politisch zerbrach die Klimakoalition, ökonomisch fehlte weiter der Anreiz zum ökologischen Umbau. Kohle, Öl und Gas würden nun auf absehbare Zeit zu billig bleiben, das Preissignal zum massiven Ausbau von Wind- und Sonnenenergie blieb aus.

Rückblickend macht Sheeraz Haji, Chef des Marktforschungsunternehmens Cleantech Group, an diesem Punkt die Schwachstelle von Obamas gesamter Klimapolitik aus: »Hätten wir einen Marktmechanismus gehabt, der diese neuen Technologien vorantreibt, dann hätte das einen bedeutenden Unterschied gemacht. So aber wurschtelt sich die Industrie irgendwie durch.« Obamas Regierung konnte nur die zweitbeste Lösung anbieten – statt fossile Brennstoffe zu verteuern, machte sie mit vielen Milliarden Fördermitteln alternative Energien sowie Atomstrom und die sogenannte »Clean Coal« billiger. Allein das riesige Konjunkturprogramm, der Stimulus, reservierte 80 Milliarden

Dollar an Zuschüssen für erneuerbare Energiequellen. Innerhalb von nur drei Jahren wollte Obama so die Energieversorgung aus nichtfossilen Quellen verdoppeln und vier bis fünf Millionen Haushalte mit sauberem Strom beliefern.

Das Ergebnis nach drei Jahren mit der zweitbesten Strategie ist zweischneidig. Es gibt Erfolge. Die Stromgewinnung durch Windturbinen legt jährlich 10 Prozent zu, für die Solarenergie rechnen Experten bis 2020 mit Zuwächsen von 10 bis 40 Prozent jährlich. In den Wüsten von Kalifornien, Arizona und Nevada wachsen riesige Solarparks heran, gefördert mit vielen Steuermilliarden und gesichert durch lang währende Stromabnahmegarantien. »Das ist, als würdest du ein Hotel bauen und die ersten zwanzig Jahre wäre die Belegung zu hundert Prozent garantiert«, sagt ein Sprecher des Energieministeriums. Obendrein entlastet ein neuer Trend Amerikas Treibhausgasbilanz: Dank neuer Fördertechnologien lassen sich riesige heimische Erdgasreserven erschließen. Gas ist billiger und sauberer als Öl oder Kohle.

Aber vieles läuft nicht rund. Oder sogar schief. Ein fünf Milliarden Dollar teures Programm zur Wärmedämmung privater Eigenheime meldet reihenweise Häuser, wo die Handwerker – unerfahren im Umgang mit Ökowerkstoffen – schlimmsten Pfusch produzieren. Die hohen grünen Staatszuschüsse und Steuerrabatte seien des Guten viel zu viel und hätten in der Solarbranche eine regelrechte »Goldrausch-Mentalität« entfacht, warnen Experten. Nach Recherchen der *New York Times* schossen Washingtons Subventionen für saubere Energie von 2007 bis 2010 von 5,1 auf 14,7 Milliarden Dollar pro Jahr in die Höhe; hinzu kamen noch Fördermittel der einzelnen Bundesstaaten. »In den zwanzig Jahren, die ich im Energiesektor bin, habe ich noch nie etwas gesehen, was mit weniger Risiko behaftet war«, sagt David Crane, der Konzernchef von NRG Energy. »Es geht nur darum, die Wüste mit Paneelen vollzustellen.«

Aber ohne staatlichen Anschub geht es offenbar auch nicht: Privates Risikokapital scheut Investitionen in saubere Technologien, seit 2010 das Klimaschutzgesetz im Kongress scheiterte. »Was wir sehen, ist politische und regulatorische Ungewissheit«, klagt Lynn Jurich, deren Firma SunRun unter anderem Solarhäuser finanziert. Und der überparteiliche Think-Tank Third Way in Washington warnt, wegen dieser »Risikokapital-Krise für saubere Technologien« verliere Amerika den Anschluss auf einem lukrativen, mit 2,3 Billionen Dollar Jahresumsatz riesigen globalen Zukunftsmarkt: »Unsere Konkurrenten – China, Indien, Brasilien, Großbritannien und Deutschland – füllen die Lücke.«

Obama hat der grüne Mut verlassen. Seit der Solyndra-Affäre redet er seltener und leiser von Klimaschutz und Energiewende. Der Gesetzentwurf seines *American Jobs Act,* mit dem der Präsident im Herbst 2011 gleichsam den Wahlkampf einläutete, verspricht 1,5 bis 2 Millionen zusätzliche Arbeitsplätze. Aber von »grünen Jobs« ist dort nicht mehr die Rede. Bis heute weiß übrigens keiner, wie viele *green jobs* es eigentlich gibt in Amerika, denn niemand in den USA hat je definiert, was das ist. Mark Muro, Experte für Stadtentwicklung im Think-Tank der Brookings Institution, schätzt, dass 2,7 Millionen Arbeitnehmer in diesem Sektor arbeiten – eine Zahl, die etwas hochgegriffen wirkt, denn der Forscher zählt Müllmänner sowie Bus- und U-Bahn-Fahrer genauso dazu wie Monteure von Solarpaneelen oder Entwickler neuer Windturbinen. Muro sieht die *clean economy* als Zukunftsbranche: Sie sei exportintensiv, schaffe viele Jobs auch für Beschäftigte mit nur niedriger oder mittelmäßiger Bildung und zahle obendrein durchschnittlich 13 Prozent höhere Löhne. Aber auch Muros Bilanz für 2011 kommt zu dem Schluss, dass »politische Probleme und Ungewissheiten« das weitere Wachstum grüner Jobs schwächten.

Präsident wie Kongress haben die Entscheidungen über Amerikas Zukunft auf die Zeit nach der Wahl vertagt. Obamas Berater versichern, ihr Chef wolle 2013 einen neuen Anlauf für ein modernes Energie- und Klimagesetz wagen. Seine potenziellen Nachfolger auf der republikanischen Seite haben sich dagegen festgelegt, genau dies nicht zu tun. Trotz aller Enttäuschung ist es Obama gelungen, die für seine Wiederwahlkampagne extrem wichtige, weil mobilisierungsstarke Umweltbewegung erneut an sich zu binden. Geschafft hat er das mit »Keystone XL«: Das ist der Name einer 2500 Kilometer langen, sieben Milliarden Dollar teuren Pipeline, durch die Ende des Jahrzehnts aus Teersand gewonnenes Rohöl von Kanada aus bis zu den US-Raffinerien im texanischen Houston strömen soll. Die Industrie argumentiert, das Großprojekt würde Tausende Jobs schaffen und Amerikas Abhängigkeit von Ölimporten aus dem Nahen Osten verringern. Umweltschützer betrachten Keystone hingegen als Grabstein einer Klimawende, weil es Amerikas Ölsucht auf lange Sicht verlängern würde. Monatelang hatten Keystone-Gegner vor dem Weißen Haus demonstriert. Dann entschied Obama, sich nicht zu entscheiden. Nicht jetzt. Nun wird das Projekt so lange geprüft und nachvermessen, bis die Wahlen vorüber sind. 2013 landet das Dossier wieder auf dem Schreibtisch des Präsidenten, wie die gesamte Energie- und Klimapolitik überhaupt. Und die Umweltbewegung weiß: Falls dann anstelle Obamas ein Republikaner im Oval Office sitzt, darf die schwarze Flut aus Kanada strömen. Der ökologische Umbau fällt dann ganz aus, und die Ozeane werden weiter steigen.

WELTMACHT AUF ABRUF

Amerika muss seinen alten globalen Führungsanspruch einer neuen Wirklichkeit anpassen

Wenn man Bruce Bueno de Mesquita fragt, ob er in die Zukunft schauen kann, neigt der weißhaarige Professor den Kopf kokett zur Seite. Das milde Licht der Nachmittagssonne flutet durch hohe Fenster in das geräumige Wohnzimmer seiner Stadtvilla im Presidio Park in San Francisco. Von seiner Haustür aus ist man zu Fuß in einer halben Stunde an der Golden Gate Bridge und am Pazifischen Ozean. Vor den blassgrünen Wänden des Zimmers stehen eisenbeschlagene Antiquitäten. Der große, schlanke Mann beugt sich auf dem Sofa nach vorne, legt seine Hände an den Fingerspitzen zusammen und sagt, dass jeder, der sich über die Umstände eines bestimmten Sachverhalts ausreichend informiert, sich in Logik und Mathematik auskennt und einen Computer hat, herausfinden kann, wie Menschen sich verhalten werden. »Ja, man kann Zukunft vorhersagen«, sagt der 65 Jahre alte Politikwissenschaftler. Es ist ein Handwerk – und er glaubt, es zu beherrschen.

Nun wäre das nicht weiter beachtenswert, wenn der Mann sich in die endlos lange Reihe der Auguren, Seher und Scharlatane einreihen würde, die vorgegeben haben oder vorgeben, in die Zukunft schauen zu können. Aber Bruce Bueno de Mesquita liegt mit seinen Vorhersagen erstaunlich oft richtig. Sogar die CIA bescheinigt ihm das.

Amerikas Geheimdienstler haben den Professor seit den achtziger Jahren mehr als tausend Mal engagiert. Aus inzwischen freigegebenen Geheimreports geht hervor, dass er Washingtons Spionagedienst schwer beeindruckt hat. Nicht nur dass er mit seinen Vorhersagen häufiger richtig lag als die CIA-Experten. »Das Erstaunliche ist die Genauigkeit seiner Prognosen«, schreibt ein CIA-Analyst. »Wenn man das Ziel ungefähr trifft, ist das schon gut. Aber wenn man mitten hinein trifft, ist das unglaublich.« Bueno de Mesquita sagt, dass er in den drei Jahrzehnten, in denen er seinen Computer nun schon Prognosen errechnen lässt, in neun von zehn Fällen Recht behielt.

Bueno de Mesquita ist einer der prominentesten Vertreter der angewandten Spieltheorie in der amerikanischen Politikwissenschaft. Was nichts anderes bedeutet, als dass er das Weltgeschehen als eine Kombination großer und kleiner Spiele deutet. Bueno de Mesquita lehrt, man müsse nur die erklärten Absichten derjenigen kennen, die in den politischen Spielchen mit von der Partie sind, und schon könne man mit Hilfe eines Computermodells berechnen, wie das Spiel ausgehen wird. Im wirklichen Leben.

So sagte er bereits vor einem Vierteljahrhundert voraus, dass Ali Chamenei der Nachfolger des greisen Ajatollah Chomeini werden würde – und nicht dessen damals designierter Kronprinz, Großajatollah Hussein Ali Montaseri. Das war fünf Jahre vor dem Tod Chomeinis. Bueno de Mesquita hatte die blutige Niederschlagung der Studentenbewegung auf dem Tienanmen-Platz im Sommer 1989 Monate zuvor prognostiziert und den Termin für die Übergabe Hongkongs an China datiert, zwölf Jahre bevor sie tatsächlich geschah. Auch das Gelingen des Friedensprozesses in Nordirland prophezeite er. Gelegentlich lag er aber auch falsch. So sagte er zum Beispiel einen Erfolg der Clinton'schen Gesundheitsreform 1994 voraus. Das Gegenteil trat damals sehr schnell ein.

Bueno de Mesquita ist Politikprofessor und Senior Fellow an der Hoover Institution, einer der angesehensten Denkfabriken des Landes, südlich von San Francisco. Die Hälfte des Jahres fliegt er regelmäßig auf die andere Seite des Kontinents, wo er an der New York University unterrichtet. Nicht weniger als siebzehn zumeist umfangreiche Bücher hat er mittlerweile verfasst und in Fachzeitschriften mehr als hundert Artikel veröffentlicht. Das Fachblatt *Foreign Policy* zählt ihn zu den zehn einflussreichsten Politikwissenschaftlern des Landes in Sachen Außenpolitik.

Und doch, auch wenn er noch immer beim CIA und Pentagon ein gern gesehener Gast sein mag (er darf darüber nichts sagen, das ist geheim): Auf die entscheidende Frage, die seine Kollegen dieser Tage bewegt wie keine andere, lassen sich selbst mit Bueno de Mesquitas Computermodellen keine hinlänglich präzisen Antworten geben. Auf die Frage nämlich, wie das große Spiel um Macht und Einfluss in der Welt ausgehen wird, das Amerika im 20. Jahrhundert (als die am Ende einzige verbliebene *global power)* so erfolgreich gespielt hatte – und dessen Regeln sich nun, je weiter das 21. Jahrhundert fortschreitet, so radikal und rasant verändern, da sich neue Spieler einmischen. In den USA selbst mehren sich die Zweifel, ob das Land angesichts der Lähmungserscheinungen im Inneren den Herausforderungen des neuen Zeitalters im Äußeren gewachsen ist. Zu viele Unwägbarkeiten lauern, zu unübersichtlich sind die Ereignisse, als dass sie sich in mathematischen Formeln für den Computer angemessen abbilden ließen: Amerikas Wirklichkeit ist selbst für einen Prognostiker wie Bueno de Mesquita zu komplex.

Die Trends sind dennoch klar. Schon im Frühjahr 2008, als das ganze Ausmaß der enormen Wirtschaftsprobleme und der politischen Dauerkrise des Landes noch nicht voll absehbar war, fragte *Foreign Affairs*, das Zentralorgan der außen- und sicherheitspolitischen Szene, besorgt: »Befindet sich Amerika im Niedergang?« Und drei Jahre später prangte, sehr viel konkreter, die Frage »Wird Chinas Aufstieg zum Krieg führen?« auf dem Titelblatt der blassblauen Hefte. Es besteht (nahezu) Einigkeit darüber, dass sich die USA künftig in einer »postamerikanischen Welt« zurechtfinden müssten, wie Fareed Zakaria sein im Jahr 2011 erschienenes Buch betitelt hat, in dem er die Lage Amerikas in der Welt vermisst. In einem globalen System, das nicht, wie zuletzt, unipolar auf die USA ausgerichtet, sondern multipolar geordnet ist und in dem die Führungsrolle der Vereinigten Staaten zusehends in Frage gestellt werden dürfte.

Zakaria ist einer der einflussreicheren sogenannten *political pundits* in den USA. So nennen Amerikaner den Zirkel vorgeblicher Meinungsführer aus Wissenschaftlern und Journalisten, die sich regelmäßig im Fernsehen oder auf den Meinungsseiten großer Zeitungen zur Lage der Nation äußern. Zakaria ist Auslandsberichterstatter für *Time Magazine* und tritt bei CNN auf. Darüber hinaus zählt er zu denjenigen, denen nicht entgangen ist, dass die USA mit Teilen der Welt nicht mehr mithalten können, die noch vor zehn Jahren niemand als Konkurrenz wahrnahm. Und es ist nicht nur Asien, es sind nicht nur die rasch wachsenden Märkte in Ländern wie China und Indien, an denen sich die USA nun messen lassen müssen.

2010 verzeichneten 85 Länder eine Wachstumsrate von mehr als vier Prozent. Die USA zählten nicht dazu (Europa freilich auch nicht).

Zakaria entdeckt die Zeichen des relativen Niedergangs quasi bei der Lektüre des *Guinness-Buchs der Rekorde*: Das höchste Gebäude der Welt? Steht längst nicht mehr in New York oder Chicago, sondern in Abu Dhabi. Der reichste Mann der Welt ist kein Amerikaner mehr, sondern Mexikaner. Die größte Raffinerie arbeitet in Indien, die gewaltigste Fabrik der Welt in China. Selbst das ausladendste Riesenrad ist nicht mehr irgendwo zwischen Atlantik und Pazifik zu finden, sondern in Singapur. Sogar beim Zocken haben die Chinesen den Amerikanern den Rang abgelaufen: Die Spielerhauptstadt der Welt heißt nicht mehr Las Vegas, sondern Macau. Und unter den zehn Top-Einkaufszentren rund um den Globus befindet sich nur noch eine amerikanische Mall. Der größte Konsumtempel der Welt steht mittlerweile in Dongguan in China. »Sicher«, räumt Zakaria ein, »solche Listen sind reichlich willkürlich, aber es fällt schon auf, dass Amerika in vielen, wenn nicht sogar in den meisten dieser Kategorien vor zwanzig Jahren noch vorne lag.«

Zweierlei verbirgt sich hinter einem derartigen Lamento: Zum einen fängt Zakaria das in den USA weitverbreitete Gefühl ein, dass es mit dem Land irgendwie abwärts geht und Amerika nicht mehr mithalten kann. So ermittelte das Umfrageinstitut Gallup Anfang 2011, dass erstmals mehr als die Hälfte aller Amerikaner glaubt, China habe inzwischen die USA als führende Wirtschaftsnation abgelöst. Tatsächlich sind die Vereinigten Staaten noch immer mit Abstand die größte Wirtschaftsmacht der Welt. Die New Yorker Investmentbank Goldman Sachs schätzt, dass China die USA realiter erst im Jahre 2027 überholen wird. Der IWF wiederum geht in seinen Prognosen davon aus, dass China schon 2016 mit den USA gleichzieht, zumindest gemessen in Kaufkraftparitäten. Der Unterschied zwischen Wirklichkeit und Selbstwahrnehmung ist dennoch frappierend und zeigt, wie weit Amerika mittlerweile entfernt ist von jener auftrumpfenden Überheblichkeit, die sich zu Anfang des Jahrzehnts breitgemacht hatte – und die Präsident George W. Bush in den Augen der Welt wie kaum ein anderer verkörperte.

Zum anderen aber skizziert Zakaria mit seinen Beispielen die neue Realität, auf die sich die bisherige Führungsmacht einstellen muss: Überall, wo man auch hinschaut, verringert sich der Abstand zum Rest der Welt – technologisch oder wirtschaftlich, in der Forschung, Bildung und Innovation oder selbst in so bizarren und scheinbar nebensächlichen Vergleichskategorien wie Glücksspiel oder Riesenraddurchmesser. Amerika verliert an Boden. Die Vereinigten Staaten liegen zwar oft noch vorn und zählen zu den Besten. Aber die anderen holen auf. Und manchmal ziehen sie bereits vorbei.

Das hat handfeste Folgen für die strategische Stellung Amerikas in der Welt. Die kurze Ära der unipolaren Weltordnung nach dem Ende des Kalten Kriegs, in der die USA unangefochten beinahe rund um den Planeten ihren Einfluss geltend machen konnten, ist vorbei. Noch im Jahr 2004 hatte der neokonservative Kolumnist Charles Krauthammer in einem Manifest mit dem programmatischen Titel »Amerikanische Außenpolitik für eine unipolare Welt« die enorme Machtfülle Amerikas gefeiert, »die, falls nötig, unilateral, und ebenso, falls nötig, präemptiv eingesetzt wird«. Nur vier Jahre später entdeckte Fareed Zakaria in einem vielzitierten Aufsatz für die außenpolitische Fachzeitschrift *Foreign Affairs* bereits seine »postamerikanische Welt«, in der die USA zwar noch *primus inter pares* seien, sich aber mit dem Rest der Welt arrangieren müssten.

Tatsächlich ist eine neue multipolare Welt im Entstehen, in der Amerikas Führungsrolle zusehends in Frage gestellt werden wird. Die Zeichen mehren sich, dass die aufstrebenden neuen Mächte selbstbewusster werden und die USA herausfordern. Indien und Brasilien etwa widersetzten sich 2008 amerikanischem Druck und ließen die sogenannte Doha-Runde der Welthandelsorganisation platzen, also die Gespräche zur Neuordnung des globalen Warenaustauschs und der internationalen Investitionsströme. Beim Klimagipfel von Kopenhagen 2009 brüskierten die Chinesen die Amerikaner sehr bewusst und gezielt, als sie zur entscheidenden Gesprächsrunde mit Präsident Barack Obama nur den Vizeaußenminister He Yafei schickten, der über keinerlei Vollmachten verfügte. Und im Frühjahr 2010 erklärte China einseitig das Südchinesische Meer zu einem Gebiet im »zentralen nationalen Interesse«. Diesen Terminus technicus hatte Peking bisher nur auf Taiwan und Tibet gemünzt. Er bedeutet im diplomatischen Kauderwelsch nichts anderes, als dass China künftig bereit sein könnte, militärische Gewalt einzusetzen, um seine Ansprüche geltend zu machen. Im selben Jahr wollten die Türkei und Brasilien auf eigene Faust mit Iran einen Deal zur Entschärfung des Streits über die nukleare Aufrüstung der islamischen Republik abschließen. Sie mussten das Vorhaben zwar rasch wieder abbrechen, aber der Umstand, dass zwei aufstrebende Mittelmächte (eine davon sogar Nato-Mitglied) es überhaupt wagten, in einer derart sensiblen Frage an Washington vorbei zu verhandeln, spricht für sich.

Bereits vor einem Jahrzehnt hatte der bekannte liberale Harvard-Professor Joseph Nye das »Paradox der amerikanischen Macht« ausgemacht. Noch nie habe ein Land so viel Macht besessen wie die USA, schrieb er damals – kulturell, wirtschaftlich und vor allem militärisch. Doch zugleich sei noch nie eine Führungsmacht so abhängig vom Rest der Welt gewesen wie die Vereinigten Staaten, sei es von der wirtschaftlichen Entwicklung rund um den Globus oder von den internationalen Institutionen (die sie nach dem Zweiten Weltkrieg selbst maßgeblich miteingerichtet hatten, um die internationalen Beziehungen zu regeln). Zwei kostspielige und letztlich nicht zu gewinnende Kriege, eine Wirtschaftskrise von historischen Dimensionen und eine beispiellose Lähmung des politischen Systems des Landes haben dieses Paradox seither nur noch deutlicher vor Augen geführt. Die absolute Macht schwindet, die relative Abhängigkeit und Verwundbarkeit wächst.

Die USA sind zweifellos geschwächt. Aber zugleich führt an ihnen als wichtigster Macht in der Welt noch längst kein Weg vorbei. Die Stabilität des globalen politischen Systems und das Wohlergehen kritischer Weltregionen hängen nach wie vor entscheidend von der Führungsrolle Amerikas ab. Ohne den Einsatz der USA kommt beispielsweise der Friedensprozess im Nahen Osten nicht voran, wie das mangelnde Engagement von Präsident George W. Bush zeigte – aber umgekehrt ist ihr Einsatz längst nicht mehr hinreichend, wie das Scheitern der anfänglichen Bemühungen seines Nachfolgers Barack Obama bewiesen hat. »Amerikas Führungsrolle ist noch lange nicht vorbei«, konstatiert Bruce Jones, ein Spezialist für die internationale Ordnung bei der ehrwürdigen Brookings Institution in Washington, »aber ihr wurden Beschränkungen auferlegt. Die Frage ist: Können die USA auch weiterhin das internationale System anführen? Werden die aufstrebenden Mächte sich dem Führungsanspruch fügen und mit den USA zusammenarbeiten? Oder werden sie, wenn nicht das ganze System, so doch zumindest die Rolle Amerikas in Frage stellen?« Es ist, so Jones, als sei den USA als Vorstandsvorsitzendem der Welt bereits der Kündigungsbrief zugestellt worden, während sie zugleich noch immer der größte Anteilseigner an der Internationalen Weltordnungs-GmbH sind.

Nicht nur die Welt sieht Amerika mittlerweile anders. Auch in den USA selbst ist die Frage, welche Rolle das Land international spielen soll, inzwischen höchst umstritten. Der außenpolitische Konsens, der seit dem Zweiten Weltkrieg fast ein halbes Jahrhundert gehalten hatte, ist vollends zerbrochen. Über die richtige Außenpolitik streiten Demokraten und Republikaner genauso erbittert wie über die Gesundheitsreform oder die Staatsverschuldung. Dafür wird oft Präsident George W. Bush verantwortlich gemacht, der mit dem unnötigen Krieg im Irak das Land entlang der Parteigrenzen tief gespalten habe. Doch das ist nur die halbe Wahrheit: Die außenpolitische Polarisierung Amerikas hat – schleichend – schon viel früher eingesetzt.

Während des Kriegs gegen Deutschland und Japan und danach im Ringen mit der Sowjetunion hatten sich politische Pragmatiker bei den Demokraten und Republikaner zu einer parteiübergreifenden Koalition der Mitte zusammengefunden, »the vital center«, die der Harvard-

Historiker Arthur Schlesinger bereits 1949 ausgemacht hatte. Außenpolitiker beider Parteien waren sich einig, dass Amerikas militärische Stärke und internationale Partnerschaft aufs Engste verflochten waren. Die USA sollten ihre überlegenen Streitkräfte einsetzen, um die internationale Stabilität zu wahren. Zugleich aber setzten die Vereinigten Staaten auf die Zusammenarbeit mit ihren Partnern in den multilateralen Organisationen, um der Herausforderung durch die Sowjetunion zu begegnen. Politikwissenschaftler der University of California in San Diego haben ermittelt, dass zwischen Anfang der vierziger und Ende der sechziger Jahre (also ehe der Vietnamkrieg das Land entzweite) in fast drei Vierteln aller Abstimmungen im US-Kongress über außenpolitische Fragen die Mehrheiten unabhängig von den Parteigrenzen zustande kamen.

Das hat sich seither vollkommen geändert. Der Politikwissenschaftler Charles Kupchan, einer der Vordenker im Washingtoner Council on Foreign Relations (CfR), macht erste Anzeichen der neuen außenpolitischen Polarisierung entlang ideologischer Grenzen bereits zu Zeiten des Vietnamkriegs aus. Die Kriegsgegner sammelten sich bei den Demokraten, Befürworter bei den Republikanern. Den nächsten Polarisierungsschub brachte die Präsidentschaft Ronald Reagans. Doch erst nach dem Ende des Kalten Kriegs brach der Konsens vollends auseinander: Die Abstimmung über den Ersten Golfkrieg, den Reagans Nachfolger George Bush führte, verlief im Senat weitgehend entlang der Parteigrenzen: Republikaner dafür, Demokraten dagegen. Diese Polarisierung hat sich seither nur noch vertieft – zwischen dem roten Amerika (entsprechend der Parteifarbe der Republikaner), das grundsätzlich eher bereit ist, das US-Militär in Marsch zu setzen, egal ob Alliierte mitmachen oder nicht, und dem blauen Amerika der Demokraten, die einem Gewalteinsatz in der Regel skeptisch gegenüberstehen und eine Lösung der außenpolitischen Probleme mit Hilfe internationaler Organisationen oder Koalitionen vorziehen.

Barack Obama versprach, wie in vielen Bereichen, auch auf außenpolitischem Feld diese tiefen Gräben zwischen blauem und rotem Amerika einzuebnen und den alten außenpolitischen Konsens der Mitte wiederherzustellen: Verlass auf militärische Stärke gewiss, aber genauso Vertrauen auf internationale Kooperation. Obama trat mit enorm hochgesteckten Erwartungen an. Und das war nicht nur Pose. Ohne Zweifel glaubte der junge Präsident wirklich, allein eine Neuorientierung der US-Außenpolitik könne bereits die Welt verändern.

Deren Grundzüge hatten maßgeblich ein paar kluge Köpfe – unter anderem wieder aus der Brookings Institution und meist mit Regierungserfahrung aus der Clinton-Präsidentschaft – schon 2008 entworfen, Monate vor der Wahl. Sie haben dann auch fast ausnahmslos Führungsposten im Weißen Haus, im State Department und im US-Finanzministerium angetreten, unter ihnen Anne-Marie Slaughter, die außenpolitische Vordenkerin von Hillary Clinton, James Steinberg, von 2009 bis 2011 Clintons Stellvertreter, oder Michael McFaul, der im Nationalen Sicherheitsrat Obamas Russland-Politik koordiniert hat. Ihre Think-Tank-Runde hatten sie – *nomen est omen* – »Phoenix Initiative« genannt. Aus dem Schutt und der Asche, die Bushs Truppe hinterlassen hatten, wollten sie Amerikas Ansehen in der Welt wiederherstellen und die globale Führungsrolle ihres Landes neu definieren. »Es sind nicht nur die Kriege in Irak und Afghanistan oder andere Teile des

Bush-Erbes, die Amerikas Macht und Position geschwächt haben«, hieß es damals in einem Manifest, das Ivo Daalder (der spätere Nato-Botschafter der USA) im Namen der Gruppe veröffentlicht hatte. »Die Welt selbst hat sich verändert. Wir leben in einer Ära der globalen Vernetzung.« Immer mehr Mächte verlangten Mitsprache in der Welt, und sie fügten sich nicht mehr einfach den Vorstellungen Washingtons. Deshalb sei nun ein neuer Führungsstil nötig, der sich auf die veränderte Lage einstelle: Die Gruppe sprach von der »Doktrin der strategischen Führung«. Man könnte auch sagen, es war die Doktrin einer neuen amerikanischen Bescheidenheit.

Es sei ein Führungsstil, so schrieb Daalder, der verstehe, »dass Amerika, wie mächtig wir auch sein mögen, die heutigen Probleme nicht mehr allein lösen kann«. Amerika werde eine Führungsrolle (und das nicht nur militärisch) dort übernehmen, wo es eine konstruktive Rolle spielen könne, und anderen die Führung überlassen, wenn sie das internationale Geschehen besser beeinflussen könnten. Die USA würden daher künftig auch darauf drängen, dass zur Lösung internationaler Probleme »alle relevanten Parteien einen Platz am Verhandlungstisch« bekämen.

Aus den guten Vorsätzen ist indes nicht allzu viel geworden. Zwar hat eine globale Welle der Sympathie für den neuen US-Präsidenten in den Monaten nach seiner Wahl dazu beigetragen, das Ansehen des Landes weltweit wieder zu heben. Aber die Hoffnung Obamas und seiner Phoenix-Berater, dies werde ihm helfen, seine außenpolitischen Ziele durchzusetzen, erscheint rückblickend geradezu naiv. Die schon im Wahlkampf 2008 von den Republikanern (und von seiner damaligen innerparteilichen Konkurrentin Hillary Clinton) verspotteten Dialogangebote an die Erzfeinde Amerikas - an Hugo Chávez in Venezuela, an die Castros in Kuba, an die Steinzeitkommunisten in Nordkorea, vor allem aber an Irans Theokraten - verhallten ohne nennenswertes Echo aus Caracas oder Havanna, aus Pjöngjang oder Teheran. Die Beziehungen zu diesen Diktatoren sind heute nicht besser als zu Zeiten seines Vorgängers Bush. Russland blieb ein zänkischer Partner. China antwortete auf Obamas Werben mit Säbelrasseln, neuen Rüstungsprojekten und größeren strategischen Ambitionen. Die Chinesen ließen die Amerikaner mit ihrem Versuch, Peking zu mehr Teilhabe und Verantwortung im internationalen System zu bewegen, einfach auflaufen: Weder beim Klimaschutz noch im Streit über die Aufwertung der chinesischen Währung machte das Reich der Mitte Konzessionen. Und die alten Freunde der USA in Europa unterstützten Obama - Beispiel Afghanistan - kaum mehr als seinen ungeliebten Vorgänger. Vor allem aber hat der Präsident die großen internationalen Krisenfälle, wie den Nahostkonflikt oder Irans Atomrüstung, anders als von ihm selbst erwartet, einer Lösung nicht einen Millimeter näher bringen können. Israels Premier Benjamin Netanjahu düpierte kalt lächelnd den US-Präsidenten - und brachte 2011 mit einer populistischen Brandrede fast den gesamten Kongress per *standing ovation* gegen den vermittelnden Kurs des Präsidenten in Stellung. Die Republikaner genossen es, Israels Premier zu beklatschen, um dem Demokraten eins auszuwischen. Aber auch etliche Parteifreunde Obamas gingen sichtbar auf Distanz.

Dagegen war Obama der Beifall der meisten Amerikaner dafür sicher, dass er den Militäreinsatz im Irak 2011 beendet hat. In diesem Punkt immerhin konnte er ein Wahlversprechen einlösen. Zugleich aber hat er in Afghanistan de facto das Gleiche versucht wie sein Vorgänger im Irak: Er hat erst mehr Soldaten ins Land geschickt, um dann schneller abziehen zu können. Das ist nicht sehr populär in den USA. Deutlich mehr als die Hälfte der Amerikaner befürwortet ein rascheres Ende des längsten Militärkonflikts in der US-Geschichte. Einzig die gewagte Kommandoaktion Anfang Mai 2011 gegen Osama bin Laden brachte dem Präsidenten kurzzeitig Rückhalt. Doch wie wenig selbst die Eliminierung von Amerikas Staatsfeind Nummer eins in diesen Zeiten zählt, zeigte Obamas jäher Absturz in den Umfragen in den Monaten danach. Alles in allem, konstatiert der Bostoner Politikprofessor Daniel Drezner, überwiegt der Eindruck, dass Obamas außenpolitischer Ansatz »nicht gerade überwältigende politische Ergebnisse« hervorgebracht hat.

Auch Charles Kupchan vom CfR, vielen in Obamas außenpolitischem Beraterkreis durchaus freundschaftlich verbunden, macht »eine geopolitische Naivität« aus, die zumindest in der ersten Hälfte der Amtszeit die außenpolitischen Schritte des Präsidenten geleitet habe. Es war »klassisch Obama«, wie Kupchan formuliert: »Man setzt sich mit den aufstrebenden Mächten zusammen, und dann lösen wir die Probleme, weil wir gemeinsame Interessen haben.« Das habe sich aber geändert, weil der Präsident selbst seine Möglichkeiten inzwischen deutlich »nüchterner« einschätze. Man könnte auch sagen: Obama hat seine Illusionen verloren.

Obama, so Kupchan, mag »Amerikas Legitimität in der Welt« wiederhergestellt haben. An der strategischen Lage der Vereinigten Staaten jedoch habe der 44. Präsident wenig verändert, ja, wenig verändern können. Er habe es nicht vermocht, »Amerikas strategische Prioritäten wieder ins Gleichgewicht zu bringen. Amerikas Außenpolitik heute ist politisch und ökonomisch praktisch insolvent.« Damit meint Kupchan, dass die USA nicht mehr so wie bisher weitermachen können. Obama oder sein Nachfolger müsste versuchen, »ein neues Gleichgewicht zwischen Ressourcen und Verpflichtungen zu finden«. Das werde unausweichlich Kürzungen bei den strategischen Ausgaben zur Folge haben, sprich bei den enormen Aufwendungen für Militär und Homeland Security, also die Sicherheit im Inneren. Im Haushaltsjahr 2012 sind dafür zusammen weit mehr als eine Billion Dollar eingeplant. »Die Frage ist nur noch, wie groß diese Kürzungen sein werden und welcher Teil der Welt sie am meisten zu spüren bekommt. Aber der Tag wird kommen.«

Kupchan prophezeit eine »geizigere, zurückhaltende Außen- und Sicherheitspolitik« – was für die Nato-Alliierten und Europa mehr Belastung bringen wird. Er ist nicht der Einzige, der dies prognostiziert. Auch der eher konservative Anthony Cordesman teilt diese Einschätzung, einer der klügsten (und nüchternsten) Köpfe im hochkarätigen Center for Strategic and International Studies (CSIS). Neben dem CfR ist das CSIS sicher der bedeutendste sicherheitspolitische Washingtoner Think-Tank; in seinem Aufsichtsrat sitzen immerhin außenpolitische Veteranen wie Henry Kissinger und Zbigniew Brzezinski. Cordesman warnt zwar vehement vor den drohenden Einschnitten im Verteidigungsetat (»potenziell verheerend«) und erst recht vor einem unüberlegten Rückzug aus Irak und Afghanistan. Aber auch er konstatiert in einer im Sommer 2011 vorgelegten Studie, dass die USA sich künftig beschränken müssten und Abenteuer wie im Irak oder in Afghanistan nicht mehr riskieren könnten. Stattdessen müssten sie einen neuen strategischen »Mix« entwickeln: Hilfe für befreundete Staaten, Abschreckung und Eindämmung potenzieller Aggressoren und »deutlich kostengünstigere Formen von Interventionen«, wenn alles andere nicht geholfen hat.

Eine erste Ahnung von der künftigen geopolitischen Selbstbeschränkung Amerikas dürfte das zurückhaltende Engagement der USA im Frühjahr 2011 in Libyen vermittelt haben. Zum ersten Mal seit den dreißiger Jahren habe ein amerikanischer Präsident seinen Alliierten die Führung überlassen und die USA auf eine Rolle im Hintergrund beschränkt, sagt CfR-Mann Kupchan. »Diese Entscheidung Obamas war nur die Spitze des Eisbergs.« Die Abneigung, sich zu engagieren, werde wachsen. »Ich glaube nicht, dass das wirklich sehr davon abhängt, wer künftig Präsident sein wird«, fügt Kupchan hinzu. Die *New York Times* sah auch die Zurückhaltung der USA in der Euro-Krise Ende 2011 als Zeichen der neuen Position Amerikas im globalen Mächtespiel. Während die USA in den neunziger Jahren bei den Finanzkrisen in Mexiko und Südostasien noch federführend gewesen seien – vom Marshallplan zum Wiederaufbau Europas nach dem Zweiten Weltkrieg ganz zu schweigen –, schauten sie der Krise in Europa nun weitgehend macht- und tatenlos zu. Gewiss, der Präsident mahnte die Europäer, die Krise nicht eskalieren zu lassen. Doch es waren die Chinesen, von denen die Europäer sich eine Beteiligung an ihrem Rettungsfonds erhofften. »Die USA werden nicht länger der Weltpolizist und ihr Finanzier sein«, schrieb die Zeitung.

Tatsächlich nimmt der Isolationismus, dieser uramerikanische Instinkt, sich von den Weltläuften fernzuhalten, in den vergangenen Jahren zu. Er gedeiht überdies auf beiden Seiten des politischen Spektrums und ist so in gewisser Hinsicht eine gegenläufige Tendenz zur um sich greifenden außenpolitischen Polarisierung. Der schrullige Kongressabgeordnete Ron Paul, der 2012 zum zweiten Mal nach 2008 als libertärer Präsidentschaftsbewerber aufseiten der Republikaner antritt, will nicht nur die US-Soldaten aus Irak und Afghanistan auf der Stelle nach Hause holen. Er will zudem aus der Nato raus und wettert überhaupt gegen den »außenpolitischen Interventionismus« seines Landes. Paul spricht damit vielen in der Tea-Party-Bewegung aus dem Herzen. Sie berufen sich auf den Gründervater der Nation, den ersten Präsidenten, George Washington, der seinem Land riet, sich vor »Verwicklungen in der Fremde« zu hüten. Selbst ein Mainstream-Präsidentschaftskandidat wie Mitt Romney ließ Distanz zum US-Engagement in Afghanistan erkennen und sagte, dass »unsere Truppen nicht den Unabhängigkeitskrieg einer anderen Nation führen sollten« (auch wenn er diese Äußerung später relativierte). Senator John McCain, alles andere als ein Anhänger des Isolationismus, konstatierte fast resignierend, dass die Neigung zum außenpolitischen Rückzug »sich mehr in die Mitte der Partei geschoben hat«.

Doch auch aufseiten der Demokraten nehmen isolationistische Tendenzen zu: Zwar gibt es eine ganze Reihe Linker, die Interventionen aus humanitären Gründen befürworten (solcherlei Einmischung forderten sie vergeblich während der Völkermorde in Ruanda und Darfur). Aber die Skepsis gegenüber »Verwicklungen in der Fremde« ist nach den verfehlten Einsätzen im Irak und in Afghanistan bei den Demokraten weit verbreitet und wird noch durch den Sparzwang gefördert. Präsident Obama ist zwar selbst isolationistischer Neigungen unverdächtig. Aber auch er spielte mit isolationistischen Reflexen. Als er im Oktober 2011 den endgültigen Abzug aus dem Irak ankündigte, sagte er: »Nach einem Jahrzehnt Krieg ist die Nation, die wir aufbauen müssen – und die Nation, die wir aufbauen werden –, die unsrige: ein Amerika, das seine wirtschaftliche Stärke wiederhergestellt sieht, so wie wir unsere Führungskraft rund um den Globus wiederhergestellt haben.« Die Botschaft hinter diesen Worten ist klar: Der innenpolitische Druck und die wirtschaftlichen Notwendigkeiten werden dazu führen, dass die USA künftig weniger Geld fürs Militär ausgeben. Und das wiederum dürfte die Bereitschaft weiter verringern, sich auf unkalkulierbare Landkriege einzulassen.

Diese Entwicklung bedeutet jedoch nicht, dass die USA ihre militärische Vormachtstellung in der Welt auf absehbare Zeit riskieren. Noch immer sind die US-Militärausgaben etwa viermal so hoch wie die Rüstungsausgaben der nächsten aufstrebenden Macht: China. Fast die Hälfte aller weltweit getätigten Militärausgaben geht auf das Konto der USA.

Amerika wird also bis auf weiteres in der Lage bleiben, auf strategische Herausforderungen rund um den Globus militärisch zu reagieren. So dürfte schon der nächste Präsident über einen Angriff auf den Iran zu entscheiden haben, wenn Teheran die nukleare Aufrüstung nicht in letzter Sekunde noch stoppt. Im Fall der Fälle wird er sich dann jedoch für gezielte Luftattacken oder Sabotageakte entscheiden – und keine Landinvasion wie im Irak oder in Afghanistan befehlen.

Die eigentliche geostrategische Herausforderung aber

macht Washingtons sicherheitspolitische Gemeinde nicht im Krisenbogen im Nahen und Mittleren Osten aus – sondern in Ostasien, in China. Im Herbst 2011 hat Außenministerin Hillary Clinton das 21. Jahrhundert zu »Amerikas pazifischem Jahrhundert« erklärt und für die kommenden Jahre eine Hinwendung der USA nach Asien angekündigt, »um unseren Führungsanspruch aufrechtzuerhalten, unsere Interessen zu wahren und unsere Werte zu fördern«. Das strategische und wirtschaftliche Kraftzentrum der Welt werde in der asiatisch-pazifischen Region liegen, die sich von Indien bis nach Amerika erstrecke. Ihr Präsident wurde noch deutlicher. Auf einer Visite in Australien ein paar Wochen später kündigte Barack Obama nicht weniger als den endgültigen Abschied von der überkommenen US-Orientierung auf Europa an. Die USA sähen in der asiatisch-pazifischen Region »die Zukunft« – und gedächten, daran teilzuhaben. Die dauerhaften Interessen seines Landes verlangten nach dauerhafter militärischer US-Präsenz. »Die Vereinigten Staaten sind eine pazifische Macht. Und wir sind hier, um zu bleiben.« Das war eindeutig an die Adresse Pekings gerichtet und eine Reaktion auf die herrischen Töne aus Peking. Obama sprach es nicht aus, aber jeder verstand es so, auch die Chinesen. »Der Aufstieg Chinas wird aller Wahrscheinlichkeit nach das wichtigste Ereignis innerhalb der internationalen Beziehungen im 21. Jahrhundert darstellen«, hatte der Politikprofessor Charles Glaser bereits im Frühjahr 2011 in *Foreign Affairs* geschrieben. Die meisten amerikanischen Experten in Washington sagen eine zunehmend intensive Konkurrenz beider Mächte voraus. Das, so Glaser, sei die »Standardansicht«, zumindest unter den sogenannten Realisten, den außenpolitischen Realpolitikern. Das müsse nicht unbedingt, wie Pessimisten befürchten, zu einem neuen Kalten Krieg oder gar zu einer direkten militärischen Konfrontation führen – wenn beide Seiten Besonnenheit beweisen. Das Resultat dieser Rivalität, da sind sich die meisten der außenpolitischen Realos einig, liegt allerdings auf der Hand. »Zwischen 2040 und 2050 wird sich die Welt dramatisch verändert haben«, prophezeit beispielsweise der CfR-Professor Kupchan. Chinas Wirtschafts- und Militärmacht werde die der USA bis dahin in den Schatten stellen. »Die vom Westen dominierte Weltordnung dürfte durch etwas sehr anderes abgelöst werden.«

Kupchan gehört nicht zu jenen Apologeten des Niedergangs, die Amerika rettungslos auf der schiefen Ebene sehen. Und im Gegensatz zu vielen Ökonomen erwartet er die Probleme nicht so sehr auf wirtschaftlichem Gebiet. Die werde das Land in den Griff bekommen. Viel gravierender sei die Lähmung des politischen Systems Amerikas. Doch der Professor ist ein unverbesserlicher Optimist – ein uramerikanischer Zug. »Die USA sind ein anpassungs- und widerstandsfähiges Land, in der Lage, sich selbst zu korrigieren. Wir werden aus diesem Loch herauskommen.« Trotz aller Unkenrufe, Kupchan sieht die Vereinigten Staaten auch im 21. Jahrhundert auf dem Weg nach oben. Den Amerikanern werde es gut gehen.

Gleichwohl könne ein Land von nur 300 Millionen Einwohnern auf Dauer eben nicht mit Giganten wie China oder Indien mithalten. »Gemessen an anderen, befinden wir uns schon im Niedergang.« Diese Entwicklung werde sich in den kommenden Jahren und Jahrzehnten rasant beschleunigen. »Die Geschichte bewegt sich schneller infolge der Globalisierung und der Digitalisierung der Welt«, sagt Kupchan. »Amerika wird schlicht nicht mehr oben auf dem Haufen sitzen.« Das sei die strategische Wirklichkeit, mit der schon der nächste Präsident Amerikas konfrontiert werde, fügt Kupchan hinzu. Jeder Präsident, egal wie er heißt.

Diese Zukunft sagt der Politikprofessor für Amerika übrigens ganz ohne Computer und mathematische Formeln voraus.

AUSBLICK

VERFEINDETE STAATEN VON AMERIKA

Ein Lagerwahlkampf vertieft die Gräben. Die Aussöhnung beginnt 2013. Vielleicht

Karl Rove ist ein bekanntermaßen nüchterner Kopf. Das hat ihn so erfolgreich werden lassen. Mehr als dreißig Jahre lang beriet er die Bush-Familie, und fast anderthalb Jahrzehnte hat er, ein blasser Mann mit schütteren, nach hinten gekämmten grauen Haaren und leichtem Bauchansatz, nur George W. Bush gedient. Er hat ihm geholfen, erst Gouverneur von Texas und später Präsident der Vereinigten Staaten zu werden. Er gilt als Architekt der Wiederwahl Bushs im Jahr 2004 – trotz des schon damals so unbeliebten Irakkriegs. Denn er hatte es verstanden, das Rennen damals nicht zu einem Referendum über den Krieg werden zu lassen, sondern zum Lagerwahlkampf zu machen: rot gegen blau, rechts gegen links. Ganz bewusst hatte er die Wahl als Richtungsentscheidung über die Zukunft des Landes inszeniert.

Wenn Rove spricht, hebt er selten seine Stimme, nur ab und zu blitzt schneidende Schärfe auf, und seine hellen, blauen Augen ruhen dabei unverwandt auf seinem Gegenüber. Er wirkt kühl bis ins Mark, seine Gedanken zeichnet unsentimentale Klarheit aus. Und exakt so leidenschaftslos analysiert Rove, den sie »the brain« (das Gehirn, des Präsidenten nämlich) nannten, ein knappes Jahr vor der Präsidentschaftswahl im November 2012, die prekäre Lage ausgerechnet jenes Mannes, der seinem Chef im Weißen Haus als Anti-Bush nachfolgte. Und der versprochen hatte, alles anders zu machen, besser.

Nicht weniger als eine neue Ära wollte Barack Obama in den Vereinigten Staaten einläuten, ein Zeitalter, das von den Ideen der Demokraten dominiert sein sollte. Daraus ist bekanntlich nichts geworden. Doch Rove verkneift sich jede Häme. Er führt schlicht nur Zahlen an: Noch kein Präsident sei wiedergewählt worden, wenn so viele, nämlich sage und schreibe 74 Prozent seiner Landsleute, meinen, dass sich die Nation auf dem falschen Kurs befindet. Noch nie wurde ein Präsident im Amt bestätigt, wenn nur 13 Prozent der Amerikaner dem Umfrageinstitut Gallup sagten, sie seien damit einverstanden, wie die Dinge in den USA liefen. Und seitdem Gallup die Zustimmungsraten der Präsidenten erhebt – immerhin seit 1945 –, wurde kein Amtsinhaber je wiedergewählt, wenn er ein Jahr vor der Wahl so miserable Werte aufwies wie Barack Obama Ende 2011: Nur 43 Prozent waren mit seiner Amtsführung einverstanden. Kein Zweifel, es steht objektiv schlecht um Barack Obama.

Die Amerikaner haben sämtliche Illusionen über den Mann verloren, den sie 2008 mit so unbändiger wie naiver Euphorie ins Weiße Haus gewählt hatten. Wenn im Laufe des Wahljahres nicht wie durch einen Zauber plötzlich massenhaft neue Arbeitsplätze entstehen oder irgendein politisches Wunder den Präsidenten rettet, wird er es sehr schwer haben, eine zweite Amtszeit gewährt zu bekommen. Oder wenn, wie Karl Rove feststellt, die Republikaner ihre Chancen auf den Machtwechsel nicht noch verspielen, indem sie einen »außerordentlich schwachen Kandidaten aufstellen und einen ungewöhnlich schlechten Wahlkampf führen«. Was der Top-Stratege immerhin für möglich hält.

Drei Faktoren, so prognostiziert der US-Wahlforscher und ausgebuffte Statistiker Nate Silver, werden über Sieg und Niederlage entscheiden. Da wäre zunächst die Frage, was die Amerikaner von ihrem Präsidenten halten. Obamas gesamte Amtszeit hindurch haben die Umfrageinstitute diesen seltsamen Widerspruch ermittelt. Fast alle US-Bürger – beinahe vier Fünftel – finden ihren 44. Präsidenten persönlich ganz sympathisch, die Begeisterung für seine Amtsführung hingegen ist rapide und dauerhaft gesunken. Historisch gesehen sind die Zustimmungswerte zur Amtsführung eines Präsidenten gegen Ende seines dritten Jahres im Weißen Haus ein ziemlich verlässlicher Indikator für seine Chancen auf eine Wiederwahl. Der Republikaner Ronald Reagan, der wie Obama mit einer Wirtschaftskrise zu Beginn seiner Amtszeit zu kämpfen hatte und dessen Umfragewerte ebenfalls lange im Keller waren, kam zu diesem Zeitpunkt schon wieder auf eine Zustimmungsrate von 51 Prozent. Gerald Ford, der Erbe Richard Nixons, lag zu diesem Zeitpunkt dagegen ähnlich wie Obama nur bei 44 Prozent – er wurde nicht wiedergewählt. »Tatsächlich hat es seit 1944 nur fünf Fälle gegeben, in denen ein Präsident ein Jahr vor der Wahl Zustimmungsraten unter 49 Prozent hatte«, schreibt Silver, »und jedes Mal hat er oder der Nachfolgekandidat seiner Partei die Wahl verloren.« Obama könnte ein Schicksal drohen, das noch schlimmer ist, als er es sich zu seinem einjährigen Dienstjubiläum im Januar 2010 ausmalte. »Ich wäre lieber ein wirklich guter Präsident mit einer Amtszeit als ein mittelmäßiger Präsident mit zwei Amtszeiten«, hatte er im Januar 2010 im Interview mit dem Fernsehsender ABC gesagt. Nun droht ihm ein Ende nach nur vier Jahren – aber als historische Leistung wirklich gewiss ist ihm lediglich, dass er als erstes schwarzes Staatsoberhaupt der Vereinigten Staaten in die Annalen eingeht.

Vor allem wird - und das ist der zweite Faktor - der Zustand der US-Wirtschaft über Wohl und Wehe Obamas entscheiden, genauer gesagt: nicht die objektive Situation, sondern die subjektive Wahrnehmung und Stimmung der Menschen. Geht es mit der wirtschaftlichen Entwicklung des Landes im Wahljahr schneller als erwartet aufwärts, dürfte es Obama leichter haben, als wenn das allgemeine Gefühl der Stagnation und Krise anhält, das die USA - trotz Wachstumsraten von zuletzt immerhin um die 2,5 Prozent - erfasst hat. »Wähler haben ein kurzes Gedächtnis«, gibt Silver zu bedenken. »Wenn es im Wahljahr Anzeichen für Hoffnung gibt, sind sie schnell bereit, frühere Probleme zu vergessen.« So seien Truman, Eisenhower, Nixon und Reagan wiedergewählt worden, obwohl sie jeweils eine Rezession verkraften mussten. Allerdings wiesen die Wirtschaftsindikatoren damals steil nach oben, und die Menschen gewannen bereits wieder Zuversicht zurück.

Zu Beginn des Wahljahres 2012 sah es anders aus. Die Wirtschaftsdaten waren uneinheitlich, und Amerikas Konsumenten zauderten noch. Zwar zog das Wachstum an, und die Arbeitslosenrate begann zu sinken. Das waren Silberstreifen am Horizont. Aber andere Zahlen alarmierten das Weiße Haus gleichwohl. So drohten die Immobilienpreise auch 2012 weiter zu verfallen. Psychologisch aber vielleicht am verheerendsten wirkt eine andere Zahlenkette: Bis zur Wahl Ende 2012 wird die Verschuldung Washingtons um 7 Billionen auf 16,7 Billionen Dollar zugenommen und sich damit allein in Obamas Amtszeit fast verdoppelt haben. Dafür gibt es Ursachen, viele sogar. Doch ehe Obama all die Gründe für diese unvorstellbare Summe aufzählen kann, werden ihn seine politischen Gegner kurz und knapp einfach dafür verantwortlich machen. Anonym räumte ein Präsidentenberater bereits im Sommer 2011 im Gespräch mit dem Washingtoner Insiderblatt *Politico* ein: »Diese Zahlen summieren sich zu einer Niederlage.«

Die Amerikaner sind mit ihrer Regierung zutiefst unzufrieden. Regierung im US-System meint aber nicht nur den Präsidenten und sein Kabinett samt allen Ministerien und Großbürokratien; zum »Government« gehört laut Verfassung ausdrücklich auch der Kongress, also alle 435 Abgeordneten des Repräsentantenhauses und hundert Senatoren. Ohne Zustimmung der beiden Kammern kann der Präsident kein Gesetz unterzeichnen und keinen Dollar Steuergeld ausgeben. Die 535 Washingtoner Parlamentarier sind in den vergangenen Jahren noch massiver in Verruf geraten als die jeweiligen Bewohner des Weißen Hauses: Nur noch 9 Prozent aller Wähler waren im Spätherbst 2011 mit der Arbeit der Politiker auf dem Kapitolshügel zufrieden. Eine historische Tiefstmarke. Dass andere noch schlechtere Noten vom Volk bekommen als er, nützt Obama indes wenig. Denn seit Harry Truman das legendäre Holzschild mit seinem Wahlspruch auf dem Schreibtisch im Oval Office platzierte, gilt als Grundregel in Washington: »The buck stops here.« Am Ende wird der Mann im Weißen Haus für den (gefühlten) Zustand des Landes verantwortlich gemacht. Die schlichte Frage, die einst Ronald Reagan den Amerikanern vor der Wahl 1980 stellte: »Stehen Sie heute besser da als vor vier Jahren?«, werden nur wenige Wähler im Jahr 2012 mit ja beantworten wollen. Obama hat ihnen kein Glück gebracht.

Der entscheidende – und dritte – Faktor für den Wahlausgang dürfte aber noch ein anderer sein: Obamas Gegenkandidat. Eine Vorentscheidung, wie sich der Mann im Herbst 2012 schlagen wird, fällt bereits sehr viel früher im Vorwahlkampf. Da lauert auf jeden republikanischen Aspiranten die Versuchung, sich bei der konservativen Parteibasis anbiedern zu wollen und zu weit nach rechts abzudriften. Wer das tut, den wird der Präsident hernach umso leichter als unwählbaren Extremisten abstempeln können.

Diese Gefahr besteht, und Parteistrategen wie etwa Karl Rove warnen vor ihr regelmäßig. In den Vorwahlen haben stets die konservativen Aktivisten ein enormes Gewicht – viel größer als bei der eigentlichen Präsidentschaftswahl: evangelikale Rechte etwa, die auf Bekenntnisse wider Abtreibung und Schwulenehe Wert legen, oder die Aktivisten der Tea-Party-Bewegung, die den Abbau von Haushaltsdefizit und staatlichen Sozialleistungen propagieren. Sie wollen ihre reine Lehre durchsetzen, sind bedingungslos von ihrer Sache überzeugt und gehen deshalb hochmotiviert und in größerer Zahl als die durchschnittlichen republikanischen Wähler zum Caucus oder zur Primary.

Wie aggressiv und kompromisslos die Stimmung unter republikanischen Parteisoldaten ist, konnte jeder Amerikaner bei den diversen TV-Debatten der Präsidentschaftsbewerber live erleben. Im Streit über die Sanierung des chronisch defizitären US-Haushalts hielten sich alle republikanischen Hoffnungsträger an die strikte Linie, keinerlei Steuererhöhungen zu billigen und ausschließlich auf Budgetkürzungen zu beharren. Dass auf diese Weise jede Einigung mit den Demokraten unmöglich und somit Washingtons Selbstblockade auf Dauer garantiert wäre, schien die Präsidenten in spe nicht zu scheren: Die Frage eines Fernsehmoderators, ob sie wenigstens einen Dollar Steuererhöhung mittragen würden, wenn die Demokraten im Gegenzug zehn Dollar Einsparungen konzedierten, verneinten alle Bewerber in einer Testabstimmung kategorisch – und das Auditorium jubelte.

Manchmal ging es bei diesen TV-Debatten regelrecht garstig zu. So wurde ein Armeesoldat, der im Irak gedient hatte und sich per Youtube-Video als Schwuler in Uniform outete, lauthals vom Publikum ausgebuht. Kein Kandidat wagte, dem Mann für seinen Dienst am Vaterland zu danken – was normalerweise ein patriotischer Reflex ist. In einem anderen Fall klatschte das Publikum Beifall, als ein TV-Moderator vom texanischen Gouverneur Rick Perry wissen wollte, ob er bei 234 von ihm gebilligten Hinrichtungen nicht doch einmal von Gewissensbissen geplagt worden sei (die Antwort war ein klares Nein). Ähnliches geschah, als ein Moderator einen Aspiranten vor die Wahl stellte, einen Patienten ohne Krankenversicherung kostenlos zu behandeln oder sterben zu lassen. »Let him die!«, johlte es aus der Tiefe des republikanischen Raumes, »lass ihn sterben!« Der libertäre Bewerber Ron Paul gab sich prinzipientreu: »Nun, darum geht's bei der Freiheit – dass du dich selbst um deine Risiken kümmerst.«

Den Hundertprozentigen, den überzeugten Aktivisten geht es ohnehin nicht so sehr um die potenziellen Siegchancen im November, sondern darum, dass sie sich mit ihrem Kandidaten identifizieren können: Sieben von zehn republikanischen Wählern bekundeten in einer Umfrage der *Washington Post*, für sie sei es wichtiger, in den Vorwahlen einen Kandidaten zu küren, der ihre Ansichten vertritt, als einen, der die größten Chancen hätte, 2012 gegen

Obama zu bestehen. Und dabei musste selbst ein erzkonservativer Kandidat wie Rick Perry, der als einer der Ersten die Wucht der Tea-Party-Bewegung erkannt und sich auf ihre Seite geschlagen hatte, um Zustimmung buhlen – und bangen: Weil der Gouverneur ein staatliches Studienförderungsprogramm in Texas, eine Art BaFöG, auch für Kinder illegaler Immigranten aus Lateinamerika geöffnet hatte, wurde er prompt als Linksabweichler kritisiert, der von der reinen Lehre der Tea Party abgefallen sei. Der Verdacht, Haushaltsmittel zu verschwenden und illegale Immigranten zu dulden, trieb seine Umfragewerte in den Keller.

Doch es ist nicht nur die republikanische Basis, die die Bewerber nach rechts zerrt. Die Kandidaten selbst richteten von vornherein – angesichts des Erfolgs der Tea-Party-Bewegung verständlich – den Blick auf die konservativsten Teile ihrer Grand Old Party. Und sie alle unterschrieben denselben Pflichtkanon, eine Art Checkliste für die von ihnen erhoffte Anti-Obama-Revolution: Alle eint das Versprechen, »Obamacare« wieder abzuschaffen, die vielgeschmähte Gesundheitsreform des Präsidenten. Alle wollen die Spitzensteuersätze für Unternehmen und reiche Schichten senken, die Kapitalertragssteuern eliminieren sowie der Erbschaftssteuer – unter Republikanern *death tax* genannt – den Garaus machen. Alle diese Pläne würden nach Berechnungen unabhängiger Fiskalexperten die Reichsten im Land massiv begünstigen. Allen Bewerbern gemeinsam war außerdem der Reflex, die Bundesregierung in Washington zum generellen Rückzug zwingen zu wollen: Nationale Sozialprogramme sollten gekürzt oder den Bundesstaaten übereignet werden, und eine strikte Deregulierung von Umweltstandards oder Bankenaufsicht sollte die meisten Reformen der Obama-Regierung revidieren. »Selbst der gemäßigtste unter den Bewerbern hat härtere konservative Ansichten zur Einwanderungs-, Steuer- und Ausgabenpolitik vertreten als vier Jahre zuvor der republikanische Kandidat John McCain«, konstatiert die unabhängige Nachrichtenagentur AP vor Beginn des Wahljahrs.

Vor allem derjenige der Kandidaten, der sich 2011 lange an der Spitze des Bewerberfelds halten konnte, hat diesen Rechtsruck vollzogen – und das von langer Hand strategisch geplant. Bereits 2005 – da war Mitt Romney noch republikanischer Gouverneur im liberalen Massachusetts – hatte er die persönliche Wende eingeleitet, die ihn für die konservative Basis wählbar machen sollte. Damals hatte er sich offenkundig entschlossen, 2008 die Präsidentschaftskandidatur anzustreben, und seine Positionen in allen Fragen korrigiert, die seinerzeit die Gemüter der einflussreichen christlichen Rechten erhitzten: Plötzlich war er, der sich bis dahin als »Stimme der Toleranz« unter den Republikanern stilisiert hatte, gegen die Schwulenehe. Er legte sein Veto gegen ein neues Abtreibungsgesetz in dem Bundesstaat ein und propagierte das Recht auf Waffenbesitz – ein Jahr zuvor hatte er noch ein Gesetz zum Verbot von halbautomatischen Waffen in Massachusetts unterzeichnet.

Das brachte ihm den Ruf des »Flip-Floppers« ein, des Wendehalses schlechthin. Die rasanten Kurskorrekturen brachen ihm 2008 politisch das Genick: Den Parteirechten galt er als unzuverlässiger Kantonist. Vier Jahre später ist er bei der konservativen Basis zwar noch immer nicht beliebt. Im Gegenteil, immer wieder begeisterte diese sich für einen seiner Konkurrenten: für die erzkonservative Michele Bachmann, für Rick Perry, für

Herman Cain. Sie alle stiegen in den Umfragen auf und verloren dann meist wieder sehr schnell an Zustimmung. Zuletzt waren es Newt Gingrich, der ehemalige Sprecher des Repräsentantenhauses und Widersacher Bill Clintons, und Rick Santorum, der erzkonservative Ex-Senator aus Pennsylvania, die plötzlich in der Gunst des republikanischen Publikums gewannen. Dahinter stand die Sehnsucht der Parteibasis nach einem authentischen Konservativen, der kompromisslos für die Werte der Partei einstand. Das Unbehagen über Romney entlud sich auch in einer bemerkenswerten Kapitalismuskritik in der sonst so verlässlich prokapitalistischen Partei. Romney musste sich einen »Aasgeier-Kapitalisten« schimpfen lassen, der sich auf Kosten der amerikanischen Arbeiter bereichert habe. Ins Kreuzfeuer seiner Konkurrenten war Romneys Tätigkeit als Mitbegründer und Manager von Bain Capital geraten, jenem Hedgefonds, der sich auf den Aufkauf und im Notfall auf die Zerschlagung von Firmen spezialisiert hatte, um die Profite seiner Investoren zu steigern. Damit untergrabe Romney die Legitimität der Marktwirtschaft selbst, wetterte sein Kontrahent Newt Gingrich: »Denjenigen von uns, die an freie Märkte glauben und daran, dass das Kernziel einer Investition die Gründung von Unternehmen und die Schaffung von Arbeitsplätzen ist, fällt es ziemlich schwer, zu rechtfertigen, dass reiche Leute schlaue, legale Tricks herausfinden, um einen Betrieb auszuplündern.«

Romney musste Spießruten laufen, nachdem er in einer Debatte über Obamas Gesundheitsreform und die Rolle privater Krankenversicherungen gesagt hatte: »Ich mag es, wenn ich Leute feuern kann, die mir Dienstleistungen anbieten.« Seine Parteifreunde verkürzten das Zitat und schlugen es ihm um die Ohren: »Romney mag es, Leute zu feuern – mir liegt es, Jobs zu schaffen«, spottete sein Rivale Jon Huntsman.

Die Demokraten beobachteten die inner-republikanischen Schlammschlacht mit Vergnügen und sammelten eifrig Munition, um ihren eigenen Wahlkampf gegen den Obama-Gegner Romney zu befeuern.

Tatsächlich ist Romney als Hedgefonds-Manager zu viel Geld gekommen. Sein Vermögen wurde 2011 auf bis zu eine Viertelmilliarde Dollar taxiert. Seine 1984 gegründete Firma Bain Capital profitierte ungemein von der Globalisierung. Bain half neugegründeten Firmen wie dem Bürodiscounter Staples auf die Beine, aber ebenso erwarb Bain angeschlagene Unternehmen, um defizitäre Firmenteile oder Fabriken abzuwickeln und den profitablen Kern an Investoren weiterzuverkaufen. Oft wurde die Produktion ins Ausland verlagert, und die heimischen Arbeiter verloren ihre Jobs. Dennoch macht Romney Wahlkampf mit seiner Erfahrung in der Wirtschaft – genau diese sei es, was das Land in der Krise brauche. Eine Botschaft, die durchaus ankommt: Selbst in Bundesstaaten wie Pennsylvania und Ohio, wo viele Arbeitsplätze durch Entscheidungen kühl kalkulierender Manager wie Romney verlorengingen, schneidet er in Umfragen bei den weißen (männlichen) Wählern kontinuierlich besser ab als Obama. Vor allem bei Arbeitern: Bei weißen Wählern ohne Collegeabschluss bleibt Obama, der Absolvent elitärer Ostküsten-Unis, der für soziale Gerechtigkeit wirbt, denkbar unbeliebt. Viele Menschen im *Rust Belt* unterstellen dem oft unnahbar scheinenden Demokraten, er sei arrogant und hochnäsig. Im Wahlkampf 2008 hatte Obama einmal in einem unüberlegten Moment herablassend über sie als

Menschen geredet, die »sich an Religion oder an ihre Waffen klammern«. Das haben sie ihm nicht vergessen. Romney wiederum mag für sie zwar einer der Männer sein, die ihre Arbeitsplätze vernichtet haben. Dafür aber spricht er sich gegen die Schwulenehe aus und für den freien Waffenbesitz. Kulturkampf, so die Erfahrung aus vielen Wahlschlachten, ist in den USA effektiver als Klassenkampf.

Romney, eigentlich ein Sohn aus privilegiertem Haus und Multimillionär, müht sich, den Eindruck zu vermeiden, er gehöre zum Establishment. Deshalb trägt er selten Krawatte oder Anzug, sondern lieber Khakihose und kariertes Baumwollhemd. Das soll volksnah wirken, auch wenn die Hemdsärmel stets akkurat zweimal umgeschlagen sind und die Bügelfalte der Hose makellos sitzt. In allem ist er bemüht, Distanz zu »denen da oben« zu wahren. Dazu gehört, sich scharf von Washington abzugrenzen. Europäer kennen eine ähnliche Aversion gegenüber ihrer Kapitale allenfalls in ihrem Verhältnis zu Brüssel, der EU-Hauptstadt und deren ungeliebten »Eurokraten«. Amerikas Anti-Washington-Reflex ist jedoch so alt wie die Republik selbst, und er richtet sich immer gegen das politische Establishment und eine – von Demokraten wie Republikanern – beklagte Symbiose von Politik und Interessenverbänden. Die Demokraten geißeln den Einfluss von Wirtschaft und reichen Großspendern, die Republikaner wettern gegen die Kungelei mit Gewerkschaften und Umweltverbänden. Und alle geben vor, »die Lobby« aus den Tempeln der Hauptstadt vertreiben zu wollen.

Im Präsidentschaftswahlkampf 2008 war es allen voran Barack Obama selbst, der gegen »Washington« zu Felde zog. Diesmal aber sind es die Republikaner, die Washington »ändern« oder »säubern« wollen. Politikwissenschaftler der Universität von Minneapolis haben die ersten TV-Debatten der republikanischen Präsidentschaftsbewerber ausgewertet und innerhalb von sechs Stunden Sendezeit nicht weniger als 159 Aussagen und Bemerkungen der Kandidaten gezählt, die sich gegen »Washington« oder den Einfluss der Bundesregierung richteten. Je radikaler sich die Bewerber äußerten, desto lauter brandete der Beifall auf.

Barack Obama kann diesmal nicht wieder gegen »die da in Washington« und die mächtige Elite marschieren. 2012 ist er selbst die Macht. Der Amtsinhaber verfolgt eine andere Taktik: Er geht auf Distanz zum zerstrittenen (und ungeliebten) Kongress und weist den oppositionellen Republikanern alle Schuld dafür zu, dass »in Washington« nichts vorankomme. Obama hat gute Argumente dafür, denn schließlich erklärten prominente Republikaner wiederholt, ihr »oberstes Ziel« sei es, den Demokraten »zu einem Präsidenten mit einer Amtszeit zu machen«. Der Vorwurf, die Opposition betreibe wie besessen Obstruktion und vergesse darüber das Wohl des Landes, spiegelt sich in der zunehmenden Zahl parlamentarischer Blockaden wider. In der Wahlperiode von Januar 2009 bis Dezember 2010 erlebte der Senat mehr Filibuster denn je – also Manöver, per Minderheit ein Mehrheitsvotum zu verhindern. Und seit Januar 2011 nutzten die Republikaner ihre Mehrheit im Repräsentantenhaus, um missliebige Gesetze zu stoppen. Vor allem jene Abgeordneten, die sich als Vertreter der Tea-Party-Bewegung fühlten, betrieben Fundamentalopposition. Mit Wonne und Trotz stellten sie sich einem schwarzen Präsidenten entgegen, den viele ihrer Wähler wahlweise für einen Sozialisten oder Nazi, für einen Gottlosen oder für einen Muslim halten.

Dass ein Präsident versucht, im Wahlkampf den Kongress als Buhmann aufzubauen, ist indes nicht neu. Mit einer ähnlichen Kampagne gegen das vorgeblich nichtsnutzige Parlament, den »Do-Nothing-Congress«, obsiegte Harry Truman 1948. Diese Taktik soll auch dem 44. US-Präsidenten helfen. Er will verhindern, dass der Urnengang 2012 zu einer Volksabstimmung über ihn, über Wohl oder Wehe seiner Präsidentschaft wird. Ein solches Referendum würde der Amtsinhaber politisch kaum überleben. Obama und seine Parteistrategen suchen eine andere Schlachtordnung. Sie wollen ein Duell inszenieren, einen Showdown zwischen dem Demokraten und seinem republikanischen Herausforderer. Ein solcher Zweikampf ließe sich dann zur Richtungswahl umdeuten – zwischen Obamas Vision für die Zukunft (die er aufgrund der Verhinderungstaktik der Republikaner in seiner ersten Amtszeit noch nicht habe durchsetzen können) und den mutmaßlich rückwärtsgewandten Rezepten der Konservativen. Letztere wollten bloß jene Politik des (nach wie vor ungeliebten) George W. Bush wiederbeleben, die das Land in die Krise geführt habe. David Axelrod, Obamas alter Wegbegleiter aus Chicago und der Kopf hinter dem Wahlsieg 2008, formuliert die Strategie für 2012 so: »Am Ende geht es bei Präsidentschaftswahlen um eine Richtungsentscheidung, sie sind kein Referendum. Die Amerikaner schauen sich die Kandidaten genau an und wägen ihre Vorgeschichte, ihre Eigenschaften, Werte und Visionen ab. Einfach nur jemand anderes [als der Präsident] zu sein, ist nicht genug.«

So weit das Wunschszenario Obamas. Es dürfte allerdings schwer umzusetzen sein, »wenn die Geschichte ein Maßstab ist«, sagt der angesehene Politanalyst William

Galston von der Brookings Institution in Washington. »Stellt ein Präsident sich zur Wiederwahl, orientieren die Wähler sich bei ihrer Entscheidung in erster Linie an ihrem Urteil über seine Amtsführung.« In Wahrheit sei eine solche (Wieder-)Wahl immer ein Referendum über den aktuellen Bewohner des Weißen Hauses, und so werde es auch Obama ergehen. Galston verweist auf Umfragen ein Jahr vor der Wahl: Drei Viertel aller selbsterklärten Obama-Wähler sagten ausdrücklich, sie wollten ihre Stimme *für den Präsidenten* abgeben, weil sie von ihm überzeugt seien - und nicht, um etwa Mitt Romney zu verhindern. Zwei Drittel aller Romney-Anhänger wiederum sagten, sie würden ihm ihre Stimme geben, um *gegen Obama* zu votieren - und nicht unbedingt aus Enthusiasmus für Romney. Es wird also zwangsläufig ein Votum für oder wider den Präsidenten werden. Die entscheidende Hürde, so Galston, die der Herausforderer überwinden müsse, sei der Nachweis, dass er mindestens so kompetent regieren könnte wie der Amtsinhaber. Das sei Ronald Reagan in seiner einzigen Fernsehdebatte gegen Jimmy Carter gelungen, als er mit humorvollen Antworten die Ängste zerstreute, er könnte das Land in ein radikal konservatives Abenteuer stürzen.

In dieser und nur in dieser einen Hinsicht könnte sich sogar der Wettlauf nach rechts auszahlen, zu dem die Primaries der Republikaner verkommen sind - für denjenigen nämlich, der sich zurückhält: Wer als Stimme der (relativen) Vernunft in diesem Wettstreit eine moderate Linie wahrt und dennoch siegt, der könnte - da die Demokraten diesmal keine Vorwahlen zelebrieren und die konservative Debatte monatelang die Medien dominiert hat - hernach als Mann der *scheinbaren* Mitte dastehen. Mitt Romneys marktliberale Wirtschaftspolitik, seine (nach rechts revidierten) Ansichten zu Abtreibung oder Schwulenehe sowie seine vagen, im Zweifelsfall jedoch neokonservativ eingefärbten Aussagen zur Außen- und Sicherheitspolitik verheißen eine Peilung, die weit rechts von dem Kurs liegt, dem George W. Bush gegen Ende seiner acht Jahre folgte. In der Wahrnehmung vieler Amerikaner aber würde Romney irgendwo zwischen Tea-Party und Barack Obama stehen – und republikanische Strategen werden diesen Ort nur zu gern zum (neuen) Zentrum deklarieren.

Deshalb versuchten Obamas Mannen bereits im Herbst 2011, als der republikanische Kandidat noch längst nicht feststand, jeden potenziellen Gegner zu diskreditieren. Besonders Mitt Romney wurde auf linken Websites vorgeworfen, er wechsle seine Positionen wie die Oberhemden. Und alle Aspiranten wurden von der Parteizentrale der Demokraten präventiv als rechte Extremisten abgestempelt. »Von der Wirtschafts- bis zur Einwanderungspolitik vertritt das republikanische Bewerberfeld Positionen, die die Amerikaner ablehnen«, hieß es in einem Memo, das in Obamas Wahlkampfbüro in Chicago zirkulierte. »Aus dem Kampf um die Nominierung der republikanischen Partei ist in Wahrheit ein Kampf um die Herzen und Köpfe der Tea Party geworden.«

Angesichts der miserablen Ausgangslage – niedrige Popularität, zu wenig neue Jobs, ein smarter Gegenkandidat – bleibt Obama kaum etwas anderes übrig, als sich als kleineres Übel zu zeichnen und größeren Horror an die Wand zu malen. Eine Angstkampagne, die mit der Furcht spielt, dass alles nur noch schlimmer kommt, sobald ein Republikaner ans Ruder gelangt – ist das seine Rettung? »Er wird nur wiedergewählt werden, wenn er einige Millionen enttäuschte Wähler davon überzeugen kann, dass sie die republikanische Alternative noch weniger leiden können. Das lässt einen hässlichen Wahlkampf erwarten«, prophezeit der Washingtoner Politikveteran Ronald Brownstein fürs Wahljahr. Ganz ähnlich konstatiert nüchtern Bushs einstiger Wahlstratege Rove: »Präsident Obama kann nicht auf Grundlage einer positiven Leistungsbilanz Wahlkampf machen. Aber er kann einen Negativ-Wahlkampf führen, der darauf angelegt ist, den republikanischen Kandidaten als ungeeignet für das Amt erscheinen zu lassen. So eine Strategie mag abstoßend wirken. Aber sie könnte Erfolg haben.«

Roves Analyse ist auch republikanische Polemik, denn Obama hat durchaus Erfolge errungen. Nur werden diese entweder von vielen Wählern nicht wahrgenommen, so etwa der Umstand, dass das von ihm durchgesetzte staatliche Stimulus-Programm verhinderte, dass die »Große Rezession« zu einer zweiten *Great Depression* eskalierte. Oder aber seine Siege sind, wie die Gesundheitsreform, notorisch unpopulär. Zu vieles blieb außerdem im Washingtoner Politbetrieb stecken. Obama hat das Dilemma längst erkannt. Zur Feier seines 50. Geburtstags hatte er ein paar Hundert seiner treuesten Anhänger in einem Ballsaal in Chicago um sich versammelt – und zum zweiten Anlauf aufgerufen. Als er 2008 landauf, landab Hoffnung und Wandel verheißen habe, da, so Obama, »habe ich nie gesagt: ›Wandel, an den du morgen glauben kannst‹ oder ›nächste Woche‹. Wir wussten, dass das Zeit braucht. Es gibt noch viel harte Arbeit zu erledigen.«

Obama will volle vier Jahre mehr Zeit. Dass die Amerikaner ihm diese Zeit geben, um seine Vision einer durch wohlmeinende Eingriffe der Regierung gesteuerten Modernisierung voranzutreiben, muss man bezweifeln. Im November 2008, inmitten einer von Immobilienspekulanten und Wall-Street-Hasardeuren verursachten Krise, waren republikanische Lösungen diskreditiert: Der Markt hatte versagt. Nach vier Jahren unter Obama scheint in den Augen der meisten Wähler auch der Staat diskreditiert zu sein. »Es ist absonderlich«, räumt der Wahlforscher Stanley Greenberg ein. »Viele Wähler bevorzugen zwar die konkreten Politikvorschläge der Demokraten gegenüber denen der Republikaner – aber sie trauen den Demokraten nicht zu, ihre Versprechen einzulösen.« Warum nicht? Greenberg, der seit Jahrzehnten US-Demokraten berät, sieht nur einen Grund: »Es ist das Misstrauen in die Regierung und in Politiker überhaupt. Diese Legitimationskrise ist eine Krise der Linken. Republikanern tut das nicht weh. Aber wenn die Regierung als nutzlos betrachtet wird, was bringt es dann, einen Demokraten zu wählen?«

Nach Greenbergs Analyse begann der antigouvernmentale Trend bereits im Herbst 2008 – mit den von der Bush-Regierung initiierten und von Obama fortgeführten Bail-outs von Banken und Großkonzernen. Später, als die Bosse sich dann wieder dicke Jahresprämien und Boni genehmigten, schimpfte Obama zwar laut über die »fat cats«, die Pfeffersäcke, unternahm aber nichts dagegen: »Daraus schlossen die Wähler, dass er ein Teil des herrschenden, elitären Konsenses ist«, meint Greenberg. Wie tief diese Ressentiments sitzen, förderte im Oktober 2011 Gallup zu Tage: Gefragt, wer am meisten verantwortlich sei für Amerikas Wirtschaftskrise, nannten 30 Prozent die Finanzinstitute an der Wall Street – aber mehr als doppelt so viele (64 Prozent) die Regierung. Dass Republikaner (zu 82 Prozent) Washington verdammen, überrascht nicht.

Aber auch unabhängige Wähler (65 Prozent) wie sogar Demokraten (49 Prozent) geben mehrheitlich der Regierung die Schuld für den Schlamassel.

Also muss Obama, da »Washington« und »die Regierung« politisch ruiniert sind, für sich persönlich um Zustimmung werben. Und er wird sich entscheiden müssen, wo er sich seine Mehrheit zusammenklauben will - in der Mitte oder auf der Linken? 2008 war ihm das Kunststück gelungen, beide Wählergruppen zu umgarnen: Als Mobilisator, der Amerika »auf eine neue Flugbahn heben« wollte, beflügelte er die Basis der demokratischen Partei, und als Moderator, »der das Land zu einen« versprach, gewann »der Menschenfänger« parteiungebundene Wähler. Solch ein doppelter Fischzug wird ihm, insoweit sind sich alle Wahlforscher und Politstrategen einig, nach vier Jahren Realpolitik nicht noch einmal gelingen.

Nur, welchen Weg kann er gehen? Bill Galston, der Brookings-Analyst, rät Obama zur goldenen Mitte. Denn, so warnt der frühere Berater von Präsident Bill Clinton, die sogenannte Obama-Koalition von 2008 – das spontane Bündnis weißer, meist städtischer Collegeabsolventen mit jungen Wählern sowie Afroamerikanern und Latinos – sei zu geschwächt, um Obama einen zweiten Sieg zu bescheren. Tatsächlich bekommt der Präsident von etlichen dieser Gruppen weniger Lob als Tadel zu hören. Die gebildete Linke und die Bürgerrechtler werfen ihm vor, er habe Bushs Anti-Terror-Gesetze fortgeschrieben und das Gefangenenlager in Guantánamo trotz früherer Versprechen nicht geschlossen. Die Umweltschützer hat der Präsident nachhaltig enttäuscht, weil er den großen Aufbruch zum Klimaschutz samt Emissionshandel aufgab und stattdessen neue Bohrzonen vor Amerikas Küsten billigte. Die

Hispanics wiederum sind verbittert, weil keine Einwanderungsreform gelang, der Präsident zugleich aber deutlich mehr illegale Immigranten nach Lateinamerika abschieben ließ als sein Vorgänger Bush. Generell zufrieden (und nach wie vor stolz auf ihn) scheinen nur die afroamerikanischen Wähler zu sein sowie die Schwulen und Lesben, die Obama das Ende der Diskriminierung Homosexueller in den US-Streitkräften verdanken.

Nicht nur diese fast zwangsläufige Ernüchterung in Obamas Koalition lässt Galston vor einer Wiederholung der Taktik von 2008 warnen. Galston glaubt, Amerika sei 2012 schlicht weniger demokratisch. Erstens sei die Zahl derjenigen, die sich selbst als Demokraten oder demokratisch orientierte Unabhängige einstufen, von 50 auf 43 Prozent gesunken. Und zweitens sei die verbliebene Basis, die Obama da für sich begeistern müsste, progressiver gesonnen denn je, während die Gesamtwählerschaft laut Umfragen inzwischen konservativer fühle als 2008. Mit anderen Worten: Für einen Lagerwahlkampf sei die Linke zu schwach und zu links. Obamas einziger Ausweg, so Galston, führe in die Mitte. Er müsse Unabhängige zurückgewinnen und endlich auf die weiße Mittelschicht zugehen. Diese konservativen Demokraten in Swing-Staaten wie Ohio oder Pennsylvania hätten 2008 lieber Hillary Clinton als Präsidentin gesehen. Und viele stimmten sogar trotzig für John McCain.

Linke Strategen hingegen glauben, Galstons Kurs werde Obama in eine Sackgasse führen – und in dasselbe Elend, das der Präsident schon 2011 durchlitten hat. Bis zur Selbstverleugnung hatte er den Republikanern Kompromisse etwa zur Schuldenkrise und Haushaltssanierung angeboten und am Ende doch nichts erreicht. Das frustrierte die eigenen Anhänger und nährte obendrein bei allen Wählern den Eindruck, der Präsident sei führungsschwach. Ruy Teixeira vom linken Think-Tank Center for American Progress war einer der Strategen, die das Weiße Haus daraufhin zu einem Kurswechsel und zu mehr Konfrontation drängten – gegen die Republikaner, gegen den gelähmten Kongress. Obama folgte und legte ein Jobprogramm samt Sondersteuer für Millionäre vor, von dem er wusste, dass es niemals den Kongress passieren würde. Der Gesetzentwurf ging zwar unter, aber Obamas Imagewerte stiegen – nicht nur unter Linken, auch in der Mitte. Denn Obama hatte einen populären Plan – einen, mit dem er die Opposition jagen konnte. Das Jobpaket würde mangels Zustimmung im Kongress zwar nie die Wirtschaft retten – aber ihm vielleicht den Arbeitsplatz bewahren.

Für Obamas Strategie des kalkulierten Konflikts sprechen sich jene Berater aus, die Amerikas Gesellschaft fest in zwei Lager gespalten sehen. Teixeira etwa glaubt, die Mitte werde überschätzt, das gute Drittel selbsterklärter Wähler ohne Parteibindung sei eine Schimäre: Jeweils ein Drittel von ihnen gebe wiederum auf Nachfrage zu, sie neigten den Republikanern oder den Demokraten zu. »Weniger als ein Drittel dieser Unabhängigen sind also wirklich unabhängig«, sagt Teixeira, und weil parteilose Wahlberechtigte oft schlicht desinteressiert an Politik seien und sich sowieso nie zum Wahllokal aufmachten, würden »die reinen Unabhängigen nur sieben Prozent der tatsächlichen Wähler ausmachen«. Wenn Obama glaube, diese kleine Gruppe von Wählern könne ihm die zweite Amtszeit retten, dann, so Teixeira, »lebt er in tiefster Finsternis«.

Viele von Obamas Beratern neigen deshalb einem Schlachtplan zu, der allein die linke Hälfte der US-Gesellschaft mobilisiert. Mit Hilfe der erstarkten Latino-Wählerschaft sollen die linken »neuen Mehrheiten« wieder Swing-Staaten wie Colorado, New Mexico, Virginia und North Carolina für Obama erobern. Das wäre dann ziemlich genau die linke Wiederholung dessen, was Karl Rove 2004 für George W. Bush ausgeheckt hatte: ein purer Lagerwahlkampf, der in Amerikas wohlsortierter politischer Landschaft die eigene Mehrheit nur diesseits des ideologischen Grabens sucht.

Ein Lagerwahlkampf wäre Obamas ultimatives Eingeständnis, dass er den Kulturkampf um Washington verloren hat. Mit der Zusicherung, das politisch zerrissene Amerika wieder zusammenzuführen, die ideologische Teilung des Landes in ein rotes (republikanisches) und ein blaues (demokratisches) Amerika zu überwinden, hatte er 2008 vor allem viele »Independents« für sich begeistert, die den Parteienhickhack in der Hauptstadt leid waren. Das war damals wahlentscheidend. Obama wirkte glaubwürdig, schließlich war diese innere Versöhnung der Nation schon das Leitmotiv jener Rede gewesen, die 2004 aus dem bis dato unbekannten Senatskandidaten aus Chicago über Nacht einen politischen Star in den USA gemacht hatte. »Es gibt kein linkes Amerika und kein konservatives Amerika; es gibt die *Vereinigten* Staaten von Amerika«, hatte er Tausenden frenetisch Beifall klatschenden Delegierten auf dem Wahlparteitag der Demokraten 2004 in Boston zugerufen. »Es gibt kein schwarzes Amerika und kein weißes Amerika, kein Amerika der Latinos und kein Amerika der Asiaten; es gibt die *Vereinigten* Staaten von Amerika. Wir sind ein Volk; wir alle verteidigen die Vereinigten Staaten von Amerika.« Und vier Jahre später auf dem Wahlparteitag der Demokraten in Denver, seinem eigenen Nominierungsparteitag, sprach er wieder unter dem Jubel von 80 000 Menschen in einem Footballstadion zu Füßen der Rocky Mountains davon, die ideologischen Gegensätze des Landes zu entschärfen. Die US-Soldaten im Irak und in Afghanistan dienten »nicht einem roten Amerika oder einem blauen Amerika, sondern den Vereinigten Staaten von Amerika«. »Teil des amerikanischen Versprechens« sei es, fuhr er fort, »dass wir die Kraft und den Anstand finden, um Unterschiede zu überbrücken und zu einer gemeinsamen Kraftanstrengung zusammenzufinden«.

Das Gegenteil ist eingetreten. Statt Konsens bestimmt Konfrontation den politischen Diskurs in Amerika, sogar mehr denn je. Die ideologischen Gräben zwischen Republikanern und Demokraten sind tiefer geworden. Die USA sind innerlich die »Verfeindeten Staaten von Amerika«.

Man könnte es eine Ironie der Geschichte nennen: Ausgerechnet der Mann, der die Nation versöhnen wollte, hat, ungewollt, zur Polarisierung Amerikas beigetragen. Und der einzige Weg, seine Präsidentschaft zu verteidigen, besteht für ihn darin, die tiefe Spaltung des Landes auszunutzen, indem er vor allem die eigenen Bataillone mobilisiert und den republikanischen Konkurrenten als Extremisten niederzumachen versucht.

Die Protagonisten beider Lager mühen sich fleißig, mit ihrer Rhetorik die Gräben zu vertiefen. Die unversöhnlichen Schwüre, die ideologischen Glaubensbekenntnisse leisteten sie gleich zu Beginn des Kampagnenmarathons. Mitt Romney etwa, der Republikaner, stilisierte sich in seiner Siegesrede nach seinem Vorwahlerfolg in New Hampshire im Januar 2012 zum Beschützer der wahren, weil urkapitalistischen Vereinigten Staaten. Es ging gleichzeitig gegen Obama und gegen dessen vermeintliches Leitbild

Europa: Der Präsident predige »eine Politik des Sozialneids« und wolle »Amerika in eine Anspruchsgesellschaft nach europäischem Muster verwandeln«, wetterte der ehemalige Hedgefonds-Manager. Dann offerierte Romney seine Kadenz der Kontraste: »Der Präsident holt sich seine Inspiration aus den Hauptstädten Europas, wir schauen auf die Städte und Dörfer Amerikas.« Woraus folgte: »Der Präsident vertraut der Regierung, wir vertrauen dem amerikanischen Volk.« Am Ende verklärte Romney den erhofften Machtwechsel zum Akt der Selbstbehauptung (»Erinnert euch an Zeiten, als das Weiße Haus das Beste von dem widerspiegelte, was wir sind – und nicht das Mieseste von dem, zu dem Europa geworden ist.«) und jede Stimme für die republikanische Sache zur patriotischen Tat: »Lasst uns für das Amerika kämpfen, das wir lieben. Wir glauben noch an Amerika!«

Ähnlich unversöhnlich ruft auch Barack Obama zum Gefecht. Zur Attacke gegen gierige Spekulanten und zur Verteidigung der Mittelschicht, wider die wachsende Ungleichheit in den USA und für mehr soziale Fairness zog der Präsident zu Felde. »Es ist das wirklich entscheidende Thema unserer Zeit«, sagte der Präsident in der Kleinstadt Osawatomie im US-Bundesstaat Kansas. »Es geht für die Mittelschicht um alles oder nichts. Die große Frage wird sein, ob dieses Land ein Land bleibt, in dem Arbeitnehmer genug Geld verdienen, um eine Familie zu ernähren, ein bisschen was ansparen können, ein Haus kaufen und fürs Alter vorsorgen können.«

Und er warb für etwas, was in Europa inzwischen selbstverständlich, in den USA aber bis heute zwischen Demokraten und Republikanern umkämpft ist: staatliche Aufsicht und Regulierung zum Schutz der Bürger vor den

Auswüchsen des Marktes. »Ihre Einstellung lässt sich einfach umschreiben«, sagte Obama über die Republikaner, »allen geht es besser, wenn jeder für sich kämpfen muss und macht, was er will.« Nur, das sei grundfalsch. »Ich glaube, dass dieses Land erfolgreich ist, wenn jeder eine faire Chance hat, wenn jeder seinen Teil beisteuert und jeder nach denselben Regeln spielt«, rief der Präsident aus. »Wir sollten staatliche Aufsicht und Kontrolle nicht beschneiden, wir sollten sie stärken.« Dass Obama ausgerechnet in diesem Provinznest in Ostkansas sprach, war kein Zufall. Ein Jahrhundert zuvor hatte hier der damals hochpopuläre Ex-Präsident Theodore Roosevelt gegen Big Business gewettert – und für die schützende Hand des Staates geworben. Es war ein Fanal wider die Anbetung des Laissez-Faire-Kapitalismus in seiner Partei, den Republikanern, gewesen. Darauf spielte Obama an.

Beide Lager, Republikaner wie Demokraten, setzen in diesem Wahlkampf auf die neue innere Zerrissenheit der USA – und sie setzen gnadenlos auf Konfrontation. Romney karikiert die Demokraten als Partei staatsgläubiger Sozialschmarotzer, und Obama revanchiert sich mit dem Zerrbild von den Republikanern als Partei milliardenschwerer Banker und Bonzen. Der Unterschied dürfte indes sein, dass die Wahl eines republikanischen Präsidenten am Ende *tatsächlich* die sozialen und gesellschaftlichen Spannungen in den Vereinigten Staaten weiter verschärfen würde. Die Armut würde zunehmen, weil Hilfsgelder gekürzt würden. Die menschlichen Kosten der ungelösten Immobilienkrise würden steigen, weil Programme gegen Zwangsversteigerungen enden würden und »der Markt seinen freien Lauf« (Mitt Romney) bekäme. »Obamacare« würde widerrufen, und die staatlichen Krankenversicherungen für Alte und für Bedürftige würden gekürzt, während die Steuerlast für Reiche sänke. Amerika, die zerrissene Nation, stünde noch mehr unter Stress. Auf der anderen Seite, selbst wenn Obama gewinnen würde, wäre es sehr die Frage, ob er im zweiten Anlauf den Gestaltungsspielraum hätte, den er beim ersten Mal offenkundig nicht hatte. Ob er wirklich die Kraft besäße, seine Reformen im Kongress durchzusetzen, in einem Kongress, der den Prognosen *aller* US-Wahlforscher nach noch konservativer und kaum weniger zerstritten sein dürfte als der Kongress in der zweiten Hälfte seiner ersten Amtszeit. Das kann nur bedeuten, dass der politische Dauerstreit, der das Land gelähmt hat, einfach so weiterginge.

Und doch: Wenn irgendjemand dazu imstande wäre, diese Gräben am Ende zu überwinden, dann wäre es wohl Barack Obama. »In einer Zeit, da unser politischer Diskurs so heftig polarisiert verläuft, da wir viel zu oft bemüht sind, die Schuld für alles, was die Welt bedrückt, bei denen abzuladen, die anders denken als wir«, sagte er in einem Moment nationaler Trauer nach dem Attentat auf die Kongressabgeordnete Gabrielle Giffords im Januar 2011, »in so einer Zeit ist es wichtig, dass wir für einen Augenblick innehalten und dafür sorgen, dass wir in einer Art und Weise miteinander reden, die Wunden heilt und nicht neu aufreißt.«

Der Wahlkampf ist keine Zeit zum Innehalten. Obama wird bis November Acht geben müssen, dass er sein eigenes Vermächtnis nicht ruiniert. Falls der Urheber dieser Worte dann im Januar 2013 eine zweite Amtszeit antreten sollte, dürfte das am Ende noch immer Amerikas beste Chance auf Versöhnung mit sich selbst sein.

DANK

Vielen sind wir zu Dank verpflichtet.

Zu allererst aber Martina und Christiane. Sie haben es uns leicht gemacht, dieses faszinierende Land zu erkunden und unsere Beobachtungen aufzuschreiben. Das gilt auch für Anna-Kristina, Katherina und Christopher sowie für Tim und Lea, die – meistens – geduldig blieben, wenn ihre Väter »schon wieder« unterwegs waren oder vor dem Computer hockten.

Wir danken den Kollegen der *Süddeutschen Zeitung*, die uns mit ihren Fragen und Ideen angespornt und mit ihren Korrekturen all die Jahre beigestanden haben.

Und unser Lektor Ludger Ikas hat das Buch mit Langmut und ermunternder Kritik zu einem Ganzen gemacht.

»Thank you« sagen wir den unzähligen Amerikanern, die sich die Zeit nahmen, zwei Deutschen ihr Land und ihr Leben zu erklären. Bisweilen ließen diese Gespräche den Eindruck aufkommen, vielen Amerikanern falle es leichter, mit Fremden zu reden, als sich mit den eigenen, andersdenkenden Landsleuten auszutauschen. Das hat uns geholfen. Aber es schadet einer Nation, die uns – trotz alledem – nach wie vor Staunen macht.